크리스토프 프리드리히 블룸하르트
1842-1919

1842년 독일 뫼트링겐에서 요한 블룸하르트의 아들로 태어났다. 삶으로서의 신앙을 중시하고 하나님의 기적을 자연스럽게 받아들이며 성장한 그는 튀빙겐에서 신학을 공부했다. 그후 독일의 바트볼로 돌아와 아버지를 도왔고, 아버지 사후에도 그곳에서 사역을 이어갔다. 곧 그는 아버지처럼 복음전도자와 성령치유자로 높은 명성을 얻게 된다.

하지만 병든 몸을 이끌고 찾아오는 가난한 노동자들을 대하면서 블룸하르트의 시선은 점점 세상으로 옮겨간다. 당대의 사회·경제적 문제에 관심을 가지게 된 그는 결국 노동자 탄압에 반대하는 시위에 참석하여 세상을 놀라게 한다. 독일 사민당에 들어가 본격적으로 정치 활동을 시작한 블룸하르트는 지방 의원으로 당선되어 6년간 의정활동을 하기도 했다. 그러나 임기가 마무리될 즈음에 정당 정치에 환멸을 느껴 재선에 도전하지 않은 채, 바트볼로 돌아가 1919년, 생을 마감할 때까지 다시 목회자의 길을 걸었다.

비록 오늘날에는 그 이름이 잘 알려지지 않았지만, 그가 살았던 당시에는 수많은 사람에게 영향을 끼쳤다. 블룸하르트는 신학적으로나 정치적으로나 특징짓기 쉽지 않은 인물이다. 블룸하르트는 스위스와 독일의 "종교사회주의와 변증법신학Dialectical Theology"이라는 두 개의 운동이 태동하는 데 결정적인 역할을 했음에도 불구하고 자신의 어떠한 "신학 체계"도 세우지 않았다. 그의 생각들은 레온하르트 라가츠, 칼 바르트, 디트리히 본회퍼, 자고 엘륄, 에밀 브루너, 오스카 쿨만, 위르겐 몰트만 같은 신학 거장들에게 지대한 영향을 끼쳤다. 그리고 블룸하르트 부자는 예수의 산상수훈의 가르침에 기초한 국제적인 공동체 브루더호프의 신앙과 삶에 계속해서 영향을 미치고 있다.

블룸하르트는 인류 진보를 위협하는 가장 큰 위험이 바로 "기독교"라고 확신했다. 그가 말하는 기독교란 영적인 것과 물질적인 것을 분리해서 생각하고, 하나님의 의를 위한 실제적인 일 대신에 이기적이고 자기만족적이며 피안적인 종교성만을 부추기는 의식과 종교행위로 가득한 일요일 종교를 말한다. 그는 예배 형식과 자기 구원, 내세에만 집중하여 삶의 진정한 변화와 하나님나라의 정의를 도외시하는 허울뿐인 기독교를 한탄했다.

블룸하르트는 예수님이 전하고자 한 것은 새로운 세상, 즉 하나님이 만물을 통치하시는 하나님나라라고 믿었다. 블룸하르트에게 있어서 복음은 인간 삶에 혁명을 요구한다. 가장 중요한 것은 다가올 하나님의 통치이다. 그리고 하나님나라는 기독교나 다른 어떤 종교 제도나 인간적인 진보사상과 혼동되어선 안 된다.

그의 저서 중『성령에게 길을 내어주라』,『하나님나라 백성임을 보이라』,『행동하며 기다리는 하나님나라』,『더이상 하늘에 계시지 마시고』,『저녁 기도』,『숨어 있는 예수』,『예수처럼 아이처럼』,『지금이 영원입니다』가 한국에 소개되었다.

하나님나라 백성임을 보이라

THE GOSPEL OF GOD'S REIGN

Living for the Kingdom of God

Christoph Friedrich Blumhardt

Published in English under the title:
The Gospel of God's Reign: Living for the Kingdom of God
by Christoph Friedrich Blumhardt
Selected and Arranged by Eugen Jäckh
Edited by Christian T. Collins Winn and Charles E. Moore
Copyright © 2014 by Plough Publishing House
Walden, New York / Robertsbridge, England
All rights reserved.
Used and translated by the permissions of Plough Publishing House.

Originally published in German as *Vom Reich Gottes* (Neuwerk-Verlag, 1922) and
Von der Nachfolge Jesu Christi (Furche-Verlag, 1923).

하나님나라 백성임을 보이라

지은이	크리스토프 프리드리히 블룸하르트
편집자	크리스천 콜린스 윈, 찰스 E. 무어
옮긴이	황의무
초판발행	2024년 11월 4일

펴낸이	배용하
책임편집	배용하
교열 교정	박민서, 윤찬란, 최지우
등록	제364-2008-000013호
펴낸곳	도서출판 대장간
	www.daejanggan.org
등록한곳	충청남도 논산시 가야곡면 매죽헌로1176번길 8-54
대표전화	(041) 742-1424 전송 (0303) 0959-1424
분류	기독교	신앙	하나님나라
ISBN	978-89-7071-715-9 03230

 값 18,000원

그리스도의 옷을 입고
하나님나라 백성임을 보이라

크리스토프 프리드리히 블룸하르트

크리스천 콜린스 윈, 찰스 E. 무어 편집
황의무 옮김

목차

나더러 주여 주여 하는 자마다
다 천국에 들어갈 것이 아니요
다만 하늘에 계신 내 아버지의 뜻대로
행하는 자라야 들어가리라
〈마 7:21〉

시리즈 서문

블룸하르트 시리즈The Blumhardt Source Series는 19세기 후반 독일의 유명한 종교적 인물인 요한 크리스토프 블룸하르트Johann Christoph Blumhardt, 1805-1880와 그의 아들 크리스토프 프리드리히 블룸하르트Christoph Friedrich Blumhardt, 1842-1919의 광범위한 저서를 영어권 독자에게 처음으로 소개하고자 한다. 블룸하르트 부자의 영향력은 종말론과 하나님의 나라, 영성과 구원의 전체론적 개념에 대한 강조, 치유 사역의 회복 및 오순절 운동, 사회주의와 기독교 신앙의 융합, 인격적 목회 상담의 모델 등, 19세기와 20세기 개신교의 다양한 영역에서 감지된다.

이곳에 선택된 자료는 영어권 독자가 블룸하르트에게 귀를 기울일 수 있게 목회자와 신학자와 평신도 모두에게 방대한 자료를 제공할 것이다. 신학적, 종교적 격동기였던 19세기 후반 및 20세기 초에 그들의 영향력이 어느 정도였는지를 감안할 때, 우리는 이 자료가 당대의 학자들에게 모든 분야에서 큰 관심을 받을 것으로 생각한다. 그러나 블룸하르트 부자의 증언에는 실제로 상당한 영적, 신학적 가치가 담겨 있다. 우리는 그들의 증언이 영어권 세계에 널리 알려짐으로써 많은 교회가 유익을 얻기를 바란다.

이 시리즈의 편집 방향은 유연해서 앞으로 출간되는 책은 학자를 위한 연구서가 될 수도 있고 사색적 평신도를 위한 신앙 서적이 될 수도 있다. 그러나 이곳에 수록될 자료는 19세기 후반 이후 출간된 독일어판의 내용을 약간 수정하는 정도에서 벗어나지 않을 것이다. 다만 학문적 도움을 위해, 서론과 각주 및 부록을 통해 문맥적으로나 신학적으로 유익한 해석이나 주석을 제공할 것이다.

블룸하르트 부자는 오랜 세월 동안 목회자, 상담자, 성경 해석자, 신학자, 그리고 때로는 정치가로 부름을 받아 섬겼다. 그러나 어떤 형태의 사역에 종사하든, 그들은 스스로에 대해 이미 세상에 들어와 세상을 침노하고 있는 하나님 나라의 증인으로 이해했다. 두 사람 모두 기독교 교회사에서 영성과 사회적 증언이 결합된 가장 강력한 사례 중 하나임을 잘 보여준다. 블룸하르트 시리즈의 편집자로서 우리는 앞으로도 그들의 증언이 이 시대의 교회와 사회에 시사하는 바가 적지 않을 것임을 확신한다. 부디 이 시리즈를 통해 영어권 독자가 블룸하르트의 광범위한 증언에 귀를 기울일 수 있기를 바란다.

크리스천 콜린스 윈Christian Collins Winn

찰스 무어Charles E. Moore

서문

네이선 커Nathan R. Kerr

블룸하르트는 영어권에서 브루더호프 운동Bruderhof movement의 실제적 형성에 중대한 영향을 미친 그의 삶과 사상으로 유명하지만, 그의 학문적 명성은 주로 칼 바르트, 디트리히 본회퍼, 에밀 브루너와 같은 신학적 거장들에게 미친 영향에 기인한다. 복음의 "역설"에 대한 그의 탁월한 인식은 키에르케고르 및 오버벡Overbeck과 함께, 바르트의 두 번째 『로마서』Epistle to the Romans를 기점으로 부상하여 20세기 신학의 방향에 결정적 역할을 했던 "변증학파"의 선구자 중 하나로서 자리를 굳히게 했다. 오늘날 그의 묵시 사상은 현대 신학에서 부상한 "종말론"의 한 축을 이어오고 있다. 확실히 학문적 접근은 블룸하르트가 신학자로서 언급해야 할 중요한 내용이 있음을 보여준다. 그러나 이러한 학문적 접근은 블룸하르트의 글을 읽기 위한 특정 방식이나 이론을 미리 규정함으로써, 자유분방한 "평신도" 독자가 본서와 같은 책을 우연히 접한 후 그 속에서 학문적으로 설명할 수 없는 특정한 행위와 삶의 방식에 대한 암시를 발견할 기회를 박탈해버릴 수도 있다.

크리스토프 블룸하르트Christoph Blumhardt의 삶과 사역과 저술이

신학을 단순한 복음의 지적 행상으로 전락시키는 이론적 접근에 맞서는 방식이었다는 사실은 너무 쉽게 간과되고 있으며 의도적으로 무시되기도 한다. 학문적 접근의 편의성은 하나님이 인간의 이성으로 결코 이해할 수 없는 방식으로 행하실 뿐만 아니라 우리가 이처럼 이해할 수 없는 행위에 대해 침묵을 지키면서도 적극적인 증인으로 살게 하실 수 있다는 사실을 받아들이지 못한다. 그러나 블룸하르트가 주장하듯이, 복음이 단순히 개념화되고 이해되어야 할 메시지가 아니라 반드시 경험하고 실천해야 할 "능력"이라면, 우리는 하나님이 우리의 이성과 기대에 반하여 행동하실 뿐만 아니라 이러한 하나님에 대한 믿음은 우리의 이해를 요구하지 않는다는 사실을 인정하지 않을 수 없다. "우리는 하나님을 경험해야 하며, 그를 경험한 자는 침묵하게 된다." 자신의 인간적 논리나 이데올로기, 그리고 소위 "기독교"라는 이름으로 그런 것들을 영속시키는 "종교적" 관행이나 제도를 파괴하지 않는 복음은 예수 그리스도만이 주로 통치하시는 하나님 나라의 복음이 아니다.

이 책*The Gospel of God's Reign*에서 블룸하르트는 단순히 후기 "변증법적" 신학에서 발전되어 오늘날의 "묵시" 사상을 통해 철저하게 이론화된 다양한 신학적 통찰을 향해 더듬거리며 나아가는 경건한 사상가가 아니다. 아니, 블룸하르트는 참된 믿음이 단순한 신학이나 교리적 논점에서가 아니라 하나님의 무한하신 사랑에서 나온다는 확신을 가지고 말한다. 블룸하르트의 말처럼, "당신은 사랑받고 있다"는 것이 "복음"이다. 한 걸음 더 나아가, 하나님의 사랑이 추상적인 무엇이 아니라 예수 그리스도의 인격을 통한 삶의 방식인 한, 믿음은 바로 이러한 사랑의 삶을 사는 것이다. 즉, "예수를 믿는다는 것은 사랑한다는 의미"라는 것이다. 어떤 신학 체계도 우리에게서 이러한 믿음을 불러일으킬 수 없다. 오히려 이 믿음은 그리스도를 통해 십자가를 사랑하게 하심으로써 모든 거짓 주인들과 인간의 지배 영역에서 우리를 벗어나게 하신 하나님의 사랑에 대한 살아 있는 반응이다.

우리는 오직 하나님의 사랑이 그리스도를 통해 우리를 속박하고 썩게 하는 통치자들과 권세를 무력화함으로써 우리를 새로운 피조물이 되게 하실 때에만 이러한 믿음을 가질 수 있다. "하나님의 사랑이 나타날 때 세상은 새롭게 된다. 세상은 예수 그리스도를 통해 다시 한번 새로워질 것이다." 그리스도 안에서, 이 악하고 죽어가는 세상의 모든 것은 심판과 정죄를 받게 됨으로써 이 악하고 죽어가는 세상의 모든 것이 용서를 받아 새 생명으로 나아오게 될 것이다. 블룸하르트에게 예수 그리스도에 대한 믿음은 곧 부활에 대한 믿음인 이유는 이 때문이다. 부활 사건 안에서만 "예수는 승리자"라는 선포와 "당신의 나라가 임하시오며"라는 기도가 가능하다. 부활 사건 안에서만 인간의 삶이 이 옛 세상에서는 악하고 부패하지만 새로운 세상에 대해 자유한 상태라는 모순 속에 있다는 사실을 인정할 수 있다. 다시 말하면, 오직 부활 사건을 통해서만 복음을 변증법적 "방법"이나 묵시적 "이론"에 종속시키지 않고 변증적인 동시에 묵시적으로 말할 수 있다는 것이다.

결국 크리스토프 블룸하르트에게 중요한 것은 예수 그리스도의 부활이 지금 여기서 일어나고 있는 현실이라는 것이다. 즉, 우리는 이 땅에서 영광 중에 오실 그리스도를 소망하는 중에 변화시키는 능력을 실제로 경험하며, 세상 권세가 하나님이 그리스도를 통해 구원하신 자들을 가두고 억압하며 소외시키는 방식에 맞서 싸우는 헌신의 삶을 산다는 것이다. 그런 점에서 이 『하나님나라의 백성임을 보이라』는 근본적으로 신학적 저술이 아니다. 그것은 블룸하르트의 말이 신학적이지 않기 때문이 아니라, 그에게 신학 작업이란 믿음으로 복음을 순종하는 삶을 사는 독자가 직면하는 실재에 대한 증언 이상도 이하도 아니기 때문이다. 묵시적이고 변증법적인 복음을 정의할 수 있는 말은 하나님의 통치와 지배를 받는 삶뿐이다. 하나님의 통치와 지배를 받는 삶이란 바로 이 책이 증거하는 하나님의 사랑을 통해 믿음으로 부르심을 받은 독자의 삶이다.

감사의 글

우리 편집자는 번역자료 원본을 제공해준 미국 뉴욕의 월든 호 숫가에 있는 브루더호프 역사 아카이브Bruderhof Historical Archive와, 번역과 교정 작업을 맡아 수고해준 미리암 마티스Miriam Mathis, 블 룸하르트의 생생한 증언을 위해 끝까지 최선을 다해준 야콥 그나 이팅Jakob Gneiting, 그리고 기록물 보관을 위해 아낌없이 지원해준 디터 이징Dieter Ising과 랄프 브레슬라우Ralf Breslau에게 깊은 감사를 드린다.

머리말

크리스천 콜린스 윈Christian T. Collins Winn

블룸하르트의 생애

크리스토프 프리드리히 블룸하르트Christoph Friedrich Blumhardt, 1842-1919는 목사, 선지자, 정치가, 신학자, 사회주의자, 신앙 치유자 등 다양한 이름으로 불렸지만, 그는 자신을 단순히 하나님 나라의 증인으로 이해했을 것이다. "아들 블룸하르트"Blumhardt the Younger로도 불리는 크리스토프 프리드리히 블룸하르트는 1842년 6월 1일 슈투트가르트 외곽에 있는 뫼틀링겐이라는 작은 마을에서 요한 크리스토프 블룸하르트1805-1880와 도리스 네 쾰너 블룸하르트Doris née Köllner, 1816-1886 사이에서 여덟 자녀 중 셋째로 태어났다. 그의 형제 중 세 명은 출산 중에, 또는 어린 나이에 죽었다. 블룸하르트는 뷔르템베르크의 전형적인 농촌 마을에서 태어났지만, 당시는 뫼틀링겐 역사에서 가장 주목할만한 시기였다. 1841년, 같은 마을 주민인 고틀리빈 디투스Gottliebin Dittus는 "아버지 블룸하르트"로 불리는 요한 크리스토프 블룸하르트를 찾아가 자신이 특히 밤중에 겪는 "정신적 고통"에 대해 호소했다. 블룸하르트는 처음에는 디투스를 거부했으나, 결국 2년 동안 지속된 갈등에 휘말리게 되며, 이것이 귀신에 사로잡힌 사례라고 확신하게 된다. 이 에피소드의 극적인 결말과 절정은 1843년 12월에 찾아온다. 당시 귀신은 "예수는 승리자다!"라고 외친 것으로 알려지며, 블룸하르트는 나중에 이 사건을 사악한 세력을 멸하기 위해 오신 살아계신 그리스도 앞에서의 고백으로 이해한다. 이 놀랍고 특이한 사건은 그 지역의 부흥으로 이어졌으며, 이 부흥은 1844년 내내 지속되었다.[1]

당시 크리스토프 블룸하르트는 어린아이에 불과했지만, 이 사건과 바트볼 지역에서 이어진 아버지 블룸하르트의 사역은 그의 신학적 상상력을 풍성하게 하고 신학 세계의 상징적 기틀을 형성하게 된다. 크리스토프는 뫼틀링겐 사건에서 중요한 역할을 했던 이야기와 인물들과 함께 자랐으며, 그러한 사건들로 촉발된 신앙적 계승자였다. 특히 아버지 요한 블룸하르트에 의해 드러나고 "예수는 승리자"라는 고백으로 요약되는 이 믿음은 예수의 인격과 성령의 역사로 정의되는 하나님의 나라가 인간을 영적, 육체적 속박에서 해방시키기 위해 역사에 개입한 역동적이고 살아있는 능력이라는 확신에 모든 초점을 맞춘다. 뷔르템베르크의 묵시적 경건주의의 영향을 받은 요한 블룸하르트는 하나님의 나라가 역사적 시간 속에 실제로 이 땅에 임할 것이라는 천년왕국적 소망의 비전을 제시했다. 이러한 소망은 그리스도의 재림을 향한 시간표를 만들려는 유혹에서 비롯된 것이 아니라 왕국의 도래와 관련된 "징조"에 초점을 맞추었다. 즉, 요한 블룸하르트는 개인과 공동체가 경험한 작고 일시적이며 외견상 보잘것없는 해방의 순간이 어떻게 성경에 나오는 "여호와의 날"이라는 결정적 사건과 연결되는지에 관심을 가졌다.

요한 블룸하르트에게 있어서 해방과 구원 직전에 일어나는 사건들은 하나님 나라의 최종적 도래와 혼동되어서는 안 되는 것들이지만, 확실히 이러한 사건들은 실증적 상징이나 지표였다. 이러한 사건들은 계속해서 희망의 불을 지폈으며, 만물을 바로잡을 하나님의 통치가 최종적으로 임할 그 나라를 위한 "적극적인 기도"를 그리스도인의 기본적인 성향으로 하는 제자의 삶을 구축하고자 했다. 이 "적극적인 기도"는 다가올 나라를 위해 부름을 받은 그리스도인이 동참해야 할 영적 전쟁을 가리킨다. 따라서 하나님은 그의 나라와 함께 "하나님 나라의 징조"를 주시지만, 기독교 공동체는 하나님 나라의 도래를 위해 하나님과 함께 싸우도록 부르심을 받은 것이다. 이 싸움은 기도와 금식과 예배를 통한 치유뿐만 아니라 적극적인 섬김을 통해서도 드러난다. 이러한 것들은 전적으로 다가올 나라를 증거하는 가시적 형태이자, "나라가 임하시오며"라는 주기도문의 두 번째 간구를 구현한다.[2]

크리스토프 블룸하르트는 이러한 신앙과 신앙 공동체 안에서 성장했다. 그는 1862년부터 1866년까지 튀빙겐에서 신학을 공부했지만, 그에게 가장 큰 영향을 미친 사람은 그의 아버지와 바트볼의 영적 공동체임이 분명하다.[3] 그러나 크리스토프는 아버지의 사상과 사역을 단순히 되풀이하지 않았다. 요한 블룸하르트가 1880년에 사망하자 그는 부친을 이어 바트볼 공동체의 영적 지도자가 된다. 그러나 1880년대 후반, 뫼틀링겐의 "투쟁"Kampf에 마지막으로 동참했던 자들이 세상을 떠나면서 블룸하르트는 근본적인 변화를 겪는다.

뫼틀링겐 세대가 사라지자 블룸하르트는 그곳에서의 경험이 덧없음을 느꼈다. 뫼틀링겐의 경험은 하나님의 강림 직전의 징조가 아니라그는 그것이 아버지의 입장이라고 생각한다 또 하나의 정류장이었을 뿐이었다. 그에게 필요한 것은 지금 하나님이 역사 속 어디서 어떻게 일하고 계신지를 분별하기 위한 재정비였다. 이러한 재정립은 블룸하르트로 하여금 하나님의 나라가 새롭고 다른 방식으로 세상을 침투하고 있으며, 특히 19세기 후반과 20세기 초반에 유럽 전역에서 일어난 노동운동이 부르짖는 사회 정의라는 방식으로 세상 속으로 들어오고 있다는 결론을 내리게 했다. 아버지 블룸하르트의 "예수는 승리자"가 몸의 치유를 포함하고 있다면, 크리스토프는 그것에 정치적 몸의 치유를 포함한 것이다. 따라서 크리스토프는 하나님의 나라를 위한 투쟁을 사회적, 정치적 구조에 내재된 권세와 정사들에 대한 싸움으로 여겼다. 오이겐 예크Eugen Jäckh가 본서의 초판 서문에서 지적했듯이, 이런 방향으로의 결정적인 전환은 1896년과 1899년 사이에 일어났다. 이 책에 수록된 내용은 대부분 이 시기의 자료에서 발췌한 것들이다.4)

블룸하르트가 새롭게 정립한 사회적 지향은 1899년에 사회민주당SPD에 가입하기로 한, 논란의 여지가 있는 결정으로 이어졌으며 결국 1900년부터 1906년까지 뷔르템베르크 지역 의회를 대표하게 된다. 의회 대표로서 블룸하르트는 임금 인상, 무역 관세, 교육 문제를 주로 다루었지만, 교회 단체를 대상으로 공개 강연을 통해 사회주의와 하나님 나라의 관계에 대한 생각을 밝히기도 했다.5) 블룸하르트에게 사회주의는 하나님 대신 맘몬을 숭배하는 문화에 대한 하나님의 심판의 표징이자6) 모든 사람, 특히 가난한 사람들이 하나님의 통치 아래에서 변화된 세상의 복에 동참할 수 있는 희망의 표징이기도 했다.7) 블룸하르트는 사회주의의 목표들은 하나님의 나라가 지금 이곳에 드러났음을 보여주는 일종의 표징이라는 명백한 무신론적 주장을 펼친다. 이런 의미에서, 가난한 자를 위한 정의와 구제를 추구하는 사회주의자들은 수많은 기독교인보다 더 기독교적이었다. 따라서 그는 자신의 정치 활동에 대해, 아버지가 경험했던 것과 공존하면서도 하나님의 나라를 이 땅에 구현하는 새로운 형식의 적극적 투쟁으로 재정립했다. 그러나 1903년경 정치적 당리당략에 대한 실망과 함께, 특히 에두아르트 베른슈타인의 수정주의 강령에 대한 논쟁에서 자신이 인신공격의 대상이 되자 블룸하르트의 사민당에 대한 열정은 식어버리고 말았다.8) 1905년, 블룸하르트는 건강 악화와 정당 정치에 대한 더욱 비관적인 관점으로 인해 공적인 정치 생활을 끝내기로 한다. 블룸하르트는 점차 정치적 활동을 줄여갔지만, 1919년 사망할 때까지 적어도 사회주의의 목표만큼은 다가오는 하나님 나라의 전조라고 믿고 사회주의에 헌신했다.

1906년, 팔레스타인을 여행하던 중 말라리아에 걸려 쇠약해진 블룸하르트는 공적 생활에서 더욱 멀어졌다. 그러나 대중의 눈에서 멀어졌음에도 불구하고, 바트볼에서의 사역과 저술 작업을 통해 그의 영향력은 지속되었다. 하나님 나라에 대한 그의 비전은 20세기 신학계의 거장들, 특히 칼 바르트Karl Barth, 1886-1968에게 큰 영향을 미쳤다.9) 블룸하르트는 1917년 10월에 뇌졸중을 일으켜 부분적인 마비가 왔지만, 바트볼의 예배에 계속 참석했다. 그는 1919년 8월 2일에 세상을 떠났다.

블룸하르트의 사상

블룸하르트의 사상은 한 마디로 "케리그마 신학"이라고 할 수 있다. "케리그마"는 "선포"를 뜻하는 신약성경 단어다.10) 우리는 블룸하르트의 사상을 지칭하는 이 묘사를 먼저 그의 신학적 사색의 서정적, 경구적, 설교적 특징에 대한 언급을 위해 사용할 것이다. 그의 저술 작품은 설교, 담화, 서신, 시, 찬송가, 목회 상담, 성경 주석, 자서전적 및 자전적 성찰, 간헐적 대중 강연을 수집한 방대한 자료에 지나지 않는다. 블룸하르트가 저술한 유일한 신학 저서는 신학적 논문으로 보기도 어려운 『하나님의 나라에 대한 묵상』Gedanken aus dem Reich Gottes뿐이다.11) 한편으로 "케리그마 신학"이라는 묘사는 블룸하르트의 성찰과 저술 대부분에 나타나는 실제적이고 세속적인 일상성을 상기시키기도 한다. 그의 신학은 목회적, 정치적, 개인적 투쟁이 한창일 때 형성되었으며, 이러한 배경은 그의 신학에 오늘날에도 통하는 신선하고 감동적인 활력과 함께, 자양분이 필요한 자들을 먹여 살릴 강력한 영적 열정을 제공한다. 또한 이러한 배경적 요소는 그의 사상에 잠정적이고 돌이킬 수 없는 특성을 부여한다. 잠정적 특성이란 그의 작품을 읽는 독자가 직면하는 신학적 보충, 확장, 설명 및 해명에 대한 끊임 없는 필요를 가리키며, 그의 사상에 부여된 돌이킬 수 없는 특성이란 블룸하르트의 신학적 상상력을 형성한 낯선 환경과 경험을 가리킨다. 블룸하르트 부자는 자신을 침노하는 하나님 나라의 증인으로 이해했으며, 그들의 증언과 이어지는 신학적 성찰은 원래적이며 환원될 수 없는 특징을 가진다.

그러나 "케리그마 신학"은 블룸하르트 사상의 비체계적 성격을 가리키는 말이기도 하다. 그의 글을 읽어보면, 해법을 찾으려는 아무런 시도도 없이 변증법적 긴장 속에 있는 신학적 주제와 명제들을 발견할 수 있다. 따라서 "케리그마적"이라는 용어는 느슨하게 연결된 일련의 신학적 확신이라는 의미를 염두에 둔 표현임을 알 수 있다. 이러한 확신들은 한자리에 모이면 비교적 일관성 있는 신학, 즉 방향과 지침을 제공하는 일종의 신학적 별자리를 제시한다. 그러나 전체적인 관점에서 보면 종종 논리적 난점aporia이나 이론적 괴리, 심지어 명백한 모순까지 드러난다는 점에서 통일성 있는 완전한 신학적 세계지도mappamundi로 보기는 어렵다.

이러한 사상적 별자리는 각각 "예수는 승리자"와 "나라가 임하시오며"라는 케리그마적 슬로건으로 요약될 수 있는 두 개의 축을 형성한다. "예수의 승리"라는 슬로건은 약간의 수정에도 불구하고 부친의 사상을 이어받아 블룸하르트의 사상에서 "신적 행위"라는 축을 형성한다. 다시 말하면, "예수는 승리자"라는 말은 인간과 피조물을 영적으로나 물질적으로 죽음의 속박에서 해방시키기 위해 죄악 세상을 끊임없이 침투하고 있는 살아 계신 그리스도의 능동적인 임재를 가리킨다는 것이다.[12] 블룸하르트는 이 능동적인 임재를 하나님의 나라와 동일시한다. 예수 자신이 "그 나라"auto ba-silea다. 즉, 예수와 하나님의 나라는 기능적으로 동의어에 해당한다는 것이다. 블룸하르트가 예수나 나라를 아무 내용이나 갖다 붙일 수 있는 상징적 암호로 생각하지 않는다는 것은 중요하다. 그것은 하나의 이상ideal도 아니다. 오히려, "나라"는 성경에 서술된 예수의 생애와 같은 맥락에서 이해해야 한다.[13] 그런 점에서 "침투"의 순간에는 심판과 화해라는 두 가지 요소가 담겨 있다. 심판과 화해는 십자가와 부활에 상응하는 요소다. 크리스토프가 오늘날 사건들에 대한 분석이나 설교에서 예언자적이면서도 화해적일 수 있었던 데에는 이러한 배경이 작용한다.

아버지와 비교할 때, 아들 블룸하르트가 이해하는 "예수는 승리자"에는 중요한 변화가 발견된다. 아버지에게 있어서, 살아 계신 그리스도는 죄를 용서하실 뿐만 아니라 육체적, 정신적 치유를 하신다. 아들도 이것에 동의하지만, 이 개념을 사회적 영역으로까지 확장한다. 여기에는 사회 제도 역시 사망의 올무에 매여 있어 해방이 필요하다는 크리스토프의 확신이 담겨 있다. 죽은 자 가운데서 부활이라는 핵심 사건으로 대변되는 예수의 해방 사역은 이 땅의 평범한 사회적 삶을 포함하여 모든 나라에 보편적으로 확장되어야 한다는 것이다. 이러한 강조는 크리스토프가 사민당과 노동운동에 직접 관여한 시기1899-1906에 특히 두드러지며, 우리는 이미 1895년에 『하나님의 나라에 대한 묵상』*Gedanken aus dem Reich Gottes* 후반부에서 이러한 변화의 조짐을 감지할 수 있다.

죄와 죽음은 사회적, 체계적 실체일 뿐만 아니라 영적인 실체이지만, 예수 부활의 능력과 성령도 마찬가지다. 블룸하르트에게 있어서 하나님은 그 나라의 치유와 부활의 능력이 온 세상에 편만하기를 갈구하는 자들을 찾으신다. 하나님의 부르심의 열매이자 인간의 참된 반응의 결과인 이 백성은 "나라가 임하시오며"라는 슬로건으로 요약되는 블룸하르트 신학의 두 번째 축을 형성한다. 하나님은 세상에 개입하시지만, 우리에게는 하나님이 행동하시도록 기도할 의무도 있다.[14]

블룸하르트 부자는 기도의 본질과 실제에 대해 광범위한 해석을 제시한다.[15] 기도는 복잡하고 포괄적인 행위다. 그러나 가장 기본적인 차원에서 기도는 하나님께 행동하시도록 "부르짖는" 단순한 행위다. 그리스도인의 삶이란 기도의 삶이며, 그들은 기도 – 정확히 말하면 탄식– 를 통해 살아 계신 하나님 앞에 이 땅을 새롭게 하시고 회복시켜 달라고 부르짖는다.[16] 그러나 기도는 단순히 말이 아니라 행동이다.

크리스토프는 기도를 하나님의 나라에 대한 "능동적인 기다림"으로 서술한다.[17] 궁극적으로 오직 하나님의 능력만이 진정한 변화를 초래할 수 있다. 그러므로 우리는 하나님을 기다린다. 그러나 우리의 기다림은 시급한 것이기도 하다. 왜냐하면 우리는 앞을 내다보는 믿음의 삶을 살도록 부르심을 받았기 때문이다. "기다림이란 분노와 공포가 극에 달한 아우성 속에서 가장 두려운 죽음에 둘러싸인 어두움 속으로 침투하는 행동을 의미한다. 인자의 날이 임하는 곳은 바로 그런 곳이기 때문이다!"[18] 그러므로 하나님의 나라가 임하기를 기도할 때, 우리는 특히 가난하고 억압받는 사람들을 위해 싸우는 구체적인 행위를 통해 하나님 나라의 정의와 평화와 화해가 임하기를 기대한다. 의를 위한 우리의 투쟁은 오직 하나님의 행동만이 결정적이라는 믿음을 따라 언제나 자신 너머를 내다보아야 한다. 비록 우리가 지금 이 땅에서 직면하고 있는 질병과 불행을 해결해 줄 수 있는 것이라고 해도 그런 것들은 단지 상대적인 성과일 뿐이다. 그러므로 행동하는 기도는 하나님만이 모든 잘못된 것을 바로잡으실 최후의 임재를 간절히 소망하게 한다. 오늘날 사회의 정의와 평화와 화해를 위한 우리의 노력은 하나님의 최종적 미래를 가리키는 이정표의 기능을 할 뿐이다. 그러나 블룸하르트에게 있어서 이러한 소망의 행위는 하나님의 나라를 역사 속으로 끌어들이도록 도와준다. 또한 크리스토프는 하나님의 나라를 간절히 바라며 기도하라는 부르심이 모든 인류와 피조세계를 위한 하나님의 자비를 구하는 부르심이라는 사실을 강조한다. 우리는 모든 사람그리스도를 모르거나 알고 싶어 하는 사람들까지을 위한 사회 정의를 위해 일해야 하는 것처럼, 모든 사람과 피조세계를 위해 기도해야 한다는 것이다.

이상에서 언급한 바와 같이, 블룸하르트의 "케리그마 신학"은 기독교 복음에 대한 놀랄만한 통합적 이해를 제공한다. 기도, 말씀 묵상, 실천적 삶 및 행동을 기초로 하는 그의 증언에는 장차 임할 하나님의 나라에 비추어 생각하고, 소망하고, 기도하고, 행동하라는 초청이 담겨 있다. 이러한 요소들은 지상에 있는 교회를 규정하는 표지들이다. 우리가 블룸하르트의 주장을 전적으로 받아들이는 것은 아니지만몇 가지 개념은 수정하거나 재구성할 필요가 있다, 그럼에도 불구하고 그가 표현하고자 하는 것을 들을 수 있는 귀를 가진 사람들에게 블룸하르트의 증언은 하나님 나라의 도래를 갈망하는 사람들에게 영감을 불어넣어 주고 행동하게 할 것이다.

『하나님의 나라에 대하여』

『하나님의 나라에 대하여』Vom Reich Gottes: History and Reception 19)는 브루더호프의 창시자인 에버하르트 아놀드Eberhard Arnold와 블룸하르트의 목회 조수이자 블룸하르트의 문학 유산 집행자인 오이겐 예크Eugen Jäckh의 편집을 거친 작품이다. 1920년, 아놀드는 오토 헤르펠Otto Herpel과 노이베르크 출판사Neuwerk-Verlag와 함께 일하기 위해 푸르체 출판사를 떠날 준비를 하고 있었다. 그는 이미 블룸하르트에 관한 책을 포함하여 일련의 책을 구상하고 있었다.[20] 1921년 여름, 예크는 프랑크푸르트 북동쪽 자네르츠에 있는 브루더호프 공동체와 아놀드를 방문했다. 아놀드와 "형제애"를 느꼈다고 고백한 예크는 안나 폰 슈프레비츠Anna von Sprewitz와 함께 즉시 이 책 작업에 착수했다.[21] 이 작업은 1921년 가을을 거치면서 『하나님의 나라에 대하여』Vom Reich Gottes와 『예수 그리스도를 따르는 것에 관하여』Von der Nachfolge Jesu Christi[22]로 확장되었다. 『하나님의 나라에 대하여』는 블룸하르트를 독일 대중에게 처음 소개하기 위한 것이었기 때문에, 예크의 서문이 포함되었으며, 현재판에도 그대로 남아 있다.[23] 이 책은 1922년 봄에 노이베르크 출판사를 통해 출간되었으며, 1년 후 푸르체 출판사를 통해 『예수 그리스도를 따르는 것에 관하여』가 출간되었다.

두 책 모두 1920년대와 1930년대에 걸쳐 수 차례 인쇄됨으로써 큰 흥행을 거두었다. 디트리히 본회퍼와 같은 인물들은 두 책을 통해 블룸하르트의 하나님 나라에 대한 비전과 제자도 개념을 접했다.[24] 1940년 4월, 크리스토프 블룸하르트의 저서들은 나치 선전부에 의해 출판을 금지당한다.[25] 여기서도 『하나님의 나라에 대하여』는 작지만 중요한 역할을 했다.[26] 1939년, 아마도 예크의 권유에 의해, 이 책의 새로운 판이 출간되었다. 1941년 3월 22일, 예크는 베를린의 푸르체 출판사로부터 1939년판 『하나님의 나라에 대하여』 사본과 함께 편지 한 통을 받았다. 그 편지에는 예크에게 보낸 사본을 "선전부에 제출해야 한다"는 문구와 함께 당국 검열관의 필사 흔적이 남아 있었다.[27] 가령, "우리는 그리스도인으로서 하나님의 나라, 즉 지상에서 하나님의 통치를 고대해야 한다. 아니, 그 이상이다. 우리는 그 나라에 대해 더욱 적극적인 관심을 가져야 한다"라는 구절이나 "그리스도께서 오신 것은 이 땅이 하나님의 주되심을 인정하고, 그의 뜻이 하늘에서 이룬 것 같이 땅에서도 이루어지게 하기 위함이다"라는 구절 곁에는, 이런 문구가 나치의 이데올로기와 양립할 수 없음을 지적하는 검열관의 연필 자국이 선명히 남아 있다.

본서의 편집

본서는 아놀드와 예크에게 생명력을 불어넣었던 원래적 비전을 포착하기 위해 『하나님의 나라에 대하여』와 『예수 그리스도를 따르는 것에 관하여』의 내용을 재구성한 것이다.[28] 편집자들은 이러한 재구성 과정을 통해 원래 버전의 『하나님의 나라에 대하여』 3장과 4장 사이에 『예수 그리스도를 따르는 것에 관하여』의 세 장을 삽입하고 예크의 원래 서문을 부록으로 삽입했다. 아울러 블룸하르트의 메시지가 이론적이기보다는 실제적이라는 사실을 강조하기 위해 이 책의 제목을 "하나님 통치의 복음: 하나님 나라를 위한 삶"으로 바꾸는 것도 바람직해 보였다. 한국어 번역책에서는 더 실제적인 글의 특성을 염두에 두고 『그리스도의 옷을 입고-하나님나라의 백성임을 보이라』

로 제목을 정했다. 이 책은 브루더호프 공동체 및 운동의 설립자인 에버하르트 아놀드와 깊은 연관이 있다는 점에서 블룸하르트 시리즈의 두 번째 책이 되어야 할 것이다. 한국에서는 이 책이 블룸하르트 시리즈의 다섯 번째 책이다 이 책을 에버하르트 아놀드Eberhard Arnold에게 헌정한다.

1. 하나님의 사랑

예수 그리스도를 통한 하나님의 사랑을 모르는 사람이 어떤 소망의 복음을 전할 수 있겠습니까? 우리는 흑암 속에 있습니다. 남아 있는 기독교 문화는 우리의 생존을 보장하기도 힘들 정도입니다. 우리는 주 예수를 증오하는 사악한 세상의 늪에 깊이 빠져 있습니다. 예수님은 우리가 죽어야 "구원"하실 수 있지만, 우리는 그가 우리를 이 땅에 내버려 두어야 한다고 생각합니다. 우리는 이 땅에서 바뀔 수 없는 관습과 법을 가지고 있습니다. 그러나 중요한 것은 "우리가 지상에서 사는 동안 하나님께 헌신할 수 있는가?"라는 것입니다. 그렇지 않다면, 우주 만물은 헛되이 창조된 것입니다. 그것이 바로 예수께서 오신 이유이며, 우리가 "누가 우리를 하나님의 사랑에서 끊으리요"롬 8:35라는 고백을 하지 않을 수 없는 이유입니다.

그렇다면 하나님의 사랑이란 도대체 어떤 것입니까? 하나님의 사랑은 "그리스도는 세상의 빛"이라는 분명한 약속과 함께, 믿지 않는 자들에게 그의 아들을 보내신 것입니다.

그는 이 땅에 평화를 가져오십니다. 온 세상과 개인을 위한 하나님의 뜻은 그를 통해 이루어질 것입니다. 하나님의 사랑은 온 인류만큼 넓고 광대합니다. 그것은 우리의 불행만큼이나 높고 깊으며, 죽음보다 더 강력하여 땅속 깊은 곳까지 이릅니다.

*

세상은 현실이며 현실에 의해서만 극복될 수 있습니다.

믿음을 가진다는 것은 하나님의 임재를 느낀다는 뜻입니다.

*

진정한 믿음은 신앙고백을 외우는 차원을 넘어섭니다. 믿음이란 말의 의미는 우리에게 무슨 일인가 일어날 것이라고 믿는 것, 예수께서 우리에게 무엇인가를 원하신다고 믿는 것, 그리고 하나님의 사랑이 무엇인가를 할 수 있다고 믿는 것입니다.

*

하나님에 대한 지식은 경험적이어야 합니다. 여러분은 결코 하나님을 "연구"할 수 없습니다. 하나님과 그분의 사랑에 대한 지식이 조금이라도 있다면, 하나님에 관해 철학적 사색만 늘어놓는 사람들에 대해 안타까움을 느낄 것입니다. 아마도 여러분은 "만일 당신이 말하는 그가 누군지 안다면, 당신이 분석하고 있는 그가 어떤 분인지 알기만 한다면, 당신은 공포로 말미암아 하얗게 질릴 것"이라고 생각할 것입니다. 그러므로 하나님은 반드시 경험되어야 합니다. 그리고 그를 경험한 자는 누구든, 말문이 막혀 아무 말도 할 수 없을 것입니다.

*

여러분은 여러분의 지성으로 자신을 하나님 위에 두지 마십시오. 오히려 여러분의 마음으로 자신을 그분 아래에 두십시오. 나는 믿음을 가지기 어렵다고 생각하는 사람들을 보면 참으로 안타까운 마음이 듭니다. 그들에게 너무 많은 것을 기대하지 마시기 바랍니다. 우리는 그들에게 이미 지난 일이 되어버린 것을 너무 많이 요구하는 경향이 있습니다. 요즘 사람들은 믿을 수 있을지 없을지 머리로만 생각하려 합니다. 그러나 그들의 마음은 텅 비어 있습니다.

우리는 사람들에게 믿음이 어렵다는 인식을 심어주는 이 지적인 종교에서 벗어나야 합니다. 여러분이 지적으로 깨닫는 어떤 것보다 중요한 것은 하나님의 거룩한 사랑 앞에 전적으로 부복하는 마음을 가지는 것입니다. 마음을 움직이지 못하는 것은 무엇이든 잊어버리십시오. 그러나 여러분을 성결하게 하여 마음을 하나님께 향하게 하는 것이라면 무엇이든 붙드십시오. 악한 자라 할지라도 그것을 빼앗지 못할 것입니다.

우리의 마음은 다시 한번 하나님을 향해 열려야 합니다. 이것이 바로 우리가 성령의 부어주심을 위해 기도하는 이유입니다. 사람들은 더 이상 하나님을 느끼지 못하고 있습니다. 우리는 그들에게서 자신이 자라온 방식에 반대되는 것, 그들의 문화나 관습과 배치되는 어떤 것도 기대할 수 없습니다. 그러나 하나님에 대한 느낌, 하나님의 사랑에 대한 인식은 우리가 스스로 찾아야 할 첫 번째 복입니다. 복에는 여러 가지가 있지만, 마지막 복을 먼저 바라서는 안 될 것입니다. 만일 우리가 하나님을 아는 지식이라는 이 한 가지 복을 붙잡을 수 있다면, 복에서 복으로 나아가게 될 것입니다.

∗

경외심에서 나오는 불신도 있습니다. 도마 사도는 하나님에 대한 지나친 경외심으로 인해 직접 보지 않고서는 "믿지" 못했습니다. 그는 부활과 같은 엄청난 사건은 당연한 것으로 믿을 수 없다고 생각했습니다. 많은 사람은 하나님이 기도에 응답하신다는 것은 상상하기도 어려운 일이라고 생각합니다. **그러나 어쩌면 하나님은 당연히 기도에 응답하실 것이라고 믿는 사람들보다 그들이 더 신실한 자들인지 모릅니다.**

∗

인간은 항상 자신을 사랑하며, 자기 생각과 방식에 사로잡혀 있습니다. 우리는 하나님을 우리의 일에 개입시키지만, 언제나 자신의 방식대로 끌어들입니다. 우리는 하나님이 우리의 생각에 따라 행동하시고, 그리스도께서 우리가 원하는 길로 가셔야 한다고 생각합니다. 이것이 바로 기독교 교단들 및 교파들 사이에 그처럼 엄청난 긴장이 존재하는 이유입니다. 인간의 생각은 완고하며, 언제나 우리를 경직되게 만듭니다. 사람들은 수십 년, 수백 년 동안 같은 방식으로 살아가다가 마침내 다른 생각은 엄두도 내지 못할 만큼 굳어버린 것입니다. 우리는 자신의 사고방식이라는 얼음 속에 얼어붙고 말았습니다.

하나님은 이러한 상황에 대해 거듭해서 경고하시며, 우리가 이 상태에서 벗어나기를 원하십니다. 우리 구주께서 그토록 신랄하게 말씀하신 이유도 이 때문입니다. 구주께서 심판을 말씀하신 것도 우리가 하나님의 이름을 영화롭게 할 수 있게 돕기 위해서입니다. 그는 시공세계에서 우리의 생각과 우리가 바라는 것을 배 밖으로 던져 버리는 사건들을 초래하십니다. 따라서 역사는 하나님이 때를 따라 우리의 모든 헛된 생각을 끊임없이 휩쓸어 버리심을 보여줍니다. 또한 열방과 교회들이 붕괴될 수밖에 없는 것도 하나님의 생각을 위한 공간을 내어주기 위해서입니다.

*

하나님의 사랑은 우리가 사는 세상을 여는 열쇠이며, 진리를 찾는 자들에게 해답이 됩니다. 세상은 하나님을 볼 수 없지만, 하나님은 세상을 보시며 하나님께 속한 자들도 세상에서 생명을 봅니다. 이 생명은 사람들의 빛입니다.

*

우리는 감히 "예수님은 나의 구주시다. 그러므로 그는 세상을 구원하러 오셨다"라는, 자신을 원점으로 시작하는 표현을 사용할 수 없습니다. 오히려 그 반대입니다. 우리는 "하나님이 세상을 이처럼 사랑하셨으므로 나도 사랑하신다. 예수께서 세상에 오셨으므로 내게도 오신다"라고 해야 할 것입니다.

*

하늘이 아무리 땅보다 높아도 하나님은 자기를 경외하는 자들에게 은혜를 부어주십니다. 하늘은 참으로 높지만 −그리고 바로 그처럼 높다는 이유 때문에− 우리에게 가까이 있습니다. 가장 높은 곳이 가장 가까운 곳이 될 수 있다는 것입니다. 우리는 우리 위에서 −정확히 말하면 우리 위에 있기 때문에− 아주 작은 것까지 세밀히 비출 수 있는 무엇인가를 필요로 합니다. 하나님의 은혜와 선하심은 우리가 간섭할 수 없게, 또한 빛으로 모든 것을 꿰뚫을 수 있도록, 높이 있어야 합니다.

많은 사람은 하나님이 자신에게 더 가까이 다가오시기를 원합니다. 그들이 간절히 원하는 하나님과의 관계는 사람의 관계와 같은 방식의 관계입니다. 그러나 사람들 사이에서도, 너무 가까이 다가가는 것은 좋지 않습니다. 너무 가까운 관계는 여러 가지 오해가 발생할 소지가 있습니다. 사회적으로 너무 가까운 관계에서는 우리의 영적 가치와 선한 자질이 마음껏 발휘될 수 없습니다. 만일 하나님이 우리와 섞여 지내고 싶어 하셨다면 훨씬 더 부자연스러운 상태가 되었을 것입니다. 하나님은 그의 사랑을 위해 우리 위에 머무셔야 할 것입니다. 우리 안에 죄가 있는 한, 하나님은 우리 위 높이 계실 것입니다.

예수님도 우리 가까이 계시기 위해 우리 위 높은 곳에 계셔야 할 것입니다. 그는 이 땅에 계실 때 언제나 고결하셨기 때문입니다. 예수님은 고귀하시고 존귀하시지만, 그런 분이시기에 우리의 이웃이 되신 것입니다. 그는 높은 곳에 계시기 때문에 모든 사람에게 다가가실 수 있으며, 그들은 예수님 아래에서 하나가 될 수 있는 것입니다.

*

모든 강단과 선교 현장에서, 우리는 다음과 같이 선포해야 할 것입니다. "여러분은 모두 하나님께 속한 자입니다! 여러분이 신자든 불신자든, 심판 아래 있든 은혜 아래 있든, 복을 받았든 저주를 받았든, 여러분은 하나님께 속해 있습니다. 그는 선하시며 여러분에게 가장 좋은 것을 주시기 원하십니다. 여러분이 죽었든 살았든, 의롭든 악하든, 천국에 있든 지옥에 있든, 당신은 하나님께 속해 있습니다. 여러분이 믿음의 거대한 조류에 휩쓸리는 순간, 즉시 내면의 선이 표출될 것입니다." 여러분이 이렇게 설교한다면, 한 손으로는 주고 다른 한 손으로는 빼앗는 반쪽짜리 복음을 전하는 사람들과는 다른 결과를 얻게 될 것입니다.

그리스도인의 마음에서 분노를 영원히 몰아낼 수 있다면 얼마나 좋을까요! 심판과 저주에 대한 열정을 멈출 수 있다면 얼마나 좋을까요! 우리가 죄를 일종의 질병으로 보고 죄인을 그 죄에서 분리할 수 있다면 얼마나 좋을까요! 우리의 신앙은 사람들을 믿음의 대열로 이끄는 하나님의 빛이 되어야 합니다. 그렇게 할 때, 가장 악한 자가 의롭게 될 것입니다.

하나님은 우리가 그의 원수였을 때에도 우리를 사랑하셨습니다. 만일 하나님이 우리가 아직 죄인 되었을 때 우리를 사랑하사 그에게로 향하는 거대한 조류로 이끄셨다면, 우리가 어떻게 다른 사람들을 저주할 수 있겠습니까? 그들이 신앙의 대열에 합류하는 것은 시간문제일 뿐입니다. 그러나 만일 우리가 이 조류를 거스르는 장애물을 던진다면, 만일 우리가 "그리스도인으로서" 거리낌을 가지거나 신앙적인 의심을 한다면, 어떻게 다른 사람들을 휩쓸어 가는 조류의 역할을 감당할 수 있겠습니까?

*

우리는 모두 하나님께 속해 있습니다. 그것이 복음입니다. 이 기쁜 소식을 이해한다면, 죄는 사라질 것입니다. 복음은 더 이상 위협적인 성격을 띠어서는 안 될 것입니다. 우리는 사람들이 이미 하나님께 나아온 상태가 아닌 한, 그들에게 어떤 짐도 부과할 수 없습니다. 우리가 속박당한 자들에게 참된 복음전도자가 되기를 원한다면, 바울의 경우에서처럼 복음은 말이나 명령이 아니라 하나님으로부터 오는 능력이어야 합니다. 복음은 단순한 메시지가 아니라 능력입니다. 그러므로 우리는 복음의 순수성을 지켜야 합니다. 위협적인 복음은 복음의 순수성을 벗어난 것입니다. 그것은 빛과 어두움이 뒤섞인 부정한 복음입니다. 사도들의 메시지는 순수했습니다. 이 순수한 복음을 위협적인 복음으로 바꾼 것은 나중에 일어난 자들이었습니다.

하나님의 원래적 메시지는 "너는 하나님께 속해 있다"는 것이었습니다. 하나님은 인간의 권리를 인정해주십니다. 하나님은 사랑이십니다. 다시 말하면, 하나님은 자신에게 속하지 않은 자는 단 한 명도 없다고 생각하신다는 것입니다. 비록 지금은 흑암 속에 사는 자라 할지라도, 모두 해방될 것입니다. 그것이 바로 우리가 모든 사람이 가진 이러한 권리를 옹호해야 하는 이유입니다. 다른 사람을 정죄하는 것은 죄와 사망의 권세를 시인하는 것입니다. 여러분이 누군가를 정죄하는 순간, 여러분은 하나님이 가진 어떤 권리를 부인하는 것입니다. 우리는 모든 사람을 하나님께 맡기고 그들에게도 하나님의 권리가 드러날 것으로 생각해야 합니다. 그렇지 않으면 예수의 제자가 될 수 없습니다. 여러분은 자신에 대해서도 그렇게 믿어야 합니다. 그것이 복음입니다.

*

우리의 의는 바로 여기에 있습니다. 즉, 우리가 하나님 아버지께 속해 있으며, 우리가 자신을 하나님 아버지께 속한 자로 여기는 것이 우리의 의라는 것입니다. 이것이 바로 진정한 인간 본성의 본질입니다. 우리는 지옥에 있는 자에게도, "너는 하늘에 계신 아버지께 속해 있다"라고 해야 합니다. 자신은 더 이상 하나님께 속한 자가 아니라고 생각하는 사람은 악한 자이지만, 자신이 하나님께 속해 있다는 사실을 깨닫는 순간 자신의 진정한 본성을 되찾게 될 것입니다. 이 지식은 모든 죄와 죽음, 심지어 지옥까지도 관통합니다. "나는 하나님께 속한 자"라는 사실을 아는 사람은 모든 것을 이길 수 있습니다. 왜냐하면 하나님께서 그 사람 안에 있는 모든 것을 정복하시기 때문입니다.

여러분이 하나님께 속한 것은 여러분이 유대인이나 기독교인이기 때문이 아니라 예수께서 살아 계시기 때문입니다. 마귀는 누구에 대한 권리도 없습니다, 그런 권리는 오직 하나님께만 있습니다. 확실히 여러분은 현재 고난 속에 있을는지도 모릅니다. 그러나 여러분은 지옥이나 고통 속에서, 심지어 사망의 음침한 그늘에서조차, "나는 하나님께 속한 자"라는 사실을 믿어야 합니다. 그러면 하나님은 여러분을 자기 아들과 딸로 삼으시고 여러분을 마치 잃어버린 동전처럼 주머니에 넣으시거나 잃어버린 양처럼 품에 안으실 것입니다.

이 세상 임금은 이 복음을 감추는 데 성공했으며, 따라서 이 놀라운 소식은 여전히 감추어져 있습니다. 그러나 언젠가 이 복음은 폭풍처럼 온 세상을 휩쓸고 지나갈 것입니다.

*

하나님은 우리에게 선을 베풀기를 원하시며, 그의 선하심은 언제나 유효합니다. 그러나 우리는 현대 사상의 물꼬를 염세주의로 틀려는 특정 지도자들처럼, 비관적인 경향이 있습니다. 하지만 사실상 대부분의 사람은 기뻐하기를 원하며 하나님이 그들을 위로하시기 때문에 계속해서 행복을 찾을 수 있습니다.

그리스도인으로서 우리는 사람들이 행복해하면 즐거워해야 하며, 그들이 기뻐하는 즉시 거부감을 가지거나 그들의 기쁨을 전적으로 거부해서는 안 됩니다. 오히려 우리는 그런 기쁨을 따뜻하게 격려해야 할 것입니다. 하나님은 사람들에게 선을 베풀고 싶어 하시며, 따라서 우리는 그들이 형통할 때 기뻐해야 합니다.

하나님은 우리에게 복을 주고 싶어 하십니다. 하나님이 인간을 창조하신 것은 고통스럽게 하기 위해서가 아니라 분투를 위해서입니다. 우리는 이러한 투쟁적 삶을 통해 끊임없이 기쁨을 누려야 합니다. 왜냐하면 하나님은 거듭해서 "너는 결국 내 자녀다"라고 말씀하시기 때문입니다.

우리가 하나님의 선하심에 대한 인식이 없다면 꼼짝하지 못하고 가라앉게 될 것입니다. 저주와 지옥에 대한 설교에도 불구하고, 우리는 "하나님은 우리를 사랑하신다"는 사실을 인식해야 합니다. 이러한 인식이 살아 있는 한, 주저앉아 있을 수 없습니다. 신앙적 문제는 결국 국가적 차원으로 확산될 것입니다. 예수께서 계신 곳에는 언제나 진정한 진보가 번성할 것이기 때문입니다. 하나님의 선하심을 인식하고 느낀 자들은 소생할 것입니다. "가난한 자에게 복음이 전파될 것이며" 그들이 위로를 받을 것입니다.

그리스도를 통한 하나님의 선하심은 여호와와 이스라엘 백성의 관계에서 찾아볼 수 있습니다. 이방인도 하나님의 지배를 받았지만, 이스라엘 백성은 그들 중에 거하시는 여호와의 지배 아래에 있었습니다. 여호와라는 이름의 뜻은 원래 "그가 여기에 계신다"는 외침이었을 뿐입니다. 야곱이 돌베개를 벤 채 하늘로 향한 사다리를 본 것은 "그가 참으로 여기 계신다!"^{여호와께서 과연 여기에 계시거늘}라는 의미입니다. 하나님의 선하심이 특별한 사랑과 자비의 행위로 나타났던 것입니다.

그러나 그리스도 안에서 하나님은 온전히 육신이 되셨습니다. 우리는 그를 통해 이 놀라운 하나님의 선하심, 인간 내면의 가장 깊숙한 불행까지 꿰뚫으시는 자비하심에 대한 소망을 가질 수 있습니다. 확실히 이 선하심은 지옥에까지 미칩니다. 그리스도는 "음부에도 내려가셨기 때문"입니다. 하나님의 사랑이 미치지 못하는 장소나 상황은 없습니다. 그러므로 아무도 자신을 잃어버린 자로 생각해서는 안 됩니다. 예수님이 열지 못할 자물쇠는 없기 때문입니다.

"말씀이 육신이 되어"라고 했습니다. 우리가 이 사실을 인식할 때, 특히 우리가 죄 속에서 이 말씀을 붙들 때, 우리는 의롭다 함을 얻고 육신의 죄에서 벗어나게 될 것입니다. 그러면 새로운 몸, 곧 구주 예수 그리스도와 한 몸이 될 것입니다. 이것이 바로 예수께서 나는 부활이요 생명이라고 말씀하신 이유입니다. 지금까지 여러분의 육신 속에 죄와 사망이 거하며 역사했다면, 이제는 여러분을 살리신 그분이 여러분 안에 살아계신 것입니다. 여러분 속에 예수님이 거하시며, 하나님의 선하심이 육신의 죄를 죽일 것입니다.

"말씀이 육신이 되어"라는 기쁜 소식이 여러분 안에 살아 있다면, 노래하는 마음이 시작될 것입니다. 고통이 올지라도 노래할 것입니다. 슬픔이 올지라도 노래할 것입니다. 죽음이 올지라도 여러분은 노래할 것입니다. 여러분의 마음은 노래를 잃지 않아야 합니다. 노래가 계속되는 한, 여러분은 빛을 발하게 될 것입니다. 아무리 어두워도 노래하십시오. 하나님께 찬양하고 감사하며 영광을 돌리십시오. 예수님은 살아 계시며, 우리도 살아 있을 것입니다.

*

두려움은 나라의 법에 속한 것이며, 그리스도의 복음에는 해당하지 않습니다.

*

우리 타락한 인생은 티끌 속에 누워있지만, 그럼에도 불구하고 우리는 보석입니다. 흙 속에 묻혀 있는 다이아몬드는 반짝일 수 없습니다. 그러나 보석이기 때문에 흙이 더럽힐 수 없습니다. 누군가 집어 들어 다시 깨끗이 닦는다면 이전처럼 반짝이는 다이아몬드가 될 것입니다.

그러므로 흙 속에 누워있다고 해서 자신을 형편없는 사람이라고 생각하지 마십시오. **자신이나 다른 누군가를 나쁘게 생각하는 것은 하나님의 사랑에 반하는 범죄입니다.** 하나님이 창조하신 것은 나쁘지 않습니다. 그러나 우리는 엉뚱한 곳에 있을 수 있으며, 이 때문에 현재 우리의 모습이 완전히 잘못된 인상을 심어주기도 합니다. 보석이 빛나려면 보이는 곳으로 나와야 합니다. 우리가 "반짝거리고" 싶다면, 빛과 접촉해야 합니다. 그러므로 불신자를 죄인이라고 해서는 안 될 것입니다. 우리는 먼저 그에게 "하나님은 당신을 사랑하십니다!"라고 해야 합니다. 죄는 우리가 더 이상 하나님께 신실하지 않을 때 시작됩니다. 한 번 깨끗하게 씻겨진 보석이 다시 흙 속으로 돌아간다면, 그것이 죄입니다. 그러나 하나님에 대해 아무것도 모르는 사람에게는 죄라는 말보다 불행이라는 표현이 어울릴 것입니다.

*

거짓말은 여러분이 그것을 믿을 때, 여러분이 기꺼이 그 거짓말에 자신을 던지는 순간, 강력한 힘을 발휘하게 됩니다. 마치 죄가 우리를 하나님에게서 분리할 수 있는 것처럼 우리를 철저히 속이지 못하는 한, 죄는 아무것도 아닙니다. 사도 시대에도 적그리스도는 "율법을 지키지 않는 자는 죄인"이라는 거짓말로 복음을 왜곡했습니다. 예를 들어, 요한은 요한일서에서 적그리스도에 맞서 "아들을 믿어라. 아들을 믿는 자는 자신이 자녀인 것을 알기 때문이다. 그러므로 이제 자신의 죄에 대해 어린아이가 되어서, 마치 너희 죄가 너희를 아버지에게서 분리할 수 있는 것처럼 속이는 거짓말을 물리치라. 너희가 아들을 통해 두려움에서 벗어나기 전에는 죄를 대적할 수 없을 것이다"라고 선포했습니다.

*

죄는 참된 것이 무엇인지에 대한 우리의 인식을 혼란스럽게 합니다. 그것은 우리가 실제로 사는 곳과 다른 곳에 사는 것처럼 생각하게 만듭니다. 우리는 하나님 안에 있으며 영생을 소유하고 있지만, 우리가 죄를 지으면 마치 하나님과 영생이 존재하지 않는 것처럼 삽니다. 죄는 우리의 삶이 언제나 우리를 둘러싸고 있는 하나님의 사랑과 조화를 이루지 못할 때 시작됩니다. 그러나 하나님이 은혜를 베풀어 주시면 휘장이 걷히게 되며, 우리는 하나님을 인식하고 영생을 경험하게 되는 것입니다.

*

자신이나 다른 사람에 대한 경멸을 멈추는 것이야말로 모든 도덕적, 사회적 삶의 기초입니다. 이러한 기초가 없이는 영속적인 도덕이 존재할 수 없습니다. 오직 이 기초 위에서만 사람들 사이에서나 국가 간에 평화가 존재할 수 있습니다. 나라들은 서로를 존중하고 배려하는 법을 배워야 합니다. 마찬가지로, 이러한 상호 존중이 없이는 진정한 사회적 삶이 유지될 수 없습니다. 그러므로 우리에게는 하나님이 가난하고 불의하며 구원받지 못한 세상을 사랑하신다는 사랑의 복음이 필요한 것입니다. 이것만이 모든 참된 문화와 도덕의 유일한 전제 조건입니다.

*

언젠가 아버지는 내게 어디를 가든 아무도 불신자로 여겨서는 안 된다는 편지를 쓴 적이 있습니다. 사랑이 많으신 하나님은 사람에 대한 믿음을 가지고 계시며, 따라서 우리도 사람을 믿어야 합니다. 이것은 실제로 가능한 일입니다. 사람이 믿음을 갖게 된 것은 하나님이 그들을 믿으셨기 때문입니다. 나와 여러분이 예수께로 다가갈 수 있는 것은 그가 우리에게 오셨기 때문입니다.

*

우리의 믿음은 하나님의 사랑에 대한 반응입니다. 하나님이 우리를 만나러 오셨으며, 따라서 우리의 마음은 하나님에 대한 사랑으로 샘솟아 오릅니다. 하나님은 사랑의 아버지로서 우리에게 다가오시며, 따라서 그분은 더 이상 높이 계셔서 가까이 다가갈 수 없는, 불가사의한 존재가 아닙니다. 그분은 우리가 어디를 가든지 따라오시는 아버지와 같은 보호자이십니다. 우리의 믿음은 내면에서부터 아버지께 반응합니다. 이 믿음은 우리가 자녀로서 아버지로부터 받은 사랑을 굳게 붙드는 행위에 불과합니다.

믿음은 이 땅에서 시작됩니다. 사랑은 하늘에서 비처럼 쏟아집니다. 하나님은 지상의 믿음에 관심을 집중하십니다. 우리의 목표는 이 믿음이 우리 안에서 샘처럼 솟아나는 것이어야 합니다. 하나님의 사랑을 절대 의심하지 마십시오! 그것은 결단코 멈추지 않을 것입니다. 하나님이 영원하시듯이, 그의 사랑도 영원할 것입니다. 그 누구도 하나님의 사랑에서 벗어날 수 없으며, 아무리 악한 죄인이라도 여전히 하나님과 연결되어 있습니다. 하나님 아버지의 인자하신 사랑은 언제까지나 계속될 것입니다. 그리스도께서 세상에 오신 것은 이 사랑이 절대 끝나지 않을 것임을 보여 주기 위함입니다. 우리는 왜 한편으로는 그리스도를 전파하면서 다른 한편으로는 자신을 정죄하거나 자신이나 다른 사람들을 내던집니까? 그렇다면 그리스도는 왜 세상에 오셨겠습니까? 모든 사람은 하나님 앞에 나아가 "아버지여, 내가 아버지의 손에서 나왔으며, 당신의 손에서는 오직 선한 것만 나옵니다. 그러하오니 아버지의 거룩한 영을 구하는 나의 기도를 들으시고 이루어주소서"라고 기도할 수 있으며, 또한 그렇게 기도해야 할 것입니다.

우리와 하나님 사이에 끼어들려는 것은 무엇이든 반드시 멸망할 것입니다. 위로부터 오는 하나님의 사랑과 아래로부터 오는 우리의 믿음 사이에 끼어드는 것은 무엇이든 반드시 무너지고 말 것입니다. 우리의 믿음과 하나님 사랑의 결합을 통해 참된 인격이 드러날 것입니다. 우리의 싸움은 계속될 것입니다. 우리가 힘써 싸울 때 악은 우리의 믿음과 하나님의 사랑 사이에 끼어들 것이며, 그곳은 악을 멸하기 좋은 장소가 될 것입니다. 악이 나와 하나님 사이에 갇혀 질식할 때, 나는 비로소 내가 누구인지를 인식할 것이며 내 안에서 하나님의 선하심을 발견하고 의를 찾을 것입니다.

*

아브라함은 믿음으로 의롭게 되었습니다. 그는 인간이 목적하는 모든 것을 바람에 날려버림으로써 하나님 편에 섰으며 모든 죄의 영역에서 벗어날 수 있었습니다. 의는 내가 더 이상 실수하지 않는 데 있는 것이 아니라, 나의 존재 전체가 전적으로 하나님과 조화를 이루는 데 있습니다. 태양은 흑점이 있든 없든 태양입니다. 모든 피조물 안에는 하나님의 의가 잠재되어 있습니다.

우리가 의의 개념을 이해한다면, 의는 오직 하나님과의 관계 속에서만 존재한다는 사실을 깨닫게 될 것입니다. 피조세계 어디에도 하나님과 무관한 의는 존재하지 않습니다. 그러므로 우리는 도덕법 안에서 선해지려 해서는 안 되며, 하나님과의 관계에서 선한 자가 되어야 합니다. 더욱이, 우리는 다른 사람을 행위로 판단해서는 안 되며, 그 너머에 있는 하나님과의 관계를 볼 수 있어야 합니다. 많은 사람은, 비록 스스로 인식하지는 못할지라도, 마음 깊은 곳에 의를 간직하고 있습니다. 다만 그의 영이 아직 내면에 잠재된 의에 동참하지 못하고 있을 뿐입니다.

이 땅에 오신 예수님은 우리를 의롭게 여기십니다. 우리가 아무리 어리석은 행동으로 하나님과의 관계를 찢어놓는다고 할지라도, 예수님은 우리를 의롭게 여기시고 우리와 하나님과의 관계를 믿으시기 때문에 죄를 용서하십니다. 우리의 죄악은 하나님과 우리 사이를 완전히 갈라놓은 것처럼 생각하게 하며, 따라서 수많은 사람은 자신이 하나님께 속하지 않는다고 믿습니다. 그들은 하나님께서 그들을 거절하셨다고 생각합니다. 따라서 우리가 겪는 불행은 대부분 이런 생각에서 비롯됩니다. 이런 사고방식을 지워버릴 수만 있다면 많은 사람이 힘을 얻을 것이며, 우리는 "믿음으로 말미암아 의롭게" 될 것입니다.

*

밭에 묻힌 보화에 관한 비유를 읽으면, "하늘에 계신 아버지여, 하늘나라의 감춰진 보화를 발견하게 해주소서"라는 기도를 드리고 싶을 것입니다. 만일 우리가 생명의 밭을 찾아 파헤친다면 감춰진 보화를 발견하게 될 것입니다. 모든 것이 혼란스럽고, 모든 것이 우리를 괴롭히고 억압하며, 모든 상황이 나빠지는 것처럼 보이는 오늘날의 상황에서도, 우리는 갑자기 하나님의 통치를 만나게 됩니다. 하나님은 우리의 고통과 불안, 빈곤, 싸움의 현장 속에도 계십니다. 그런 환경 속에도 보물이 있습니다. 그러므로 당신의 소유를 모두 팔아 보물을 사십시오. 모든 고민과 근심을 내려놓고, 어떤 상황에서도 하나님을 찾으십시오.

구주께서는 이 땅에서 그렇게 사셨습니다. 그는 세상에서, 심지어 악한 세상이나 대적들 앞에서도 결코 물러나는 일이 없었습니다. 그는 악한 상황에서도 하나님 아버지를 찾았습니다. "하나님 감사합니다! 전능하신 주가 이 땅에 계십니다. 이제 아버지께서 왜 나를 세상에 보내셨는지 알겠습니다. 세상에는 보물이 있기 때문입니다!" 혼인 잔치에 가신 예수님은 그곳에서 보물을 발견합니다. 광야로 가신 예수님은 굶주린 사람들 사이에서 보물을 발견합니다. 예수님은 근심과 빈곤과 고통을 경험하는 중에 보물을 발견합니다. 예수님은 십자가에 달려 고통으로 신음하며, 무덤과 음부로 내려가시며 보물을 발견합니다. 예수님은 어떤 상황에서도 오직 아버지만 찾았습니다.

우리도 그렇게 할 수 있습니까? 물론 우리는 그렇게 기도합니다. "주여, 우리가 범사에 하나님을 찾게 하옵소서." 구주 곁에 서 있는 우리가 머리를 숙여야 할까요? 우리가 낙심해야 할까요? 아닙니다. 결코 그럴 수 없습니다. 우리가 굶주리든 배부르든, 기쁠 때든 슬플 때든, 그곳에는 보물이 있으며, 그로 인해 다른 모든 것은 잊을 수 있습니다. 하나님 아버지는 어디에 계십니까? 그분은 세상 속에, 우리의 절망 속에서 우리의 불안과 고통과 가장 비참한 어둠 속에 계십니다. 두려워하지 마십시오. 아직도 보화가 남아 있습니다. 우리는 하늘에 계신 사랑의 아버지께 속한 자들입니다.

*

우리는 빛과 어두움 사이에 서 있습니다. 빛 안에는 생명이 있고, 어두움 속에는 사망이 있습니다. 생명에는 선이 거하고, 사망에는 악이 거합니다. 양자의 대립은 우리를 엄청난 곤궁으로 몰아넣습니다. 그것은 이 땅에서 풀기 어려운 미스터리입니다. 그러나 하나님은 빛과 어두움을 초월하시며, 우리는 모든 일에서 그에게 의지할 수 있습니다. 하나님은 유일하시며, 만일 다른 어떤 존재가 자신이 지배하려는 마음을 가진다면 그 순간 악이 되는 것입니다. 하나님이 보시기에 악한 것은 모두 악이며, 하나님이 보시기에 어두운 것은 모두 어두움입니다. 이것은 그들이 하나님과의 관계를 잃어버렸기 때문입니다. 어두움은 하나님과 별개로 존재할 뿐, 하나님 안에는 어두움이 존재하지 않습니다. 하나님은 그분 자체로 완전한 선이시며 피조세계의 모든 선한 것은 그에게서 나오기 때문에 하나님과 조화를 이루고 싶어 하지 않는 것은 모두 어두움이라고 할 수 있습니다. 하나님의 관점에서 볼 때 그것은 어두움이며 악인 것입니다.

이런 생각은 우리에게 큰 위로가 될 것입니다. 왜냐하면 결국 어두움의 운명도 전적으로 하나님께 달려 있으며, 악도 하나님의 지배를 벗어날 수 없기 때문입니다. 악은 그 자체로는 존재할 수 없습니다. 우리는 죄와 악을 포함한 온 세상이 하나님의 사랑의 손 안에 있다고 생각할 수 있습니다. 세상은 하나님의 손 안에 있는 세상과 하나님의 손 밖에 있는 세상이라는 두 영역으로 나뉘지 않습니다. 아무리 어둡고 캄캄한 곳이라 할지라도 그곳을 통치하시는 주는 오직 하나님뿐이십니다. 마귀는 자신이 하고 싶은 대로 할 수 없습니다. 마귀는 하나님의 명령에 따라 어두움에 거합니다. 어두움 속에 거하는 마귀는 불행히도 전염성이 있어 그에게 다가가는 자를 죽음으로 이끄는 존재입니다. 그러나 죄와 사망의 모든 영역은 여전히 하나님의 손 안에 있습니다.

그리스도 안에서, 하나님은 사탄의 지배를 받아 타락한 사악한 세상을 사랑하십니다. "흑암에 행하던 백성이 큰 빛을 보고."사 9:2 절망에 빠진 자, 정죄당한 자, 죽임당한 자, 어떤 위로도 받지 못한 불쌍한 자, 그들은 모두 자신을 사랑하시는 아버지를 볼 수 있습니다. 하나님은 어두움을 지배하시며, 그것은 사랑의 통치에 해당합니다. 이제는 "살아 계신 하나님의 손에 빠져 들어가는"히 10:31 무서운 일이 예전과 같지 않을 것입니다. 왜냐하면 하나님은 죄와 죽음과 음부를 사랑으로 장악하셨기 때문입니다.

만일 우리가 그리스도의 제자로서 다른 어떤 주인의 통제도 받지 아니하고, 마귀를 믿는 대신 하나님과 그의 사랑에 헌신하며, "예수는 승리자시며 우리 주 앞에 무릎 꿇지 않을 어둠의 권세는 없다"고 외칠 수 있다면, 어두움은 점차 사라질 것입니다. 우리는 예수 그리스도의 복음 위에 굳게 서서 하나님 외에는 누구도 우리를 다스리지 못하게 함으로써, 우리의 마음과 세상에서 어두움을 몰아내어야 합니다. 우리는 하나님의 소유입니다.

*

우리가 볼 때 세상은 예수님이 원하시는 어떤 것도 불가능한 것처럼 보입니다. 패역한 인간은 하나님이 원하시는 것과 전혀 다른 것을 추구하고 있습니다. 우리는 하나님에 대한 불신과 무지에 빠져 있습니다. 하나님을 알지 못하는 우리는 자신을 위해 다른 지배자들을 양산하게 되며, 그로 말미암아 하나님께 더욱 불순종하게 되는 것입니다. 그렇게 되면 관습과 습관을 통해 존재감을 드러내는 힘들이 나타나게 되는데 이러한 것들을 따름으로써, 그리고 우리의 불순종을 통해, 우리는 점점 더 불행해지는 것입니다. 만리장성을 쌓으며 벽 속에 아이를 집어넣거나 생매장함으로써 자신을 보호하려는 중국인, 자녀를 갠지스강에 던져 넣는 힌두교 여성, 더 많은 돈을 벌기 위해 혈안이 된 백만장자, 그들 중 누구도 행복하지 않습니다. 그들은 주인이 아니라 노예입니다. 하나님은 그들을 불행 속으로 몰아넣으셨지만, 사실은 그들을 불쌍히 여기셔서 언젠가는 자신만이 그들을 도우실 수 있다는 사실을 깨닫게 하시기 위해 그렇게 하신 것입니다. 하나님은 우리가 다른 곳에서 행복을 찾을 동안에만, 도움을 유보하실 것입니다.

악한 일에 몰두하는 완악한 자에게는 그를 감금하는 것 외에 다른 방법이 없습니다. 그러나 하나님은 결코 그 일을 하지 않으십니다. 우리는 하나님께 불순종함으로써 스스로 자신의 감옥을 만듭니다. 하나님은 지옥과 무관하시며, 그것을 준비하는 것은 바로 우리 자신입니다. 하나님은 우리가 원한다면 어떤 지옥도 깨트려 부술 준비가 되어 있습니다. 하나님은 언제나 그렇게 하실 준비가 되어 있지만, 우리가 그것을 원해야 합니다. 만일 우리가 하나님을 벗어나 살기를 고집하고 우리 안에서 역사하기를 원하는 신성을 인정하지 않는다면, 이러한 완악함이 자신의 지옥을 만들어 낼 것입니다.

보이는 지옥과 보이지 않는 지옥이 있지만, 이러한 고통의 감옥은 장소가 아닙니다. 장소 자체는 결코 저주의 공간이 될 수 없습니다. 가장 비참한 곳에서도 행복하게 사는 사람들이 있습니다. 그러나 우리는 우리의 이기심과 어리석음으로 인해 고통스러운 상황을 만듭니다. 만일 우리가 유일하게 우리를 생명으로 인도하실 수 있는 하나님을 통해 깨닫지 못한다면 우리는 계속해서 그렇게 할 것입니다.

*

예수님은 바리새인들에게도 "하나님의 나라는 너희 가운데 있느니라"고 말씀하셨습니다. 이유가 무엇입니까? 사랑이 많으신 주님은 누구와도, 가장 악한 원수와도 관계가 끊어지기를 원하지 않으시기 때문입니다. 예수님은 그들을 속박당한 자들로 보시지만, 그들 안에서 하나님 나라의 씨앗도 보신 것입니다. 하나님은 예수님을 통해 인류에게 씨를 심으셨습니다. 이 씨는 각 개인 안에서 싹을 틔움으로써 하나님의 나라가 각 사람으로부터, 나와 여러분으로부터, 유대인과 이방인으로부터, 경건한 자와 경건하지 않은 자로부터 나오게 해야 할 것입니다. 하나님의 나라가 드러난다는 것은 참으로 놀라운 일이 아닐 수 없습니다. 그것은 누군가 대단한 사람의 작품이 아니라, 수많은 사람에게서 무성하게 번성하여 성장하는 생명체입니다.

2. 하나님의 통치

그리스도인으로서 우리는 하나님의 나라, 즉 이 땅에서 하나님의 통치가 이루어지기를 기대해야 합니다. 그러나 그보다 더 중요한 것은, 우리가 하나님의 나라에 대해 적극적인 관심을 가져야 한다는 것입니다. 우리는 자신의 운명이나 자신의 신앙적 노정에 대해 생각해서는 안 됩니다. 기독교는 다른 종교와 다르며, 기독교의 일차적 목적은 우리가 행복해지는 것이 아닙니다. 그리스도께서 오신 것은 하나님이 이 땅에서 주가 되게 하시고 그의 뜻이 하늘에서 이룬 것같이 땅에서도 이루어지게 하시기 위함입니다. 그렇게 되면 자연스럽게 우리에게도 복이 임할 것입니다. 그때까지는 예수께서 십자가에서 경험하신 복, 즉 왕 되신 주님을 위한 고난과 죽음의 고통을 겪을 때 우리의 마음을 채워 주는 복만 있을 분입니다.

*

예수님은 마치 "나는 그를 통해, 세상은 잃어버린 바 되지 아니하였고 인간은 원래의 존재 목적을 회복할 수 있으며 너희가 절망적으로 포기해버린 육신 속에서 빛이 발할 것이라고 약속한다"라는 하나님의 맹세와 같습니다. 예수께서 병자를 고치시고 죽은 자를 살리시며 기적을 행하신 이유는 무엇입니까? 과연 단순한 의료 행위나 일시적인 불꽃 쇼에 지나지 않는 것입니까? 만일 그의 사역이 처음부터 제자들의 열정을 촉구하기 위한 것이었다면, 그의 생애는 엄청난 기만적 행위에 불과할 것입니다. 예수께서 행하신 이적이나 기사와 함께 그의 생애가 영원한 의미를 가지지 못하거나 오늘날 이 땅에 사는 우리를 도와줄 것이라는 약속을 제시하지 않는다면, 만일 내가 죽거나 하늘나라에서만 도움을 받고 이 땅은 여전히 저주를 받은 채 남아 있다면, 사도들이 전한 모든 말은 헛되고 무익할 것입니다. 우리가 예수님의 능력을 의지하여 이 땅에서 하나님의 승리를 얻고 죄인을 의롭게 하지 않는 한, 그리고 불의한 세상을 저주하기보다 악에서 건져 영생을 향해 나아가도록 돕지 않는 한, 어떤 신자도 하나님의 나라를 위해 쓰임 받을 수 없을 것입니다.

＊

세상은 미래를 위한 성경적 소망에서 배제되지 않습니다. 세상은 잠긴 낙원이며, 우리에게 닫혀 있는 낙원입니다. 이 땅은 우리 인간에게 속한 천국입니다.

성경의 첫 장에 묘사된 것처럼, 창조는 끝나지 않았습니다. 피조세계가 "매우 좋았더라"고 한 것은 앞으로의 발전을 위해 매우 좋았다는 것입니다. 첫 번째 사람은 "완전"했으나, 태아의 단계로서만 그렇다는 것입니다. 말하자면, 태초의 인류는 영적 생명의 뼈대가 없었으며. 여전히 유연한 상태였다는 것입니다. 사람은 갓 태어난 아기처럼 온전히 순수하고 성결했습니다. 그런 후에는 발육과 성장이 시작되었습니다. 남자와 여자는 에덴동산으로부터 시작하여 땅을 정복하라는 임무를 받았습니다. 모든 것이 좋았으나, 이제 "일어나라! 너희의 낙원을 만들고 그것을 위해 싸우라"는 명령이 떨어진 것입니다. 만일 첫 번째 남자와 여자가 순종적이었더라면, 하나님의 보호하심과 인도하심 속에 자신의 주변에서 이 일을 시작했을 것이며, 그곳에서 좋은 성과를 거둘 수 있었을 것입니다. 이러한 사역은 지금도 계속되고 있겠지만, 지금보다는 훨씬 쉬웠을 것입니다.

물론, 인류가 이 땅의 불완전한 영적 상태와 결합될 수밖에 없었다는 사실에 어떤 행운이 감춰져 있는지 누가 알겠습니까? 어쩌면 이를 통해 우리의 투쟁은 더욱 깊어지고 더욱 철저한 완전에 이를 수 있을는지 모릅니다. 그러나 언젠가는 하나님이 만사를 그의 장중에 확실하게 붙들고 계신다는 사실이 드러날 것임이 분명합니다.

우리는 죄를 범했음에도 불구하고, 여전히 땅을 정복하라는 부르심을 받고 있습니다. "땅에 충만하라, 땅을 정복하라," 우리의 낙원은 땅 속에 감춰져 있습니다. 우리가 성경이 말하는 영적 의미에서 토지의 선함, 공기와 물의 선함, 하늘과 땅의 선함을 느낄 수 있다면 얼마나 좋겠습니까? 말로 다 할 수 없는 감정일 것입니다. 우리가 순종적이라면, 우리는 이미 지상에 있는 복들에 둘러싸여 있을 것입니다. 그러나 우리가 불순종의 삶을 산다면, 하나님의 선하심의 향기를 절반밖에 느끼지 못할 것입니다. 우리는 온전한 삶을 살 수 없을 것입니다. 주변의 모든 새로운 생명이 꿈틀거리는 봄이 와도 이러한 생명 현상의 한 부분이 될 수 없는 우리는 얼마나 서글플 때가 많습니까? 우리도 피조세계와 마찬가지로 해마다 새로워져야 하며, 하나님이 주신 힘으로 살아가야 합니다. 대신에, 우리는 인생의 전성기에 질병과 고통을 감내해야 합니다. 더구나 우리는 생명의 위험을 무릅쓰면서까지 땅에서 좋은 것들을 빼앗아 갑니다. 우리가 태우는 석탄에는 얼마나 많은 피와 땀이 배어 있습니까? 우리가 낙원을 바란다면 화학이나 물리학의 발전이나 보다 편리한 일상을 위한 안락함이 필요하지 않을 것입니다. 우리에게는 하나님의 영이 필요합니다.

하나님은 그의 영을 통해 세상을 창조하셨습니다. 그러므로 영은 물질계를 포함한 모든 것을 꿰뚫고 있습니다. 그러나 우리는 아직 이 영을 발견하지 못했습니다. 또한 우리에게는 아직 마땅히 있어야 할 하나님의 영이 계시지 않으며, 따라서 우리는 우리의 물질적 존재 안에서 그를 인식하지 못하고 있습니다. 온 세상 만물이 활력을 불어넣으시는 하나님의 생기를 갈망하지만, 하나님의 단순한 명령을 무시하는 한 이 영은 우리에게 임하지 않을 것입니다.

*

그러므로, 특별한 일을 하려고 하지 마십시오. 단순하고 의롭게 사십시오. 여러분이 지금 어디에 있든, 하나님께 순종할 수 있는 방법을 찾으십시오. 우리는 하나님의 뜻을 알 수 있고 그의 나라를 위해 살 수 있다는 확신을 회복해야 합니다. 실수할지라도, 그것을 통해 교훈을 배우시기 바랍니다. 하나님만 의지하고 그에게 신실하면, 하나님께서 친히 여러분을 만나주실 것입니다. 모든 사람을 격려하고 "당신도 하나님께 속해 있습니다. 일어나 그에게 헌신하십시오"라고 말해야 할 것입니다. 우리가 함께 하나님께 속한다면, 마침내 땅의 좋은 것들이 따라올 것이며, 땅은 우리의 낙원이 될 것입니다. 그때 낙원의 백성으로서 우리가 해야 할 일이 무엇인지는 아직 모릅니다. 그러나 가장 먼저 해야 할 일은 낙원의 사람이 되는 것입니다. 즉, 우리의 내면 가장 깊숙한 곳에 있는 영혼이 요구하는 대로 전적으로 성령을 따라 사는 법을 배우는 것입니다.

*

하나님은 "만군의 여호와께서 시온 산과 예루살렘에서 왕이 되시고"사 24:23라는 이사야의 약속대로 땅에서 왕이 되기를 원하십니다. 하나님은 모든 곳에서 통치원리가 되고 싶어 하시며, 우리가 자발적으로 그리고 기쁘게 그의 뜻을 행하기를 원하십니다. 하나님은 시온에서 다스리기를 원하시는데, 이 시온은 땅에 있습니다. 하나님은 모든 사람이 그의 임재를 느끼고 그의 뜻에 따라 살 수 있도록 지상에서 우리와 함께 있고 싶어 하십니다.

선지자들은 이 모든 사실에 대해 명확하게 알고 있었습니다.

그러나 우리가 그것에 대해 생각하고 어떤 모습일지 궁금해할 때, 우리는 현혹당하기 쉽습니다. 우리는 하나님을 하늘 저 멀리 어딘가에 있는 존재로 생각하는 경향이 있습니다. 하나님이 우리의 일상사에 변화를 초래하는 일은 우리의 경험 밖의 일이기 때문에 우리는 이러한 생각을 제쳐 둡니다. 그러나 하나님은 우리가 시작하기를 기다리시며, 그가 다스리실 수 있는 공간을 마련해 주기를 기다리고 계십니다. 하나님은 자기를 대적하지 않는 사람들뿐만 아니라 일을 추진하는 사람들도 필요로 합니다. 하나님은 모든 일에서 그의 인도함을 받는 자원자들을 필요로 합니다. 우리는 열차를 타고 있어도 하나님의 뜻과 일치하는 교감을 나눌 수 있습니다. 우리는 그의 뜻과 교감하는 가게 주인이나 농부가 될 수도 있고, 남편이나 아내 또는 자녀가 될 수도 있습니다. 그렇게 되면 우리는 복을 받게 될 것입니다.

그러나 하나님은 아직도 우리를 임의로 다스릴 수 없습니다. 우리의 관심이 다른 곳에 가 있기 때문입니다. 우리는 하나님을 일종의 부록처럼 여길 뿐입니다. 다른 것들이 우리의 삶을 지배하고 있음에도 불구하고, 우리는 하나님이 우리에게 복 주시기를 기대합니다. 그러나 우리를 지배해야 하는 것은 하나님이시며, 오직 그럴 때만 다른 것들이 더해질 것입니다. 우리의 마음은 전적으로 "하나님을 경외하라! 오직 그만 바라보라! 다른 데로 눈을 돌리지 말라!"라는 각오를 다져야 할 것입니다. 오늘날 사람들은 다른 것들을 좇기 때문에, 어리석은 실수를 저지르며 앞을 보지 못하고 있습니다. 그러나 우리는 믿음으로 하나님을 보좌에 모셔야 합니다. 그러면 그의 복이 모든 구석까지, 아무리 작고 보잘것없는 곳이라 할지라도 그곳까지 흘러 들어갈 것입니다.

*

중요한 것은 우리가 거짓 주인과 인간적 지배에서 벗어나 완전히 손을 떼고 떨쳐내어야 한다는 것입니다. 하나님의 주권은 인간의 지배를 용납하지 않습니다. 이 사실은 중요하며, 우리의 내면 및 외부와의 싸움이 힘들 수밖에 없는 이유이기도 합니다. 하나님의 나라가 하늘의 기쁨만 주기 위해서만 존재한다면, 또한 우리가 현재 상황을 참고 견디며 현행법을 받아들이기만 하면 된다면, 어려운 일이 없을 것입니다. 우리는 세상에 적응하기만 하면 될 것입니다. 아마도 우리는 모든 전쟁과 증오의 역사는 하나님의 질서의 한 부분이고, 폭력은 인간 사회에서 빠질 수 없는 요소며, 전쟁이 없는 사회는 존재하지 않는다는 주장을 받아들이는 어리석은 선택을 하게 될 것입니다. 그 결과, "기독교" 국가들은 하나님의 이름으로 전쟁을 합니다. 우리는 하나님의 이름으로 서로를 억압하며, 세상은 그런 방식으로 명맥을 유지하는 것입니다. 여기서, 구주께서 "이 세상 임금"이라고 불렀던 세상 신이 부상합니다. 그는 우리의 충성을 요구합니다. 그러나 그리스도 역시 우리의 섬김을 요구하십니다. 그는 하나님의 이름으로 일어나, 이처럼 수 세기에 걸쳐 구축된 세력에 맞서는 삶을 영위하십니다. 그러므로 하나님의 나라는 이 땅에서 이런 투쟁을 통해 전진할 것입니다.

*

하나님의 나라가 임하면 모든 죄에 대항하는 강풍이 불 것이며, 하나님을 거역하여 일어난 인간적 질서와 스스로 높아진 것이나 인간이 만든 모든 것들과 맞설 것입니다.

*

우리는 결코 "그것은 바뀔 수 없다"라는 말을 해서는 안 됩니다. 이런 말을 하는 사람은 하나님 나라에서 멀리 떨어져 있는 자입니다. 현재 상황에 안주하고 항상 "나는 어쩔 수 없어"라고 탄식하는 사람은 하나님의 나라가 임하지 못하게 막는 자입니다. 그런 말은 하나님 나라를 대적하는 것입니다. 그것은 이 땅에 오고 싶어 하는 새 생명을 마비시킵니다.

*

여러분은 하나님의 나라를 믿습니까? 그렇다면 이제 불안한 마음이 들 것입니다. 하나님의 나라는 선하지만, 여러분은 자신이 선하지 않다는 사실을 잘 알기 때문입니다. 하나님의 나라는 진실하지만, 여러분은 거짓에 얽매여 있습니다. 하나님의 나라는 공의롭지만, 여러분은 사악한 세상에서 살고 있습니다. 하나님의 나라는 사랑으로 가득 차 있으며, 원수에게까지 풍성한 자비를 베풉니다. 여러분은 어떻습니까? 여러분은 자신도 모르는 사이에 돌처럼 굳어졌습니다. 그렇다고 포기해야 합니까? 많은 사람이 하나님 나라의 선하심과 자비하심, 진실성과 공의에 대해 절망하는 것은 그들 자신이 그 나라에 제대로 동참하지 못하기 때문입니다. 참으로 하나님의 나라는 우리에게 자신의 죄와 비참함을 깨닫게 해야 할 것입니다. 그의 나라는 우리를 불안하게 하지만, 우리는 절망해서는 안 됩니다.

*

오늘날 세상에는 어느 정도의 깨우침이 있으며, 이는 하나님 나라를 위해 준비하는 역할을 합니다. 인간의 탐구 영역에는 새로운 인식이 생겨났습니다. 이러한 인식은 문명화를 위한 우리의 노력에서 이전에 결코 성취하지 못했던 것들입니다. 자연의 이치에 대해 오늘날처럼 깊숙이 파고든 적은 없었습니다. 천체에 대한 지식이 오늘날처럼 풍성한 적은 없었습니다. 지질 탐사가 오늘날처럼 광범위하게 이루어진 적은 없었습니다. 우리의 물질적 삶은 불과 수십 년 사이에 크게 변했습니다. 이것은 부분적으로 성령께서 역사하신 결과입니다. 성령은 이러한 진보가 이루어지면서 이 땅 가까이 오십니다.

그 결과, 다음과 같은 중요한 질문들이 제기됩니다. 우리는 어떻게 하면 진정한 인간이 될 수 있는가? 우리는 어떻게 하면 바람직한 지상의 삶을 영위할 수 있는 상호 관계를 형성할 수 있는가? 어떻게 하면 국가 간에 평화를 조성할 수 있는가? 이런 식의 질문들은 종종 조롱을 받는데, 특히 기독교인들이 앞장서서 비웃습니다. 비웃기는 쉽습니다. 그러나 그리스도인으로서 우리는 이러한 투쟁에 동참해야 할 것입니다. 한번 생각해 보십시오. 수천 년이 지났어도 여전히 "어떻게 하면 전쟁을 없앨 수 있을까?"라는 의문이 계속되고 있습니다. 어떻게 하면 가난을 없앨 수 있을까요? 오늘날 사람들의 마음을 움직여 이런 질문을 제기하게 한 것은 무엇일까요? 이것은 하나님으로부터 온 것입니다. 이러한 생각은 선하며, 모든 선한 생각은 성령에게서 옵니다. 전 세계 사람들이 목청을 높이고 있으며, 우리 그리스도인이 목소리를 높이지 않는다면 불신자들이 소리 지를 것입니다.

*

성령과 인간의 영의 차이점은 우리는 힘에 의존하는 반면 하나님의 영은 그렇지 않다는 것입니다. 성령은 우리가 스스로 결단하고 성취할 수 있도록 우리의 내면을 바로잡으려 하십니다. 하나님의 통치는 우리의 내면 가장 깊숙한 곳에 있는 "자아"를 건드려 생명을 향해 나아가게 하십니다.

성령은 모든 영역에서 역사하십니다. 그것은 교회나 교파, 정당이나 국가의 정신이 아닙니다. 이 거룩한 영은 누구와도 연결될 수 있습니다. 그 앞에서는 우리의 모든 차이점이 사라지지는 않지만 무의미해지는 것이 바로 성령입니다. 인간 사회는 전나무, 너도밤나무, 떡갈나무, 키가 큰 나무와 작은 덤불이 함께 어우러져 평화롭게 자라면서 조화와 통일성을 보여 주는 아름다운 숲이 될 수 있습니다. 그것은 발전 단계마다 풍성한 다양성을 허용하면서도 조화를 이루는 하나의 살아 있는 유기체를 형성합니다. 그러나 이것은 오직 성령을 통해서만 가능하며, 성령은 사람들 간의 상호관계를 통해 우리를 진정한 인간으로 만드십니다.

그러므로 성령 시대의 후기에는 인도적인 원리가 지배해야 할 것입니다. 모든 사람은 평화와 상호 존중에 대한 내면적 교육을 받아야 하며, 증오와 악에 맞서 싸우라는 가르침을 받아야 합니다. 그들은 자신이 근본적으로 악하다는 생각에서 벗어나야 합니다. 그들은 자신과 세상 속에 있는 선을 위해 용기를 가져야 합니다. 그렇게 할 경우, 세속적인 사람들 안에서 신성하면서도 진정한 의미에서 인간적인 요소를 발견하게 될 것입니다. 비록 우리에게서 아무 말도 듣지 못했을지라도, 그들 속에는 하나님의 진리가 잠재되어 있을지 모릅니다.

성령이 오시면 당연히 심판도 따릅니다. 이 시대는 이미 맹렬한 심판을 받았습니다. 지금은 모든 사람의 마음이 드러나는 시대입니다. 선과 악이 빛으로 드러나고 있습니다. 성령이 우리에게 가까이 다가오실수록, 거짓말하는 자는 더욱 빨리 거짓말쟁이로 낙인찍힐 것이며, 직책이나 유명세가 그를 보호해 줄 수 없을 것입니다.

성령의 날이 서서히 준비되고 있습니다. 사람들은 여전히 성령의 날을 바라지 않을지라도 그날을 기다릴 수밖에 없을 것이며, 이해하지 못할지라도 어쩔 수 없이 이해해야만 할 것입니다. 그들은 비록 하나님이 없어도 인류가 발전할 수 있다고 생각할 만큼 어리석을지라도, 변화되지 않을 수 없을 것입니다. 하나님의 영은 모든 높음과 깊음을 꿰뚫고 계시며, 구석구석 휩쓸 것입니다. 그는 세상의 구주이신 예수 그리스도의 영으로서 모든 사람을 인도

하실 것입니다.

*

예수님은 고난과 죽음을 겪으신 후 사도들에게 자신을 드러내시고 그가 살아계신다는 여러 가지 확실한 증거들을 제시하셨습니다.행 1:3 예수님은 자신이 살아 계시며 주가 되심을 입증하셨습니다. 하나님은 언제나 자신이 살아 계신 하나님이심을 보여주십니다. 우리가 하나님을 향한 걸음을 내디딜 수 있는 것은 그가 자신이 살아 계심을 보여 주신다는 사실에 기초합니다. 그러나 하나님이 자신을 계시하신 방식은 시대마다 다릅니다. 우리는 아브라함과 동일한 방식으로 하나님을 경험하지 않을 것입니다. 하나님이 모세에게 자신을 드러내신 방식은 당시의 필요에 따른 특별한 방법이었습니다. 하나님은 이사야에게 계시하신 것과 다른 방식으로 사무엘에게 나타내셨습니다. 계시의 방식은 다르지만, 하나님은 언제나 자신이 살아 계신 하나님이심을 보여 주신다는 점에서 동일합니다.

이 땅에서 우리와 하나님 사이의 교통이 가능하다는 사실만큼 큰 은혜는 없습니다. 누군가와 통화를 하기 위해서는 그 사람도 전화기를 가지고 있어야 합니다. 하나님이 우리 중에 살아 계신 하나님으로 드러나시려면 반드시 이 땅 어딘가에 그를 영접할 수 있는 누군가가 있어야 한다는 것입니다. 가장 큰 은혜는 아무리 끔찍한 상황과 암울한 시대라 할지라도 모든 역사의 단계마다 이러한 수용성을 가진 사람들이 존재했다는 사실입니다. 시대마다 거듭해서 순전하고 순결한 무엇이 나타나 우리를 하나님께로 인도한 것입니다. 세상은 죄와 사망의 그림자로 덮여 있지만, 순식간에 어느 한 곳에 빛이 비춰고 하나님과의 교통이 가능해진 것입니다.

하나님은 항상 가까이 계십니다. 그는 아무것도 멸시하지 않으십니다. 우리의 마음이 수용성을 조금이라도 보여 줄 수 있다면, 하나님은 무엇인가 하실 수 있으며 살아계신 하나님으로 임재하실 수 있을 것입니다. 하나님은 믿지 않는 자들에게도 서슴없이 다가가십니다. 하나님은 소크라테스나 플라톤이나 아리스토텔레스의 시대에도 당시의 상황에 부합되는 방식으로 자신을 드러내셨습니다. 당시의 전반적인 상황 −가령, 사도 시대와 마찬가지로 노예 제도를 중시했던 시대− 에도 불구하고 하나님은 오늘날에도 인식할 수 있는 생생한 방식으로 자신을 나타내셨습니다. 하나님은 가나안 정복 시대나 분열왕국 시대에 나타난 이스라엘 백성의 잔인한 행위 속에서도 자신의 영광을 드러내실 수 있었습니다.

하나님은 오늘날에도 여전히 말씀하고 계십니다. 그는 우리를 오래된 고정 관념에서 벗어나게 해 주십니다. 그러므로 우리는 어떤 것도 끝까지 고집해서는 안 됩니다. 오늘은 어떤 것이 절대적으로 불가능하다고 생각할 수 있지만 내일이 되면 전혀 다른 생각을 할 수 있습니다. 오늘은 특정 이론과 체계에 맞서 목숨을 걸고 싸울 수 있지만, 내일은 그것을 받아들일 수밖에 없다는 생각으로 바뀔 수 있습니다. 노예 제도 폐지를 반대하기 위해 얼마나 엄청난 싸움이 있었는지 기억해보십시오. 그러나 오늘날 미국과 아프리카에서는 노예 제도가 비인간적인 제도로 간주되고 있습니다. 하나님은 그의 나라에 속하지 않는 모든 것을 멸하실 것입니다. 하나님이 이전에 자신을 드러내신 방식은 오늘날 자신을 드러내시는 방식과 언제나 일치합니다. 물론, 하나님이 우리 시대에 자신을 계시하시는 방식은 성경에 나오는 것과 정확히 일치하지는 않습니다. 오늘날 하나님은 열방 중에서 말씀하고 계시며, 선하고 의롭고 인간적인 사상이 분출되고 있습니다. 하나님은 온 세상을 위해 거룩하고 참되며 자비로운 강력한 언어를 사용하고 계십니다.

*

인간을 비추는 빛만이 하나님의 나라를 이 땅에 드러낼 수 있는 유일한 빛입니다. 캐러밴을 이끄는 아브라함은 열방을 구원하기 위한 하나님의 첫 번째 계시를 받았습니다. 전능하신 하나님은 하늘로부터 특별한 현상으로 임재하신 것이 아니라, 그가 도구로 사용하시는 사람의 모습으로 우리에게 오셨습니다. 죄 많은 인간은 언제나 하나님을 이 계시의 빛으로부터 분리하고 싶어 합니다. 그들은 스펙타클한 계시를 찾는 데 골몰합니다. 그들은 인간의 모습으로 찾아오신 신적 계시를 무시하고 기만과 망상, 그리고 그들을 초자연적인 영역으로 이끄는 영적 현상에 빠져 있습니다. 그러나 신적 계시를 인간의 경험 영역 밖에서 찾으려는 인간적 성향은 모든 종교를 피폐하게 만들었습니다.

우리는 어떻게 이런 자기 경멸에 빠지게 되었는지 깨달아야 합니다. 사람은 말하자면 한 덩어리의 굽지 않은 빵입니다. 다 끝나 버린 사람은 아무도 없습니다. 그러나 지금 우리는 불행하게도 아직 완전해지기도 전에 자신의 존재를 인식하고 불완전한 모습에 수치심을 느낍니다. 우리는 번데기가 되려고 애쓰는 애벌레와 같습니다. 우리는 자신의 모습에 대해 우울해하며 불완전한 자신의 상태를 참을 수 없습니다. 또한 우리는 우리의 불완전이 완전을 향해 가는 과정이라는 이유만으로 불완전한 우리를 사랑하시는 하나님의 음성에 귀를 기울이지 않기 때문에, 자신을 경멸하고 자신을 잃어버린 자로 여겨 자포자기에 빠집니다.

세상 종교는 오직 "위에 있는 세계"에만 몰두해 있으며, 물질적 형상을 통한 신적 계시를 이해하지 못합니다. 그러나 예수님은 거룩한 물질적 존재를 통해 "이스라엘 중 많은 사람을 패하거나 흥하게 하며 비방을 받는 표적이 되기 위하여 세움을" 받으셨습니다.눅 2:34.

오늘날 한 가지 고무적인 현상이 있다는 것은 분명한 사실입니다. 그것은 진정한 인간에 대한 갈증이 있다는 것입니다. 사람들은 인간적인 모습을 회복하기 위해 더 많이 노력하고 있습니다. 세상은 더 이상 경건한 체하는 위선자를 용납하지 않습니다. 모든 사람을 사랑하고 세상을 사랑하며 아무것도 멸시하거나 정죄하지 않는 태도야말로 이 시대에 하나님의 나라를 위한 길을 여는 것입니다. 이러한 태도는 그리스도로부터 온 것이며, 그가 왜 우리 중 하나처럼 되셔야 했는지를 잘 보여줍니다. 예수님은 우리와 같은 육신을 입었습니다. 따라서 누구도, 어떤 계층의 사람도 더 이상 멸시받는 일이 없어야 할 것입니다. 우리는 이러한 하나님의 계시를 붙들어야 하며, 모든 사람에게서 하나님의 형상과 모습을 보아야 합니다. "모든 사람에 대한 선하심"은 결국 그리스도께서 탄생하실 때 선포되었습니다.

*

우리는 흔히 하나님은 성경 시대에만 말씀하셨으며 오늘날에는 더 이상 말씀하지 않으신다고 생각합니다. 그러나 하나님은 실제로 오늘날에도 말씀하십니다. 다만, 성경 시대의 사람들은 우리보다 더 순수하고 예민했으며 하나님에게서 온 것과 그렇지 않은 것을 구별하는 방법을 알았을 뿐입니다. 사람들은 더 깨어 집중하고 귀를 기울였기 때문에 하나님의 음성을 더 잘 들을 수 있었던 것입니다. 하나님의 언어는 어린아이처럼 순수한 우리의 영을 통해 분출될 때, 우리 안에서 성결함이 샘솟듯 넘쳐흐를 때, 가장 분명하고 정교한 형태로 나타납니다. 이 음성은 우리의 인격을 고양시키고 거룩하게 하며 변화시킵니다.

*

하나님의 복은 하늘에서 이슬이 내리듯 그냥 떨어지는 것이 아닙니다. 그의 복을 받을 마음을 가진 사람들이 있어야 합니다. 하나님의 능력은 항상 존재하지만, 언제나 주목을 받는 것은 아닙니다. 하나님이 다스리시지만, 논밭과 임야에서 풍성한 수확을 원한다면 한두 명의 농부가 필요합니다. 하나님이 가축에게 복을 주실 수는 없지만, 여러분을 위해 가축도 함께 복을 주실 수 있습니다. 자신을 하나님께 도구로 바친 사람이 없이는 어떤 복도 올 수 없습니다. 그러나 어떤 사람이 자신을 부인하고 하나님을 위해, 진리와 정의를 위해 헌신한다면, 그의 기도는 하나님의 복을 받을 수 있습니다.

우리는 기도할 때 많은 실수를 합니다. "나의 밭에 복을 주소서! 나의 가축들에게 복을 주소서!" 그러나 이런 기도는 모두 이교도적입니다. 어떤 사람들은 하나님에 대해 전혀 무관심하지만, 그럼에도 불구하고 하나님이 모든 선한 것으로 복 주시기를 기대합니다. 이교도가 그런 식입니다. 이교도는 그들의 신이 자기들의 뜻대로 해주지 않으면 배척합니다. 그러나 하나님은 이 땅에서 그의 뜻을 행할 사람들 ─청지기, 종, 하녀─ 을 필요로 하십니다. 하나님은 그런 사람들에게 복을 주시고 그들의 기도를 들어주십니다.

*

하나님은 자신의 영광을 시대와 사람에 따라 다르게 드러내십니다. 모세에게는 하나님의 영광이 두려운 모습으로 나타났는데 그의 시대가 거칠고 잔인했기 때문입니다. 백성들은 말하자면 불길 같은 여정을 거쳐야 했기 때문에 소멸하는 불로 나타났던 것입니다. 그러나 예수 안에서 하나님의 영광은 은혜와 진리로 충만하고 내면의 따사로움과 온유함으로 가득한 독생자의 영광으로 나타납니다. 예전의 소멸하는 불은 꺼지고, 이제 선으로 악을 이기는 영광이 드러난 것입니다. 그것은 분노와 진노, 엘리야의 열심을 통해 드러난 영광이 아니라 영혼의 모든 것을 바로잡는 위엄입니다.

이 영광은 겸손한 자들의 신앙을 일깨웁니다. 믿음은 달빛이 햇빛을 반사하듯 하나님의 영광을 반사하는 빛일 뿐입니다. 해가 빛나기 때문에 달도 빛납니다. 마찬가지로, 하나님의 영광이 드러나기 때문에 우리의 믿음도 드러나는 것입니다. 하나님의 영광이 빛을 발한다면, 우리의 믿음도 수많은 사람 속에서 빛을 발할 것입니다.

중요한 것은 "샛별이 너희 마음에 떠오르기까지"벧후 1:19라는 말씀처럼 오늘날 우리 마음에 빛이 떠올라야 한다는 것입니다. 물론, 금성샛별의 빛조차 햇빛을 반사할 뿐입니다. 안에서 밖으로 빛을 발하는 세계는 계몽의 빛을 받은 것이 분명합니다. 생명의 가장 깊은 핵심부로부터 새롭게 하는 힘이 발산될 것입니다. 외적인 이적이나 기사를 통해서는 사실상 아무것도 성취할 수 없습니다. 이적이나 기사가 나타난다고 해도, 사람들은 잠시 주목한 후 예전 상태로 되돌아갈 것입니다. 하나님의 영광의 빛이 우리 마음에서 일어나기 전에는, 어떤 큰 기적이라도 아무 소용이 없을 것입니다. 그러나 일단 하나님의 빛이 우리 마음에 샛별처럼 떠오르면, 이적과 기사는 당연한 결과로 나타날 것입니다.

*

기적은 비정상적인 현상이 아닙니다. 그것은 오히려 정상화를 초래합니다. 자연에는 우리가 전혀 알지 못하는 많은 힘이 있습니다. 하나님의 잠재력은 자연계를 지배하는 법칙 전반에 걸쳐 무한하며, 따라서 그는 순식간에 악을 제거하실 수 있습니다. 의사들에게 물어보면 하나같이, 환자에게서 이해할 수 없는 현상을 경험했다고 말합니다. 그들은 어떤 환자는 죽고 어떤 환자는 회복하는 것을 보면서도 이유를 알지 못합니다. 우리는 하나님이 정하신 자연계의 법칙 중 가장 명백한 것만 보고 이해합니다.

만일 우리가 세상이 파괴적인 무질서와 비정상적인 삶에서 벗어나기를 기다린다면, 가장 깊숙한 심층부의 생명의 법칙이 드러나야 할 것입니다. 즉, 물리적 법칙이나 화학적 법칙뿐만 아니라 인간을 포함한 피조계 전체에서 기적적으로 작동하고 있는 원동력을 감지할 수 있는 자연 핵심부의 법칙을 드러내어야 한다는 것입니다. 모든 사람은 자기 안에 존재하는 것과 존재하지 않는 것이 무엇인지 알고 있습니다. 우리는 생명의 은밀한 에너지가 쇠퇴하면 아무것도 할 수 없습니다. 이 에너지를 가지고 있다 할지라도, 우리는 그것이 어디서 오는지 모릅니다. 우리는 내면적으로 우리가 이해하지 못하는 특정 법칙에 의존하고 있습니다. 하나님은 이 법칙을 우리에게 계시하시기 위해 예수님을 통해 오셨습니다. 예수님은 하나님이 누구시며 무슨 일을 하시는지 아실 뿐만 아니라 하나님 나라의 법의 핵심에 위치하시기 때문에 하나님의 아들입니다.

세상이 진보하려면, 전능자가 개입해서 그의 가장 깊은 곳에서 계획하는 일까지 드러내셔야 할 것입니다. 그렇지 않으면 우리는 비참한 상태에 머물게 될 것입니다. 하나님과 교제하는 사람들은 모두 여기서 오는 힘을 염두에 두고, 그 힘으로 살아갑니다. 우리가 예수께서 말씀하신 "더 큰 일"요 14:12도 감당할 수 있는 것은, 바로 이러한 능력을 통해서입니다. 그러나 과연 우리가 이처럼 큰 능력을 받을 수 있습니까? 우리가 진정 예수 그리스도의 교회라면, 의사들이 필요하다고 생각하는 것들이 그다지 필요하지 않을 것입니다. 세상에는 아직도 우리가 모르는 일이 너무나 많습니다.

*

하나님은 언제나 우리가 그 앞에서 할 말을 잃고 경외심을 가질 수밖에 없는 기적을 행하셨습니다. 하나님이 그의 일을 행하실 때 그것을 이해할 수 있는 인간 편의 통로가 막혀 있는 한, 모든 것이 당황스러울 수밖에 없습니다. 심지어 우리는 하나님이 행하시는 일에 대해 화를 냅니다. 우리는 기적이 가능하다는 사실을 인정하는 것조차 수치로 여깁니다. 그러나 이러한 기적은 창세부터 계속되고 있으며, 언제나 생명의 경이를 보여줍니다.

우리는 이미 이전 시대가 쇠퇴한 지점에 살고 있습니다. 예를 들어 알프스에는 지나간 시대의 지층들이 나타나지만, 옛 세상은 더 이상 존재하지 않습니다. 옛 세상은 불완전하며, 황량하기까지 합니다. 우리가 사는 아름다운 세상은 전적으로 물과 불이 휩쓸고 간 황무지불에 타고 물에 씻겨 나가며 화석이 된 모든 것 위에 세워진 것입니다. 하나님은 나타나시는 곳마다 언제나 새로운 생명으로 찾아오십니다. 비가 그치고 햇볕이 내리쬘 때마다, 겨울이 지나고 봄이 찾아올 때마다, 하나님의 창조 행위가 드러나고 인류는 새로워집니다. 이것은 예민한 사람이라면 첫 번째 창조물이 바스락거리는 소리를 들을 수 있을 만큼 강력한 현상입니다. 우리는 모두 이러한 통찰력을 가지고 하나님의 피조물 안에서 살아가도록 부르심을 받았습니다. 우리는 하나님께서 "빛이 있으라"고 말씀하신 장소로 들어가야 합니다. 그럴 때만 우리의 영혼이 기뻐할 수 있습니다.

*

생명의 경이로 가득한 이 거룩한 물결 속에, 이미 죽었고 지금도 죽어가고 있는 세상이 있습니다. 그것은 마치 물이 흐르고 그 안에서 물고기가 뛰노는 신선한 샘물 속에 놓인 시체와 같습니다. 시체 속에서는 상쾌하고 맑은 물에 대해 전혀 알지 못합니다. 그러나 이 죽은 몸은 소생하여 내적인 건강과 외적인 건강을 회복해야 합니다. 이런 일이 일어나기 위해서는 새로운 기적이 필요하지만, 우리는 이러한 기적을 극구 반대합니다. 그들은 창조의 경이로움을 부인하지는 않지만, 하나님의 회복시키는 능력에 기초한 이 새로운 기적에 대해서는 거부합니다. 하나님은 시체가 다시 살아나기를 원하십니다. 구주께서는 죽어 있는 인간 세상에 오셨으며, 그를 통해 부활이 선포되었습니다. 시체의 일부가 되어 썩어가고 있는 우리는 "빛이 있으라"는 말씀을 듣습니다. 그리고 보십시오! 우리는 살아났습니다. 우리의 눈과 마음이 열리고, 우리는 다시 한번 창조의 신선한 샘물을 보고 있습니다.

　이제 새로운 눈으로 이 죽은 세상에서 일하고 계신 구주를 바라보십시오. 그의 평생 사역의 의미가 다가오기 시작할 것입니다. 악취로 가득한 인간 세상 속에 있는 그의 교회를 생각해 보십시오. 우리가 비틀거릴지라도 무너지지 않는 것은 예수께서 승리하셨기 때문입니다. 예수님은 어떻게 죽음을 이기고 승리하셨습니까? 믿음으로 구원받는다는 교리를 통해서입니까? 다른 어떤 구원 교리를 통해서입니까? 아닙니다. 예수님의 승리는 오직 부활을 통해서입니다. 그는 하나님의 정결케 하는 물을 위해 시체 속에 들어와 사신 것입니다.

　요나가 고래뱃속에서 하나님께 부르짖었듯이, 우리도 타락한 인류의 뱃속에서 "예수께서 살아나셨다! 그는 부활하셨다! 전능자가 살아나셨다! 예수님이 살아계신다! 그는 우리의 주시다!"라고 외쳐야 합니다. 죽음 한가운데 있는 우리는 안으로 흘러 들어오기를 원하는 생명에 둘러싸여 있습니다. 모든 것이 마비되고 죽어 있는 상태에서 생명의 기적이 일어나고, 그리하여 하나님 나라의 역사를 형성할 새로운 이야기가 전개되는 것입니다. 성경에는 그 중 일부만 기록되어 있지만, 하나님의 가르침을 받아 생명의 기적을 선포한 사람들이 경험한 내용의 백만분의 일도 되지 않는 분량입니다. 예수께서 경험하신 일이나 예수님 안에 계신 하나님에 대해 모두 기록한다는 것은 불가능한 일입니다. 현재로서는 성경으로 충분합니다. 중요한 것은 우리가 살아 있다는 것, 우리가 시체

들 속에서 살아났다는 것입니다. 그러므로 우리는 이 거룩한 기적에 대해 간증할 수 있을 뿐만 아니라, 이러한 기적을 언제나 새롭게 경험할 수 있는 것입니다.

*

하나님은 우리를 놀랍게 창조하셨습니다. 그러므로 항상 자신 밖에서 하나님을 찾는 태도는 바람직하지 않습니다. 한 번쯤은 여러분 안에서 하나님을 찾아보십시오. 여러분 자신이 놀라운 기적의 세계입니다.

가장 놀라운 것은 인간이 모든 것을 위해 고군분투해야 한다는 사실입니다. 우리는 스스로 먹을 것을 준비하고 밭을 일구며 모든 것을 위해 일해야 합니다. 우리 자신이 창조자가 되어야 한다는 것은 놀라운 일입니다. 동물은 현재 상황에 머물러 있지만 우리는 성장의 길을 택할 수 있습니다. 그리고 우리는 형제이신 예수님, 곧 성육신하신 하나님의 말씀 안에서 이러한 성장과 진보를 목도할 수 있습니다.

우리는 언제든지, 우리가 장차 특별한 사람이 될 어린아이라는 단순한 인식과 함께 시작해야 합니다. 우리는 반드시 새로운 시작, 중생, 거듭남을 경험해야 합니다. 오늘은 내가 그렇고 그런 사람에 불과하지만, 내일은 전혀 새로운 시작을 할 수 있다는 것은 참으로 놀라운 일입니다. 오래된 나무는 불가능한 일이지만, 여러분은 가능합니다.

예수 그리스도는 새로운 창조의 능력입니다. 하나님의 나라는 그를 통해 들어옵니다. 여러분은 그리스도 안에서 다시 시작할 수 있으며, 그가 고뇌와 시련, 궁핍과 죽음에도 불구하고 물러서지 않으시고 오직 부활을 향해 나아가신 것처럼, 여러분도 이 새로운 출발선 위에서 놀라운 성장을 경험할 수 있습니다. 그리고 확실히 부활 이후에도 인간의 가장 큰 영광이 전개될 때까지 계속해서 새로운 성장이 있을 것입니다. 따라서 이제 우리는 망가진 것에서 온전함을 보고, 죄인에게서 의를 보며, 비통함에 빠진 사람에게서 기뻐하는 모습을 볼 수 있어야 합니다. 만일 우리가 자신이나 다른 사람이 현재의 모습으로 남아 있을 수밖에 없다고 생각한다면, 그 순간 하나님의 존재를 부인하는 것입니다. 변하지 않고 남아 있는 것은 아무것도 없습니다. 왜냐하면 하나님은 살아 계신 주시며, 따라서 그의 통치 아래서 악은 그치고 불완전은 완전으로 변화될 것이기 때문입니다. 하나님이 살아계시는 한, 우리가 계속해서 억눌려 있는 일은 없을 것입니다. 사람은 하나님 안에서 죽은 듯이 얼어붙어 있는 존재가 아닙니다. 여러분은 곡물창고에서 오랜 시간 싹을 틔우지 못하고 있는 밀알처럼, 어느 날 갑자기 좋은 밭에 떨어져 하나님의 돌보심을 받아 성장하게 될 것입니다.

그러므로 지금 즉시 일어나십시오! 만일 여러분이 불행하다면, 행복이 찾아올 때까지 기뻐하십시오. 상황은 변할 것이며, 여러분은 그럴 권리가 있습니다. 죽음을 앞두고 있습니까? 기쁨으로 여생을 보내십시오. 여러분은 놀라운 임종을 맞게 될 것입니다. 만일 여러분이 죄와 더러움의 수렁에 갇혀 있다면, 결코 그곳에 안주할 생각을 하지 마십시오. 모든 상황은 달라질 것입니다. 인간은 자연보다 탁월합니다. 돌, 식물, 동물 등 모든 것이 살아 움직이지만, 하나님의 자녀는 영원 속으로 성장할 것입니다.

*

지구를 비롯하여 모든 세계는 자체적 의식이 있습니다. 지구상에서는 의식의 주체가 인류입니다. 그러나 인류가 하나님의 아들을 인정하기 전까지, 이 땅은 여전히 밤입니다. 세상의 빛은 예수님이시기 때문입니다. 확실히 예수님은 이미 그의 백성 안에서 빛으로 계시지만, 이 빛은 작은 등불과 같습니다. 모든 인류가 예수님을 인정하지 않는 한, 밤은 계속될 것입니다.

오늘날 우리는 아직 참된 의식에 이르지 못한 탕자일 뿐입니다. 그러나 우리는 모두 하나님의 자녀입니다. 바울은 우리가 다 하나님의 자녀가 되었다고 말합니다. "너희가 다... 하나님의 아들이 되었으니"[갈 3:26]/역주 즉, 우리는 모두 그의 형상대로 창조되었다는 것입니다. 예수께서 하나님의 이름으로 육신을 입었을 때, 그는 자신과 유사한 존재 속으로 들어오셨습니다. 예수님은 전혀 이질적인 존재 속으로 들어갈 수 없습니다. 사람의 육신을 입으신 예수님은 자신이 하나님의 아들이심을 인식하고 계셨습니다. 모든 인간은 이러한 의식에 이르러야 합니다. 이러한 의식을 가진 자는 온 세상보다 강하기 때문에, 그것으로 세상과 맞설 수 있습니다. 일단 자아에 대한 진정한 의식에 이른 후에는, 하나님에 대한 영속적인 의식에 도달할 수 있습니다. 그러면 구원을 받게 될 것입니다. 구원받은 사람은 세상의 빛입니다. 우리가 하나님의 영으로 충만할 때, 우리는 세상의 빛으로 존재할 것입니다.

인간으로서 우리가 누구인지에 대한 이러한 의식은 오늘날 계속해서 생산되고 있습니다. 이 의식은 자체적인 전파력을 가지고 있으며, 수천 년의 수령에서 분출되고 있습니다. 밤은 깊어가고, 마침내 주 예수께서 오셔서 우리의 모든 자의식을 하나님에 대한 의식으로 변화시키실 아침이 다가오고 있습니다.

*

그리스도에 대한 우리의 믿음에는 인류에 대한 믿음이 어느 정도 포함되어 있습니다. 즉, 인류는 하나님과 그리스도의 영과 성령을 통해 무엇인가 가치 있는 것에 도달할 것이라는 믿음입니다. 우리의 신앙은 인간 사회가 항상 추구해 왔지만 얻을 수 없는 것처럼 보였던 그것을 획득해야 할 것입니다. 우리는 인류가 하나님의 영원한 나라를 이 땅에서 어느 정도 드러낼 수 있다는 사실을 믿어야 합니다. 우리는 고통과 절망 중에 죽지 않을 것입니다. 인간이 된다는 것은 더 이상 수치스러운 일이 아닙니다. 모든 치욕에서 벗어나 다시 진정한 남자와 여자가 된 것은 영광스러운 일입니다. 모든 사람의 마음속에는 이러한 열망이 살아 있습니다. 그것은 결코 식을 수 없는 원초적인 갈망입니다. 예수님은 이 갈망을 채워주시기 위해 오셨습니다. 그리스도께서 태어나신 사실이나 그의 복음이 전파된 사실만큼이나 확실하게, 언젠가는 하나님의 나라가 이 땅에 임할 것입니다. 그리스도인으로서 우리는 인류의 미래를 믿어야 합니다.

*

우리는 다른 사람을 행복하게 해줄 때만 행복해질 수 있습니다. 이것은 참으로 인간의 본성입니다. 이러한 행복은 하나님의 본성이기도 합니다. 그는 우리를 사랑하시기 때문입니다. 하나님의 천년 왕국을 믿고 우리 안에 있는 이 거룩한 충동이 언젠가 승리할 것이라는 믿음이 광신적입니까?

*

우리는 "태어난" 반면, 다른 피조물은 "지음"을 받았습니다. 우리는 성경에서 말하는 것처럼, 원래는 "흙"에서 나왔습니다. 이것은 과학자들이 주장하는 대로 동물과 유사한 면입니다. 그러나 사람에게는 하나님의 영이 들어옴으로써, 육신 안에서 영을 위한 투쟁이 시작되었습니다. 우리 안에는 여전히 "동물"적 요소가 우세하기 때문에 우리 안에 태어난 영을 굳게 붙들기 위해서는 상당한 노력이 요구됩니다. 그러나 우리 안에는 거룩함을 추구하려는 성향이 있습니다. 우리는 우리 안에 있는 동물적 요소에 맞서 우리가 하나님의 자녀 됨을 강력히 주장해야 합니다. 하나님은 우리를 통해, 그의 영으로 피조계의 모든 영역을 꿰뚫고 들어가고 싶어 하십니다. 우리의 전쟁은 이러한 배경에서만 의미를 가질 수 있습니다.

이것이 단지 몇 사람만을 구하는 문제라면, 인간의 불행에 대한 우리의 관심이 큰 의미가 없을는지 모릅니다. 그러나 성령으로 거듭난 자녀로서 우리에게는 성령과 함께 모든 피조물에 스며들어야 한다는 소명이 있습니다.

우리는 지으심을 받은 하늘이나 땅에 속한 것이 아니라, 그것을 창조하신 하나님께 속한 자입니다. 우리는 모든 사람이 하나님에게서 났다는 사실을 완전히 잊어버렸습니다. 그러나 우리가 이 사실을 잊었을지라도, 우리는 여전히 하나님에게서 난 자들입니다. 아무리 부패하고 타락한 자들이라 할지라도 마찬가지입니다. 예수 그리스도를 통한 하나님의 사랑은 우리가 그에게서 난 자들이라는 사실을 확실하게 보여줍니다. 이것은 예수님이 하나님의 아들이 되실 수밖에 없는 이유입니다. 누구든지 그에게서 아들의 권리와 통치권을 빼앗으려 한다면, 하나님에게서 난 자신의 특권을 스스로 빼앗는 것입니다.

3. 살아 계신 그리스도

예수님은 사람의 아들이자 모든 인류 중에 참 사람이십니다.

✳

"하나님의 아들의 영광"이란 무엇입니까? 땅의 영광은 땅을 땅이 되게 하고, 해의 영광은 해를 해가 되게 하며, 참나무의 영광은 참나무를 참나무가 되게 합니다. 마찬가지로, 성육신하신 하나님의 아들의 영광은 그를 참 사람이 되게 하는 것입니다. 사람의 영광은 그리스도 안에서 처음으로 나타났습니다.

✳

요한은 그의 서신에서 "예수 그리스도께서 육체로 오신 것을 시인하지 아니하는 영마다 하나님께 속한 것이 아니니"요일 4:3라고 했습니다. 이 말씀은 "예수님은 지금 우리 중에 거하신다. 그는 우리와 함께 계시기를 원하신다. 육신을 입으신 예수님은 의로우시며 온 세상을 위한 의가 되신다. 그러므로 너희는 '우리 중에 계신' 이 예수께 호소해야 한다. 그렇지 않으면 너희는 바로 가고 있는 것이 아니며 하나님의 나라를 위해 살 힘도 얻지 못할 것"이라는 뜻입니다.

*

예수님을 육신으로 보내신 하나님의 크신 사랑을 찬양합시다. 만일 예수께서 우리의 부정과 죄 속으로 들어오지 않으셨다면, 그의 거룩하심으로 인해 우리에게서 나가셨다면, 우리는 어떻게 되었을까요? 또한 지나간 수천 년을 위해 감사합시다. 하나님은 그동안 죄로 가득한 세상 속으로 끊임없이 들어오셨습니다. 하나님은 지나간 시대의 끔찍한 만행과 인류가 범한 모든 교만과 황폐화를 그의 어깨에 짊어지도록 허락하셨습니다. 하나님은 다윗이 큰 죄를 범하였음에도 불구하고 그를 사용하셨습니다. 하나님은 목이 곧은 이스라엘 백성은 물론 느부갓네살까지 사용하셨습니다. 그는 심지어 그리스인과 로마인들을 통해서도 역사하셨습니다. 하나님은 범죄가 자행된 모든 현장으로 가셨던 것입니다.

어떤 사람들은 하나님이 인간의 죄에 개입하시는 것을 매우 성가시게 여깁니다. 심지어 오늘날에는 마치 하나님이 죄인이라도 되시는 것처럼 그를 비방하는 사람들도 있습니다. 그들은 하나님이 정말 공의로우시다면 죄로 가득 찬 사람들에 복을 베풀지 않았을 것이라고 주장합니다. 하나님은 왜 수치스러운 우리의 어리석음을 스스로 짊어지셨습니까? 하나님은 진정 전쟁 범죄에 대한 책임이나 인류 역사의 모든 불의와 거짓에 대한 책임을 지시겠다는 것입니까? 그러나 하나님 아버지께서 우리 중에 거하시는 것은 인류를 사랑하시고 우리를 죄악에서 끌어내시고 싶어 하시는 마음 때문입니다. 그가 우리의 죄 안에 임재하심으로써 우리는 진리의 빛으로 성장할 힘을 얻게 될 것입니다.

예수님은 이 아버지의 아들로서 육신을 입고 오셨습니다. 그는 인간의 삶 중에 가장 타락한 영역으로 들어가셨으며, 심지어 "기독교" 역사의 가장 참담한 시대에도 영적으로 인도하셨습니다. 잔인한 종족들이 기독교의 이름으로 온 땅을 피로 물들이며 돌아다녔던 야만적인 침략 시대를 회상해 보십시오. 십자군 전쟁을 상기해보십시오. 당시 사람들은 투르크인을 학살하는 것이 가장 고귀한 행위라고 생각하지 않았습니까? 종교 개혁 이후 이어진 30년 전쟁은 얼마나 야만적인 시대였습니까? 당시는 예수께서 구스타부스 아돌푸스Gustavus Adolfus와 함께 전쟁에 나서신 것으로 생각하지 않았습니까? 전쟁하는 예수! 사람을 죽이는 예수! 사랑하는 형제들이여, 지난 수 세기 동안 예수께서 떠맡지 않은 것이 무엇이 있습니까? 우리의 어리석음에도 불구하고, 그가 우리를 붙드시기 위해 얼마나 많은 상황 속으로 들어가셨는지 생각해 보십시오. 아마도 주 예수께서 여러분을 마음대로 가게 두셨더라면, 여러분은 오늘 여기에 남아 있지 못할 것입니다.

육신을 입고 오신 예수님은 지금까지 육신의 문을 두드리고 계십니다. 예수님은 온갖 수치와 거짓을 몸소 짊어지십니다. 기독교 교회가 잘못된 방향으로 나갈 때마다 예수님은 하나님의 가느다란 실을 붙들고 하나님의 영광을 위해 조용히 싸우셨으며, 그렇게 함으로써 길을 잘못 들어선 자들의 활동 속에서도 여전히 하나님의 진리가 어느 정도 드러날 수 있었던 것입니다. 오늘날 우리가 그리스도의 이름을 찬양할 수 있는 것이나, 그가 하늘과 땅과 땅 아래의 유일하신 주로서 하나님 나라의 기치를 높이 들 수 있는 것은, 그리스도께서 계속해서 육체 안에 계시기 때문입니다.

그러나 그리스도는 거룩하신 분이라는 사실을 언제나 기억해야 합니다. 예수님은 이 땅에서 제자들과 함께 사실 때, 그들과 함께 어디든지 가셨으며 세리와 죄인들까지 찾아가셨습니다. 그는 마침내 돌아가셨으나 다시 살아나셔서 인류를 버리지 않겠다고 약속하셨습니다. 그러나 부활하신 예수님은 이전과 달랐습니다. 제자들이 만난 예수님은 확실히 다른 분이 되셨으며, 부활하신 예수님과 그들 사이에는 거리가 있었습니다. 그분은 전에도 지금도 거룩하십니다.

예수님은 우리에게서 떠나가심으로써 세상을 심판하십니다. 우리는 심판이 이런 식으로 진행된다는 사실을 알아야 하며, 우리가 여전히 그리스도와의 굳은 교제 중에 있다는 사실에 감사해야 합니다. 그러나 이 교제는 오직 성령을 통해서만 가능합니다. 때가 되면 예수께서 떠나시고 악인은 내적으로 무너질 것입니다. 예수께서 다시 우리를 떠나실 때가 다가오고 있습니다. 그러나 그때는 여러분이 그를 따라야 합니다. 마지막 날에는 예수님이 육신에 들어오시는 것이 아니라 우리가 그의 영 안으로 들어가야 하기 때문입니다. 상황은 예전과 같지 않을 것입니다. 예수께서 모든 굴욕을 당하실 때처럼 십자가를 지는 일은 더 이상 없을 것입니다. 마지막 날에 예수님은 먼저 길을 내실 것이며, 여러분은 자신을 부인하고 그 뒤를 따라야 할 것입니다. 그러면 그에게 속한 자가 누구며 속하지 않은 자가 누군지 드러날 것입니다. 신실한 자들이 들어오고 나면, 그들 뒤로 문이 닫힐 것입니다.

예수님은 세상을 이렇게 심판하실 것입니다. 그러나 이것은 그가 세상을 치유하시는 방법이기도 합니다. 예수님이 부활의 주로 우리에게서 떠나실 때, 우리의 육신은 무너질 것입니다. 그러나 그것은 결국 우리의 치유로 이어질 것입니다. 우리는 가장 먼저 무너뜨려야 할 것에 갇혀 있습니다. 우리는 예수님이 들어 오셔도 빛이 비취지 않을 만큼 짙은 안개에 둘러싸여 있습니다. 그러므로 이 안개 너머로, 즉 우리를 끝없이 죄로 끌어들이며 괴롭히는 영적 구름 너머로, 예수님이 서 계시는 날이 반드시 와야 할 것입니다.

따라서 예수님이 아버지께로 가는 길을 열어 주실 때 기뻐합시다. 예수님은 반드시 우리에게 그를 따를 힘을 주실 것입니다. 마지막 날에는 겉으로는 어려운 시기가 되겠지만 안으로는 더 쉬워질 것입니다. 그날은 그의 빛이 천국을 향한 길을 명확하게 보여줄, 그리스도의 부활의 날이 될 것입니다. 그날에 우리의 육체는 고통 속에 있을는지 모르지만, 아버지께로 향하는 길은 환히 드러날 것입니다. 이 아버지는 바로 우리를 그의 백성으로 회복시키시는 그분이십니다. 그는 우리를 우리 자신에게서 해방시키시고 우리를 정결한 존재로 완전히 변화시키십니다.

그리스도는 육신의 죄와 싸우기 위해 육체로 오셨습니다. "육신을 입으신 그리스도"는 하나님의 의가 우리의 "의"와 맞서 싸우신다는 의미입니다. 이 싸움은 생명과 사망의 싸움으로 이어집니다. 그리스도는 이 땅에 평화를 주러 오신 것이 아니라 검을 주기 위해 오셨습니다. 마치 막사에 누워 잠을 자는 동안에는 평화가 없고 전투에 참여할 때만 평화가 보장되는 군인처럼, 그리스도의 평화는 오직 우리가 이 영적 전쟁에 참여할 때만 가능합니다.

"육신을 입으신 그리스도"는 우리에게 참 사람이 될 수 있는 희망을 줍니다. 그리스도께서 육신을 입으셨기 때문에 우리는 더 이상 죄의 종이 될 필요가 없습니다. 내 안에 거하는 죄가 쫓겨나야 하나님이 내 안에 거하실 수 있습니다. 그렇게 되면 나는 진정한 사람이 되어 모든 사람, 모든 피조물을 사랑할 수 있습니다. 모든 육체는 하나님께 속하기 때문입니다.

예수님은 사람의 육신을 입으셨기 때문에, 결국 모든 사람이 그를 알아볼 것입니다. 하나님은 인류 속에서 태양처럼 떠오를 것입니다. 이 일은 종족에 따라 달라지겠지만, 그리스도는 모든 종족을 하나님의 한 백성으로 만드실 것입니다. 우리의 삶은 서구 문화가 결정하는 것이 아니라 각 종족의 필요에 따라 결정될 것입니다. 하나님은 우리가 원수까지 사랑할 수 있게 하실 것입니다. 예수님은 우리의 육신과 싸우시는 것이 아니라 우리의 육신 안에서 모든 죄와 어두움의 권세와 맞서 싸우십니다. 그는 우리와 싸우시는 것이 아니라 우리 안에서 싸우십니다. 그리고 이 싸움은 온 인류가 죄를 이기신 하나님의 승리자이신 그를 알 때까지 계속될 것입니다.

우리의 혼란스러운 삶 속에 예수 그리스도를 통해 새로운 길이 드러났습니다. 이 새로운 길은 우리의 출생이나 성장에 달려 있지 않습니다. 그것은 전적으로 하나님의 선물입니다. 즉, 과연 하나님이 가장 고상하고 신성한 사람으로서 모든 인간을 위해 중보하실 수 있는 그의 아들을 통해 나타나셨느냐의 여부에 달려 있다는 것입니다. 우리는 구주에게서, 그가 하나님의 아들이라는 사실을 제거해서는 안 됩니다. 하나님은 우리를 그의 형상대로 창조하지 않으셨습니까? 만일 여러분이 예수님이 하나님의 아들이 되실 수 없다고 말한다면, 하나님은 여러분의 하나님도 되실 수 없을 것입니다. 그는 신이지만, 여러분의 하나님은 아닙니다. 그러나 하나님이 우리의 하나님이시라면, 이 하나님은 그의 아들 안에서, 우리를 새로운 길로 이끄는 신성한 무엇을 주실 수 있을 것입니다.

✳

사람들은 예수님을 종교의 창시자로 만들었습니다. 그러나 그렇지 않습니다. 그는 생명을 주시는 분이십니다.

✳

대부분의 사람은 새로워지려는 희망을 포기했습니다. 얼마나 많은 사람이 이러한 가능성에 대해 절망하든, 우리는 우리가 새로워질 수 있다는 사실을 믿고 다른 사람들에게도 이 사실을 전해야 할 것입니다. 우리는 그리스도 안에서 새로운 피조물입니다. 고후

5:17 그리스도는 이 땅에 참 사람을 창조하고 싶어 하십니다. 예수님은 영생의 능력으로 가득한 사람, 진리와 생명의 빛과 함께 하나님의 사랑으로 충만한 사람을 만들기 위해 오셨습니다. 만일 우리 그리스도인이 처음부터 주님께 진실했더라면, 우리가 사는 세상은 많이 달라졌을 것입니다. 그러므로 우리를 창조하신 이의 형상을 따라 지식에까지 새롭게 하심을 입은 "새 사람"을 입어야 합니다.골 3:10.

*

예수님은 우리의 보혜사이십니다.

*

대부분의 사람은 진정한 삶을 산다고 할 수 없습니다. 그들은 지쳐 있습니다. 그들은 잘못된 기초 위에서 시간만 보내고 있으며, 따라서 자신이 누구인지에 대해서는 진지한 관심을 기울이지 않습니다. 그들은 자신의 행복과 슬픔, 가난 및 신앙 문제에 대해 진지하지 않습니다. 비록 여러 면에서 거칠고 세련되지 않은 것처럼 보일지라도, 자아에 대한 인식이 분명한 사람을 만나는 것은 얼마나 유쾌한 일인지 모릅니다.

예수님은 살아 계십니다. 그는 "나는 살아 있다. 너희는 내게서 삶의 모범을 볼 수 있다"고 말씀하십니다. 이것은 우리에게 큰 격려가 되는 말씀입니다. 우리는 참으로 살아 있는 사람을 보는 것만으로도 삶의 힘을 얻습니다. 자신감 넘치는 의사를 만나는 것만으로도 아픈 사람에게 도움이 될 수 있습니다. 예수님은 우리에게

"나는 살아 있다. 나를 보라. 충분할 때까지 바라보라. 그래야만 너희도 살 수 있다. 그것이 내가 세상에 있는 이유다"라고 말씀하십니다.

생명 자체에는 전염성이 있습니다. 질병을 옮기는 세균이 증식하듯이, 생명의 기적, 특히 성령의 역사로 인한 기적도 전염성이 있습니다. 이것이 바로 예수님이 세상을 뒤집어 놓으실 수 있는 이유입니다. 예수님은 인격적 빛이시며, 그와의 접촉은 전염성을 가집니다. 이 예수께 감염되십시오. 살아나십시오! 예수님은 감당하기 벅찬 지적 노력을 요구하지 않으십니다. 아니, 그에게서 우리를 새롭게 하는 창조적인 능력이 나옵니다. 예수님은 단지 특별한 모범 이상이 되시기를 원합니다. 다시 말해서, 그는 우리가 단순히 거머리처럼 매달리는 사람이 되기를 원하지 않으십니다. 우리 자신이 살아나야 합니다.

예수님은 세리와 함께 있을 때나 바리새인과 함께 있을 때나 언제나 자신의 모습으로 남아 계셨습니다. 그에게는 참된 생명이 있었습니다. 그러므로, 예수께서 그들에게 감염된 것이 아니라, 사회가 그에게 감염된 것입니다. 우리도 생명을 가진 자로 세상에 보내심을 받은 자처럼 그렇게 살아야 합니다. 우리가 살아 있어야 진짜와 가짜를 구별할 수 있습니다. 살아 있는 자는 진리를 볼 수 있습니다. 그는 개입해야 할 상황과 하지 않아야 할 상황을 구별합니다. 그는 예민한 눈과 귀를 가지고 있으며, 예리한 분별력으로 무가치한 일에는 관여하지 않습니다. 그는 하나님과 단순한 물질적 영향력을 구별할 수 있습니다.

우리가 세상에 영향을 미치고 싶다면 살아 있어야 합니다. 우리가 내적으로 깨어있지 않는 한, 우리의 신학은 아무런 쓸모가 없을 것입니다. 우리의 생명만이 지속적인 영향을 미칠 수 있습니다. 우리가 살아 있을 때, 사람들은 눈치를 채고 "역시, 그 사람 안에 뭔가 살아 있는 것이 분명해"라고 말할 것입니다. 오직 그럴 때만, 우리는 사람들에게 가서 증인이 될 권리를 가지는 것입니다.

물론, 이 모든 것은 어느 정도의 포기를 요구합니다. 우리는 겉으로는 생명이 있는 것처럼 보이지만 실제로는 그렇지 않은 것들, 즉 존중받지만 죽은 관습이나 전통이나 제도를 버려야 합니다. 이것은 수도사적 의미에서의 포기를 말하는 것이 아닙니다. 예수님은 마치 이 땅의 복이 악한 것이라도 되는 것처럼 세상에 등을 돌리지 않으십니다. 예수님은 단지 우리가 그에게서 생명을 발견하고 그것을 다른 사람들에게 전하기를 원하십니다.

*

예수님은 하나님의 종입니다. 하나님의 종으로서 그는 "외치지 아니하며 목소리를 높이지 아니하며 그 소리를 거리에 들리게 하지 아니"사 42:2할 것입니다. 다시 말해서, 예수님은 우리 시대의 떠들썩한 경쟁심에 가담하지 않을 것이라는 말씀입니다. 사람들이 서로 증오하고 정죄하는 곳, 더 높은 지위를 위해 다투거나 다른 사람보다 더 중요한 사람이 되려고 하는 곳에서는 그를 찾을 수 없을 것입니다. 예수님은 다른 사람을 위해 자신의 목숨을 버리신 분입니다. 이 종은 마음이 온유하고 겸손합니다. 그분은 우리 안에 조용히 거니시며, 모든 사람에게서 하나님이 베푸신 구원의 요소를 보십니다.

이 종은 "백성의 언약과 이방의 빛"이십니다. 그는 "갇힌 자를 감옥에서 이끌어 내며 흑암에 앉은 자를 감방에서 나오게"사 42:6-7 할 것입니다. 이것이 바로 사람들이 오늘날에도 여전히 그를 기다리는 이유입니다. 이것은 또한 그의 음성이 지상에서 다시 한번 울려 퍼져야 하는 이유이기도 합니다. 참된 진리를 온전히 내포한 복음이 선포될 때가 반드시 와야 합니다. 그러나 이 일이 일어나기 위해서는 복음이 이미 이 땅에서 그리스도를 나타내는 사람들 안에 살아 있어야 합니다. 하나님의 나라를 가슴에 품고 있는 사람, 즉 자기 나라만이 아니라 모든 민족을 가슴에 품고 있는 사람, 자신의 가족만이 아니라 모든 세대를 가슴에 품고 있는 사람, 자신만이 아니라 모든 사람을 가슴에 품고 있는 사람, 그런 사람은 예수 그리스도를 바로 알고 있는 것이 분명합니다.

*

예수님은 어린양으로 세상에 오십니다. 그는 세상에 계실 때 하나님의 통치에 죽기까지 복종하는 절대적 순종의 삶을 사셨습니다. 이것이 어린양의 본성입니다. 즉, 모든 인간적 성취를 완전히 포기하신 것입니다. 구원은 오직 인간적인 모든 것을 포기함으로써 하나님께 전적으로 복종할 때 옵니다. 하늘에서는 모든 것을 바로 잡으실 길을 찾으신 어린양으로 인해 큰 기쁨이 있습니다. 요한계시록에 나타난 대로 이 어린양은 인봉을 떼시며, 우리는 이미 소망의 눈으로 모든 생물이 하나님께로 돌아오는 모습을 봅니다. 모든 하늘의 존재는 미리 내다보며 "하나님을 찬양하라! 의가 승리하리로다. 하나님과 어린양을 찬양할지어다!"라고 외칠 것입니다.

그러나 누가 이 어린양을 이해합니까? 기독교입니까? 그러나 우리의 기독교는 이슬람교나 다른 종교와 마찬가지로 자신의 존재를 위해 싸우고 있으며, 그 결과 어린양은 하늘에서 고립되어 있습니다. 우리는 모든 것을 아버지의 손에 맡기시고, 악을 행하기 위해 손가락 하나 까딱이기보다 죽음을 택하신 예수님의 급진적 정신을 잃어버렸습니다. 어린양이 보는 관점은 우리에게 낯선 사상이 되었습니다. 기독교는 수많은 영웅을 배출했지만, 그들은 하나님의 심판의 인봉을 떼지 못했습니다. 예수님은 자신이 그랬던 것처럼, 전 생애를 온전히 하나님의 손에 맡길 사람들을 찾으십니다.

*

성 금요일에는 사람들이 교회로 몰려드는 것이 일반적입니다. 평소에는 교회를 쳐다보지도 않았던 수많은 사람이 성 금요일에는 교회를 찾습니다. 실제로는 신앙을 비웃는 사람일지라도 그날은 온다는 것입니다. 이것은 중요한 사실입니다. 그들은 알지 못할지라도, 십자가에 못 박히신 구세주가 그들의 소망이시라는 것입니다. 그러므로 우리는 그러한 "성 금요일 신자"를 비판해서는 안 됩니다. 대신에, 구주께서 여전히 사람들을 당신께로 이끄신다는 사실에 대해 하나님께 감사합시다, 왜냐하면 이처럼 "길 잃은" 세상을 아버지께서 사랑하시기 때문입니다. 그런데도 이 세상은 동경의 한숨을 쉬지 않을 수 없습니다. 그러므로 이처럼 탄식하는 자들을 예수 그리스도께로 시선을 돌리게 해야 할 것입니다.

예수님은 고난의 길을 가셨습니다. 그는 이 땅에서 육신으로 사셨던 힘으로, 눈먼 자를 보게 하시고 저는 자를 걷게 하시며 가난한 자에게 복음을 전파하셨던 바로 그 힘으로 그렇게 하셨습니다. 그의 삶과 죽음은 모두 신적 능력의 결과입니다. 이것이 그가 세상에 그처럼 엄청난 영향력을 행사할 수 있었던 이유입니다. 실로 그리스도의 죽음은 다른 세계 역사의 원동력입니다. 우리는 이런 저런 사람의 생애에 대한 기억을 기꺼이 보존하지만, 그들의 죽음에 대해서는 쉽게 잊어버리는 경향이 있습니다. 그러나 구주의 경우에는 그 반대입니다. 예수님의 첫 번째 제자들은 그의 죽음을 기억했으며, 예수님의 죽음은 그 후에도 계속해서 세상에 큰 복이 되었습니다. 오늘날에도 우리는 십자가에 못 박히신 예수보다 더 위대한 것을 알지 못합니다. 아마도 우리는 그리스도의 보혈이 어떻게 우리에게 복이 되는지 이해하거나 설명하기 어려울 것입니다. 그러나 우리는 보혈의 능력에 대해 조금이나마 느낄 수 있으며, 또한 그것이 우리 생명의 원천이 될 수 있는지 알아보기 위해 구주의 고난과 죽음을 애절하게 바라봅니다.

비록 예수님의 죽음이 가지는 의미를 이해하는 사람이 적을지라도, 그리스도 안에 있는 하나님의 능력은 온 세상에 영향을 미칠 것입니다. 왜냐하면, 그의 희생을 통해 죄를 용서받기 때문입니다. 그리스도의 죽음은 사망을 이기는 권세, 즉 우리를 새로운 사람으로 빚어내는 힘을 가지고 있습니다. 이 힘은 죄로 인해 죽을 수밖에 없고 덧없는 인간의 본성에 종지부를 찍습니다. 우리 안에 있는 모든 세속적인 것은 십자가를 만날 때 연기처럼 사라집니다. 그리고 십자가를 통해 하나님이 점차 강력한 힘을 발휘하실 것이며, 처음에는 그의 자녀 안에서 다음에는 세상 안에서 "만유의 주로서 만유 안에" 계실 것입니다. 예수의 죽음으로부터 빛이 흘러나오는데, 이 빛은 언젠가 온 세상을 비추고 모든 사람을 완전히 새로운 삶으로 인도할 것입니다.

*

"우리는 그리스도 안에서 그의 은혜의 풍성함을 따라 그의 피로 말미암아 속량 곧 죄 사함을 받았느니라"엡 1:7.

하나님께 감사와 찬양을 돌립시다! 우리는 구원을 받았습니다. 사형을 앞둔 죄수가 석방 소식을 들으면 얼마나 기쁘겠습니까? "도움의 손길이 다가왔도다! 나는 들었다! 나는 해방의 몸이다!"라고 외치지 않겠습니까? 우리는 구주를 바라볼 때마다 이처럼 생생한 기쁨에 사로잡힙니다. 우리는 그리스도 안에서 구속함을 받았으며, 구원이 다가오고 있습니다. 우리는 무력합니다. 우리는 쇠약해 누웠으며 절망에서 헤어나올 수 없습니다. 그러나 구주는 강하십니다. 그는 절망 속에 있는 우리를 구해 내실 수 있는 승리자십니다. 오직 그분만이 우리를 불행에서 구하실 힘을 가지고 계십니다.

그러나 우리는 구주의 보혈의 대가로 구속함을 받았다는 사실을 기억해야 합니다. 왜 그의 피를 통해서입니까? 하나님의 능력은 우리를 악에서 구원하기에 충분하지 않은가? 구주의 피를 아낄 수는 없었을까? 이렇게 생각하는 사람은 "네가 반드시 죽으리라"창 2:17는 말씀이 우리에게 얼마나 강력히 적용되는지를 깨닫지 못하고 있는 자입니다. 그들은 모든 사람이 어떻게 악한 사탄의 지배를 받고 있었는지, 그리고 우리의 죄가 사함을 받고 우리의 피가 죄와 사망의 굴레에서 해방될 때만 사탄의 손아귀에서 벗어날 수 있다는 사실을 모르고 있는 것입니다.

그러므로 하늘에 계신 아버지는 구주께 불쌍한 인류에게로 내려가라고 하신 것입니다. 구주의 순결한 피는 인간의 부정한 피에서 죄를 씻어내어 불의한 그들로 하여금 순결한 구주와 함께 다시 살 수 있게 하는 생명의 힘을 가지고 있다고 말씀하신 것입니다. 따라서 예수님은 자신의 생명을 제물로 바쳤으며, 우리를 하나님과 화목 시키기 위해 그의 피를 쏟으셨습니다. 그의 피는 순결하기 때문에 죽어서도 살아 있었던 것입니다. 우리의 피 한 방울 한 방울은 모두 죄와 결합되어 있으므로 우리는 죄를 이길 수 없는 연약하고 무력한 존재입니다. 그러나 구주의 피는 순결하며, 그에게는 목숨을 버릴 권세도 있고 다시 취할 수 있는 권세도 있습니다. 구주는 그의 피가 우리를 죄와 사망의 속박에서 해방시킬 수 있다는 아버지의 약속을 받았습니다.

이제 예수의 피가 우리의 피에 닿았기 때문에 우리의 피는 말하자면 안도의 한숨을 쉬며 소망으로 가득 찰 수 있습니다. 우리는 "오 예수여, 나를 불쌍히 여기소서! 나의 악한 본성이 생명을 얻게 도우소서! 나에게 생명을 주셔서 화목을 이루고 깨끗하게 된 생명을 허락하사 사망에서 구원하소서. 나를 주께 온전히 바치나이다" 라고 부르짖을 수 있습니다.

*

그리스도의 죽음과 함께 우리에게 새로운 길이 열리고, 자신에게 사로잡혀 있던 상태에서 벗어날 수 있는 새 언약이 시작되었습니다. 우리는 옛 언약의 토양 위에서 탁월하고 고상한 수많은 업적을 이루었지만, 결과적으로 세상이 얻은 것은 아무것도 없습니다. 그리하여 예수께서 자기 백성을 모으러 오셨을 때, 그들은 준비가 되지 않았습니다. 그들은 자신에게서 벗어나지 못하고 자부심과 자기애에 빠져 인간적 활동에만 머물러 있었던 것입니다. 이 옛길에는 진정한 용서도 참된 정의도 없으며, 남은 것은 오직 스스로 자신의 삶을 지배하려는 인간적 요소뿐입니다. 그러므로 그의 삶은 모든 면에서 근본적으로 바뀌어야 합니다.

그리스도의 죽음은 우리의 모든 선한 노력을 "바람에" 날려 보내고 말았습니다. 심지어 고상한 경건을 추구하며 가장 정통적인 신앙을 가진 "기독교" 내에서조차 아무런 영속적인 가치도 성취하지 못했습니다. 우리는 여전히 우리가 열심히 노력하고 세속적 쾌락을 버리며 온갖 계명에 순종하면 하나님과 화평을 이룰 수 있다고 생각합니다. 그러나 이것은 여전히 옛길입니다. 내 힘으로 "믿음"을 가지든, 내 힘으로 "선한 일을 하든" 모두 낡은 방식이라는 것입니다. 이것은 새 길, 새 언약을 알지 못하기 때문입니다.

새 언약의 의미는 "나는 물러나고 하나님이 행하시게 하는" 것입니다. 그리스도는 모든 것을 아버지의 손에 맡기셨으며, 우리도 동일한 방식으로 따라오도록 이끄십니다. 우리는 오직 이 길에서만 죄사함을 받을 수 있습니다. 죄를 뿌리 뽑을 수 있는 곳은 이 길뿐이기 때문입니다. 죄의 뿌리는 하나님 없이 스스로 해결하겠다는 우리의 고집에 있습니다. 인간의 본성 자체는 악한 것이 아니지만 우리가 스스로 하나님과 분리되는 순간, 우리는 썩기 시작하고 그로 말미암아 온갖 가증스러운 것들이 솟구쳐오르게 됩니다. 우리는 하나님과 접촉할 때만 다시 바로 설 수 있습니다. 이 일은 오직 예수 그리스도의 피를 통해서만 가능합니다. 누구의 지배를 받아야 합니까? 그리스도의 피는 부르짖습니다. "하나님! 너희는 하나님의 뜻을 따라야 한다!" 하나님이 우리를 다스리시면 죄는 그치고 우리의 완악한 아집도 끝날 것입니다.

*

예수의 고난과 죽음의 의미는 그의 고난의 외적 사건들이 끝나야만 드러날 것입니다. 한 사람의 인생 이야기는 밖에서 보는 것에만 국한되지 않습니다. 더욱 중요한 것은 그의 삶이 끝난 후에도 그에게서 비취는 빛입니다. 특히 예수님의 말씀이 그러합니다. 예수님의 지상 생애 이후 일어난 모든 일은 영원의 역사에 속합니다. 그것은 우리 시대 속으로 스며들어 우리의 지상 역사를 진리로 덮을 것입니다. 세계 역사의 휘장 뒤에는 그리스도의 십자가와 부활이 있습니다. 때때로 휘장이 찢어지고 십자가에 못 박히신 분이 심판을 통해 우리의 세상으로 들어오십니다. 휘장이 찢어지고 십자가에 못 박히신 그리스도께서 나타나실 때, 계속해서 죄 속에 머물러 있을 사람이 누가 있겠습니까? 육신 안에서 덧없는 삶을 살면서 십자가 이야기에 직면한 후에도 계속해서 허영심을 고집할 사람이 누가 있겠습니까? 십자가는 우리를 침묵시킵니다.

우리는 계속해서 하나님의 심판이 임하기를 기도해야 합니다. 그것은 저주나 멸망을 위한 심판이 아니라, 아무리 악한 죄인도 "아버지여 저들을 사하여 주옵소서 자기들이 하는 것을 알지 못함이니이다"라는 말씀을 들을 수 있는 심판입니다. 우리는 이 시대에도 십자가의 능력이 나타나기를 위해 기도해야 합니다. "아버지여, 예수 십자가의 심판이 드러나게 하소서. 우리의 오만과 교만을 깨뜨려 예전의 두려움이 다시는 재발하지 않게 해주소서. 우리의 잔인하고 살인적인 마음이 십자가의 기적적인 능력으로 정복되게 해주소서." 바로 이 십자가로부터 "멈춰라, 교만한 세상이여, 너희의 종말이 이르렀도다!"라는 외침이 울려 퍼질 것입니다.

그리스도께서 더 이상 심판하러 오실 필요가 없을 때, 그것은 큰 승리가 될 것입니다. 사납게 날뛰는 민족들이 더 이상 마음대로 하지 않을 때, 우리가 이기적으로 추구하던 것들이 모두 좌절되고 우리의 마음이 하나님께 더욱 민감해질 때, 우리가 자신의 잔인함에 놀라고 우리의 비열함을 부끄러워할 때, 그것은 위대하고 영광스러운 승리가 될 것입니다. 우리는 그리스도의 십자가가 우리 시대에 이러한 승리를 거두기를 소망합니다.

∗

예수님의 죽음은 세상이 생각하는 것처럼 영웅적인 희생이 아니었습니다. 영웅은 일정한 이상이나 삶의 방식을 위해 단호한 결의로 자신을 희생합니다. 그러나 예수님의 죽음의 원동력은 완고함이 아니라 진정한 생명의 힘이었습니다. 십자가가 놀라운 것은 그 때문입니다. 예수께서 가신 길은 인간의 길이 아니라 신적인 길이었습니다. 오직 하나님만이 고통과 죽음을 거룩한 능력, 즉 우리의 일상적 삶을 변화시킬 수 있는 능력으로 바꾸실 수 있습니다.

분명한 것은 그리스도의 십자가 죽음이 베드로의 경우에서 볼 수 있는 것처럼 여전히 많은 사람에게 오해를 불러일으키고 있다는 것입니다. 고통과 죽음을 받아들이는 것은 세상에서 더 나은 것을 위한 노력을 중단하고 모든 활동을 포기한다는 의미로 생각하는 사람들이 있습니다. 그러나 예수님은 베드로에게 자신의 고난뿐만 아니라 부활에 대해서도 말씀하셨습니다. "제삼일에 살아나야 하리라"눅 9:22 참조 그의 고난과 죽음에는 실제로 새로운 생명을 불러일으키는 힘이 있습니다. 그리스도는 새로운 법을 제정하셨습니다. 일반적으로 우리의 힘을 마비시키는 것은 무엇이든 살아 있고 생명을 부여하는 것으로 변화됩니다. 우리의 내적 존재는 고통과 죽음을 통해 강해질 것입니다.

그리스도의 죽음의 목적은 우리의 가난하고 연약한 삶에 부활의 원리를 심는 것입니다. 십자가의 신비는 죽음의 파괴적인 힘을 생명의 소생시키는 능력으로 변화시킨다는 것입니다. 단순한 죽음은 신비가 아니지만, 생명으로서의 죽음은 신비입니다. 그리고 이 신비는 이 가련하고 죽어가는 세상에 반드시 드러나야 합니다. 그렇게 되면 더 이상 고통과 죽음을 슬퍼할 필요가 없을 것입니다. 대신에, 우리는 그 안에서 승리를 볼 수 있을 것입니다.

죽음의 휘장은 우리가 그리스도의 고뇌에 단순히 공감하거나 우리가 직면하는 수많은 악에 대해 단순한 분노의 반응을 보이는 것으로 제거되지 않습니다. 우리는 죽음에 맞설 수 없습니다. 죽음의 법과 생명의 법은 어디서나 공존합니다. 창조는 언제나 죽음의 과정을 통해 드러납니다. 그러나 여기에는 숨은 미스터리가 있습니다. 즉, 죽음은 생명을 부여하시고 뒷받침하시는 바로 그 하나님으로부터 온다는 것입니다. 나뭇잎이 떨어져도 나무는 다시 힘을 얻습니다. 우리가 육신적으로 죽을 때, 우리는 영원한 생명을 위한 힘을 얻을 수 있습니다. 이것은 예수님의 죽음을 통해 우리에게 부여된 위대한 과업입니다

그리스도의 십자가는 신비입니다. 죽음에서 부활로 이어지는 이 위대한 하나님의 역사를 통하지 않고는 어떤 새 생명도 주어지

지 않습니다. 오직 그리스도의 십자가만이 세상을 이길 것입니다. 이 십자가를 우리 마음에 받아들인다면, 어쩔 수 없는 멸망이나 죽음이나 어떤 일이 닥치더라도, 비록 고난 중에 죽을지라도 승리할 것입니다. 왜냐하면, 예수 그리스도께서 우리와 함께 사시기 때문입니다.

*

예수님은 십자가의 고통까지 참으셨습니다. 예수님의 인내는 세상을 위한 하나님의 사랑에 기초한 것입니다. 하지만 생각해 보십시오. 죽기까지 인내한다는 것은 결코 쉬운 일이 아닙니다. 제자들은 역경이 닥칠 때의 쓰라림이 어떤 것인지 누구보다 잘 알고 있습니다. 우리는 그리스도의 인내를 잊어버릴 때가 얼마나 많은지 모릅니다. 이것이 바로 우리가 부활을 제대로 경험하지 못하는 이유입니다. 그리스도의 고통이 얼마나 극심했는지, 그를 고소한 자들조차 "그는 끝났다"고 생각할 정도였습니다. 그러나 바로 그 순간, 부활의 권세가 빛났습니다. 오직 부활을 통해서만 하나님의 나라가 이 땅을 덮을 수 있습니다.

*

구주께서는 다시 살아나셨기 때문에 세상을 도우실 수 있습니다. 우리는 육신적으로 더 이상 존재하지 않는 사람이 무엇인가를 성취한다는 것은 불가능하다고 생각합니다. 그러나 예수님은 오직 하나님만이 그 일을 성취하실 수 있다는 것을 보여주시기 위해 하나님의 대의명분을 취하셨습니다. 오직 하늘에 계신 아버지, 그분의 일만 지속될 수 있습니다. 따라서 그리스도의 죽음은 더 이상 장애가 될 수 없습니다. 그는 다시 살아나신 것입니다. 그리스도는 우리가 너무 가까이 오지 못하게 인간적 교제를 떠나 계십니다. 그는 아무도 간섭하지 못하는 영역을 선택하셨습니다. 그는 오직 부활하신 존재로서만 세상의 구주가 되십니다.

*

예수님은 사람들과 달리 계승자가 없습니다. 그는 부활하신 분이십니다. 모세를 계승한 자는 여호수아이고 다윗의 계승자는 솔로몬이지만, 이런 의미에서 예수님은 그의 뒤를 이을 계승자가 없습니다, 어쨌든, 그는 계속해서 살아 계십니다! 그리스도는 부활하셨으며 영원히 살아계십니다. 그러므로 우리는 바울처럼 "그런즉 이제는 내가 사는 것이 아니요 오직 내 안에 그리스도께서 사시는 것"갈 2:20이라고 고백할 수 있습니다. 그리스도는 살아 계시기 때문에 여러분을 포함하여 모든 사람 안에 거하실 수 있습니다. 그를 통해 하나님의 실제적인 능력이 우리 삶 속에 들어옵니다. 이러한 능력은 모든 사람에게 부여될 수 있습니다. 왜냐하면 "거기에는 헬라인이나 유대인이나,... 차별이 있을 수 없나니 오직 그리스도는 만유시요 만유 안에" 계시기 때문입니다.골 3:11.

우리는 이것을 위해 싸워야 합니다. 오직 한 분이신 그리스도, 주도 하나요, 믿음도 하나요, 세례도 하나입니다. 어떤 사람이 그리스도와 동등한 의미를 부여받는다면, 그 즉시 기독교는 그리스도가 아닌 다른 사람에게 모든 업적을 돌리는 역사적 현상으로 전락하고 우리는 길을 잃고 말 것입니다. 그러면 어두움이 내리고 불신이 자리 잡게 될 것입니다.

우리에게는 종교가 아니라 살아 계신 그리스도가 있습니다. 그리스도가 살아 계신다는 사실은 다른 모든 사람과 그의 가장 큰 차이점입니다. 만일 우리가 살아계신 그리스도를 모시고 있다면, 다른 법이나 규례는 필요 없을 것입니다.

그리스도께서 살아 다스리시는 곳에는 새로운 일이 일어납니다. 모든 상황은 더 이상 예전과 같은 일상을 따르지 않을 것입니다. 그리스도께서 살아 계신 곳에서는, 그의 명령을 기다려야 합니다. 오늘은 어제 말씀하신 것과 다른 방향을 제시할 수 있습니다. 그는 말씀으로 병자를 고치시기도 하지만, "오늘은 네가 아픈 것이 좋겠다"라고 말씀하실 수도 있습니다. 그는 어떤 규칙에도 얽매이지 않습니다. 그러나 우리가 그를 우리의 마음을 지배하는 자리에 앉혀드리기만 하면, 그의 임재로 언제나 놀라운 일이 발생합니다. 우리의 소망은 오직 이 살아 계신 그리스도뿐입니다.

그리스도께서 살아 계시기 때문에, 모든 것은 바로 잡힐 것입니다. 그러므로 아무도 "나는 인생을 허비했다. 내 인생은 실패다"라고 해서는 안 될 것입니다. 하나님은 그리스도를 통해 최악의 실수와 잘못을 바로잡으실 수 있습니다. 그리스도께서 살아 계시기 때문에, 우리는 승리를 향해 끊임없이 싸울 수 있습니다. 한때 온 세상이 공모하여 예수를 해치려 하였습니다. 그들은 "그는 태어나서는 안 된다. 만일 그가 태어난다면 우리가 죽일 것이다.

그럼에도 불구하고 그가 살아남는다면 온갖 위해와 고통을 가할 것이다"라고 협박했습니다. 그러나 예수님은 태어나셨고 죽음에서 살아나셨으며 지금도 살아 계십니다. 오늘날도 예수 그리스도의 교회를 향한 똑같은 반대가 있습니다. 즉, 사람들이 그리스도처럼 되고 그리스도처럼 사는 순간, 모든 것이 공모하여 그들을 대적하기 위한 상황으로 바뀔 것입니다. 그러나 그들은 살 것입니다. 하나님이 그들과 함께 계시기 때문입니다.

하나님을 믿으십시오! 그리스도를 믿으십시오! 그래야만 하나님의 나라가 임할 것입니다. 오직 그리스도만이 모든 상황에 직면하여 하나님의 통치를 가져오실 수 있습니다. 어떤 사람도, 어떤 교회도 그 일을 이룰 수 없습니다. 오직 그리스도만이 하나님의 통치권을 떠나서는 어떤 선이나 악도 일어날 수 없는 하나님의 나라를 친히 가져오실 수 있습니다.

그러므로 두려워하지 마시기 바랍니다. 그리스도께서 살아 계십니다!

*

부친이 말씀하신 "예수님은 승리자"라는 구호는 급진적인 입장을 보여줍니다. 그는 "예수는 죽었다"라는 말만 반복하는 기독교에 둘러싸여 있었습니다. 아버지 자신도 이런 기독교에 깊이 빠져 있었습니다. 그런데 갑자기 그에게서 "예수님은 살아 계신다! 예수님은 승리자다!"라는 외침이 터져나왔습니다. 그러자 귀신들이 달아났습니다. 안개처럼 그를 둘러싸고 있었던 불가해하고 종교적인 우울함이 사라졌습니다.

진정한 영웅이신 그리스도는 우리와 함께 계십니다. 그는 다른 모든 것을 몰아내시고 승리하셨으며, 우리는 그를 통해 구원을 얻었습니다. 감옥에 갇힌 사람은 누군가 와서 빗장을 열고 밖으로 끄집어내 주어야 합니다. 죄수가 풀려나면 그의 죄는 용서받습니다. 이제 그에게는 그를 가르치는 형제가 있습니다. 형제는 그에게 예전의 낡고 어두운 본성적 습관으로 인해 아직도 남아 있는 먼지를 깨끗이 씻을 수 있는 새로운 삶의 방식을 알려줄 것입니다. 예수 그리스도의 은혜는 우리를 변화시키는 능력이 됩니다. 그리고 하나님의 치유의 은혜가 나타나 우리를 연단할 것입니다. 우리는 날마다 삶의 방식을 바꾸도록 도와줄 "귓속말"을 듣습니다. 우리는 그리스도의 학교에서 새로운 교육을 받음으로써, 세상에서 일반적으로 통용되고 있는 것들이 우리에게는 점차 불가능한 일이 될 것입니다. 우리는 살아 계신 그리스도와의 관계를 통해 새로운 습관과 관습과 사고를 가지게 될 것입니다.

*

예수님은 "선이 승리한다는 보증"이 됩니다.

*

예수께서 성취하신 일을 인간이 이룬다는 것은 불가능합니다. 예수님을 따르려는 우리의 수고와 노력은 헛되지 않으며, 반드시 열매를 맺을 것입니다. 그러나 우리가 최후의 일격을 가하고 전체를 완성하기 위해서는 반드시 그가 계셔야 합니다. 예수님이 "처음이자 나중"으로 알려지신 것도 그 때문입니다. 우리는 이 "처음"과 "나중" 사이에서 산고를 치르고 있습니다.

그러나 "나중" 예수는 "처음" 예수와 다릅니다. 성품에 있어서는 "처음" 예수와 다르지 않습니다. 그는 여전히 겸손하고 온유하시며, 가난한 자들과 궁핍한 자들에게 하나님의 사랑을 풍성하게 베푸십니다. 그러나 그는 "처음"보다 더 위대하고 강하십니다. 부활하신 그는 지상에 계실 때부터 능력과 영광으로 하늘의 일을 하셨습니다. "나중"에 나타나실 예수님은 만왕의 왕으로서 만물을 다스리시는 주로 나타나실 것입니다. 우리는 모든 신자의 마음속에 크신 주로 나타나실 "나중" 예수를 기쁨으로 기다립니다.

*

우리가 완전한 만족에 이르지 못하는 것은 다행한 일입니다. 지난 세기의 발명품 중 어느 것도 우리를 행복하게 해주지 못했습니다. 우리는 항상 다른 무엇을 그리워하는 것 같습니다. 사실 우리는 그것이 무엇인지 모릅니다. 우리는 그저 만족하지 못할 따름입니다. 우리는 오직 창조주가 어떤 분이시며 예수가 어떤 분이신지 진정으로 이해할 때만 만족할 것입니다. 우리는 오직 우리가 하늘 아버지의 자녀로서 모든 살아 있는 것들과 연합된 것을 볼 수 있는 생명의 빛으로 들어갈 때만 행복할 것입니다. 우리가 하늘과 땅으로부터 분리된 한, 하나님 안에서의 진정한 삶과 분리된 한, 우리는 진정한 행복을 찾을 수 없다는 것입니다.

우리에게 부족한 것이 부활하신 예수라는 사실을 사람들에게 확신시키는 것은 어렵습니다. 그들은 흔히 돈이나 명예나 성공을 행복이라고 생각하기 때문에 쉽게 절망하며 자신의 삶을 지배하지 못합니다. 그들은 그리스도를 통해 환경을 지배하는 대신 스스로 일상적 사건들의 지배를 받도록 내버려 두었습니다. 그러므로 진정한 변화가 반드시 필요하다는 사실을 깨닫는 사람은 행복한 자입니다. 그렇게 함으로써 그들은 "보라 내가 만물을 새롭게 하노라"계 21:5고 말씀하시는 예수를 만나게 되는 것입니다.

*

우리는 이른바 진보하는 시대에 살고 있습니다. 우리는 온갖 종류의 발명품과 함께 끊임없이 새로운 발전이 이루어지는 현장을 목도하고 있습니다. 그러나 그럼에도 불구하고 실질적인 개선은 없습니다. 이러한 발전에 대한 도취는 서서히 사라지고 있는 것이 사실이며, 따라서 우리는 자신이 점차 메말라간다고 느낍니다. 결국 하나님을 최고의 선으로 모시지 않는 한 아무것도 할 수 없는 유약한 인간에 불과합니다. 선, 의, 진리, 영원한 것이 없다면 우리는 무슨 존재 의미가 있겠습니까? 요란한 기계 소리와 환호성으로 가득한 활동이 무슨 소용이 있겠습니까? 기술이나 과학은 영원을 향해 나아가는 데 도움이 될 수 없습니다. 그러기 위해서는 예수 그리스도의 교회가 일어나야 하며, 결국에는 예수님이 다시 오셔야 할 것입니다.

우리는 예수님이 친히 나타나시기를 간절히 소망합니다. 우리의 일상적 삶에서도 자신을 전적으로 희생하는 개인이 없으면 진정한 성취를 이루기 어렵습니다. 마찬가지로, 우리는 단지 "정신적으로"만 기독교를 전파할 수 없습니다. 결국 예수님이 다가오셔서 우리를 감동시키는 수밖에 없습니다. 위대한 사령관의 가시적 존재가 승리를 가져오는 것처럼, 주 예수님도 우리가 살과 피로 느낄 수 있어야 할 것입니다.

이런 일은 가능합니다. 구주께서 하나님으로부터 모든 형태의 인간적 속박에 대해 "에바다" "열려라"[막 7:34]라고 선언하실 수 있는 권세를 받으셨기 때문입니다. 이 "에바다"라는 명령은 예수님 앞서 먼저 제시되어 마음의 준비를 위한 길을 열어야 합니다. "영생의 말씀이 주께 있사오니"라는 베드로의 고백은 어디서 나온 것일까요? 무슨 선행적 말씀이 그를 강권하였을까요? "에바다"가 그를 관통한 것이 분명합니다. 그는 예수님에게서 하나님을 보고 들었습니다. 그래서 그는 그런 고백을 할 수 있었던 것입니다. 많은 사람, 심지어 이방인까지 예수께 나아와 "이 불쌍한 사람에게 안수해 주소서"라고 간청하였습니다. 그들은 어린아이처럼 "예수께서 손만 대시면 나을 것"이라고 생각했습니다. 그들은 그러한 믿음을 가지기 전에 무엇인가 들은 것이 분명합니다. 그것은 "에바다"입니다. 이 나팔 소리는 예수님에 앞서 그 땅에 울려 퍼졌습니다.

어쨌든 "예수여, 우리를 도우소서"라고 말하는 모든 사람은 다른 것을 모두 제쳐 두고 도움을 청했다는 점에서 이미 "에바다"라는 말을 들은 것이 분명합니다. 대부분의 사람은 하나님의 도우심과 인간적 도움, 영적인 도움과 정신적 도움이라는 두 가지 부류의 도움 사이에서 망설입니다. 이러한 태도는 미신을 초래하며, 미신은 하나님을 전적으로 신뢰하지 않기 때문에 다른 수단으로 눈을 돌리게 되는 것입니다. 인간의 성향은 정직하고 솔직한 마음으로 "주여, 내게 안수해 주소서"라는 말을 할 수 없습니다. 우리가 분별력이 점차 흐려져 하나님과 예수님이 누구인지 모르지 않도록 모든 것을 버리고 하나님과 예수님을 유일한 구속주로 받아들이기 위해서는 은혜가 필요합니다. 이러한 하나님의 계시는 반드시 예수님보다 선행되어야 하며 하나님의 나라를 위한 길을 열어야 합니다.

그러나 우리를 실수하게 하고 세속적이 되게 하며 불행하게 만드는 인간 본성의 덫을 제거하기 위해서는 두 번째 "에바다"의 음성을 들어야 합니다. 그럴 때만 참으로 하나님을 볼 수 있는 눈이 열리고, 그럴 때만 우리가 원하는 진정한 사람이 될 수 있으며, 오직 그럴 때만 하나님께 속하기를 원하는 마음을 잊게 만드는 과거의 일들이 더 이상 우리를 짓누르지 못할 것입니다. 우리는 귀신의 속박에서 자유케 하는 이 두 번째 "에바다"에 귀를 기울이지 않기 때문에 여전히 망가지고 결박된 상태에 있습니다. 아무리 건강한 사람도 마귀처럼 행동할 수 있습니다. 우리는 원하지 않으면서도 이런저런 일을 하고 옥신각신하며 다툽니다. 우리는 원하지 않으면서도 서로 참지 못하고 인생을 복잡하게 만들며 상대를 이해하지 않고 분노합니다. 우리는 이 모든 결박에서 우리를 자유롭게 해줄 "에바다"를 위해 기도해야 할 것입니다.

이러한 경험이 있고 난 후, 우리는 세 번째 "에바다"를 듣게 될 것입니다. 이 세 번째 에바다는 우리를 육신적 속박에서 벗어나게 할 것입니다. 사망은 우리를 둘러싼 영적 어두움 속에서 우리를 지배하며 우리를 연약하고 눈멀고 병든 자로 만듭니다. 그러나 두 번째 "에바다"가 임했다면, 외적인 기적은 저절로 일어날 것입니다. 구주께서 그의 살과 피로 우리를 만지시면 기적은 쉽게 일어납니다. 그러나 이 기적은 너무 빨리 오지 않는 것이 좋습니다. 왜냐하면 우리는 종종 그것에 대한 준비가 되어 있지 않기 때문입니다. 질병 역시 내면적 속박이며, 마귀적입니다. 내면의 "에바다"가 없는 외적인 치유보다 나쁜 것은 없습니다. 세 번째 "에바다"는 나팔 소리와 함께가 아니라 조용하고 경건하게 와야 합니다. 그것은 아무도 간섭하지 못하도록 전적으로 하나님의 손에 달려 있어야 합니다.

아마도 여러분은 이미 첫 번째 "에바다"를 경험했을 것입니다. 예수님은 살아계신다는 음성을 들었을 것입니다. 어쩌면 여러분은 지금도 두 번째 음성을 듣고 있는지 모릅니다. 즉, "예수님이 여러분을 다스리시고 자유롭게 하신다"는 것입니다. 이제 세 번째 "에바다"도 임할 것입니다. 그리고 여러분은 육신의 치유도 받을 것입니다.

*

우리는 일반적으로 외적 상황의 변화나 이런저런 성향을 고수하는 방식으로 행복을 찾습니다. 그러나 가장 중요한 것은 내적인 행복, 즉 "복"을 받는 것입니다. 그리고 이것은 상황의 변화를 통해서가 아니라 오직 한 분, 예수님을 통해서만 일어납니다. 성자 하나님의 위격을 가지신 예수님이 우리가 진정한 인간이 될 수 있도록 우리를 감화시키셔야 합니다. 그럴 때, 우리는 자신이 처한 상황을 극복할 수 있을 것입니다. 가난한 사람도 육신적 궁핍에도 불구하고 영적으로 부유해질 수 있습니다. 부유한 사람도 물질로 인한 상처를 받지 않고 재물을 관리할 수 있을 것입니다. 무식한 사람은 깨우칠 것이며, 많이 배운 사람은 더 이상 교육받지 못한 사람을 업신여기지 않을 것입니다. 각자가 하나님의 감화를 받으면 나름의 방식으로 자유롭게 하나님이 심으신 고유한 나무가 될 것입니다. 각 사람과 각 민족은 하나님의 독특하고 영원한 작품입니다. 당신은 당신입니다! 진정한 당신 자신이 되십시오. 하나님이 당신을 진정한 당신이 되게 하실 때, 당신은 구원을 받게 될 것입니다. 그것이 우리가 살아 계신 그리스도를 만날 때 받는 복입니다.

*

우리는 그리스도로부터 그를 위한 가르침을 다시 받아야 합니다. 세상 교육은 충분하지 않습니다. 기독교조차 그리스도인에 대한 진정한 교육을 만들어내지 못했습니다. 우리는 제자가 되기를 포기했습니다. 우리는 여전히 지혜롭고 강한 자, 인정과 존경을 받는 자와 권력자에게 모든 초점을 맞춥니다. 그러나 그것은 세상이 소중하게 생각하는 것입니다. 그러나 하나님의 나라가 다가오고 있으며, 이 나라에서는 사람이 아니라 하나님으로부터 가르침을 받게 될 것입니다. 가난한 자와 굶주린 자는 복이 있나니! 하나님이 지혜로운 자를 택하셨습니까? 그렇지 않습니다. 하나님은 비천한 자, 고통당하는 자, 세상 사람들이 하나님의 버림을 받았다고 생각하는 작은 자들을 선택하셨습니다.

*

지금까지 문명은 인간 생명의 희생을 바탕으로 성장해 왔습니다. 우리의 편리한 삶을 위해 얼마나 많은 사람이 노예가 되어 궁핍한 일생을 보내었습니까? 우리가 하는 모든 일은 다른 사람의 희생으로 이루어집니다. 사실, 모든 문명화된 삶은 타인을 짓밟아 죽음에 이르게 합니다.

그러나 예수님은 비참한 자, 버림당한 자, 죽은 것이나 다름없는 자들에게 오셔서 그들을 돌보셨습니다. 그는 새로운 길, 새로운 문화를 가져오고 싶었기 때문에 그렇게 했습니다. 베들레헴의 구유에서 태어나신 예수, 가난한 자에게 복음을 선포하시고 불쌍하고 병든 자를 찾아와 도와주신 예수를 바라보십시오. 광야에서 무리를 먹이시고 목자 없는 백성을 돌보시는 예수를 바라보십시오. 그를 바라볼 때, 여러분은 빛으로 들어가게 될 것입니다. 절망에 빠진 자, 병든 자, 영적인 방황에 빠진 자, 멸시받는 자, 역사적으로 짓밟힌 모든 자가 낮의 빛으로 들어갈 것입니다. 예수님은 가난한 자를 겉으로 드러내실 것입니다. 인류 문명은 변해야 합니다. 모든 상황은 오직 우리가 대중을 도울 때만 나아질 것입니다. 예수님 주변에 모인 자들은 가난한 자를 위해 자유와 생명, 위로, 진리, 힘을 발산합니다.

∗

예수님은 세상을 억누르기보다 끌어올리기를 원하십니다.

∗

아버지의 사랑은 최악의 인간까지 품으십니다. 죄에 사로잡혀 있는 모든 것이 구원을 받고 자유를 얻을 것입니다. 석공이 돌을 들어 올리고 싶다면 꼭대기에 있는 모래를 집어 들지는 않을 것입니다. 그는 돌의 맨 밑부분을 붙들어야 할 것입니다. 마찬가지로 하늘에 계신 아버지께서 죄와 죽음에 짓눌린 인류를 통째로 들어 올려 그의 나라로 데려가실 때, 꼭대기에 있는 좋은 것만 걷어내어 가져가고 나머지는 남겨 두는 일은 없을 것입니다. 그렇게 하면 덩어리가 그대로 남아 있을 것이기 때문입니다. 예수님은 죄인들을 붙드십니다. 그는 최악의 사람들이 모인 맨 밑바닥으로 갈 것입니다. 예수님이 하나님의 들어 올리시는 강력한 능력을 행사하시는 것은 오직 이 목적 때문입니다.

우리 모두는 각자 최악의 순간에 구원을 받은 것이 틀림없습니다. 우리는 누구나 추악한 면이 있는데, 예수께서 찾아가려는 곳은 바로 그곳입니다. 우리는 그 부분을 감추려 해서는 안 됩니다. 예수께서 우리를 진정 자유롭게 하시려면 우리 안에 있는 가장 부패한 것을 붙들어야 합니다. 그러면 우리는 하나님의 기뻐하시는 자녀가 될 것입니다.

*

사도 시대 이래로, 지상에는 큰 전쟁이 벌어지고 있습니다. 그
것은 노예가 된 사람들이 싸우고 있는 자유와 목숨을 위한 투쟁입
니다. 생명에 대한 언급은, 오직 우리를 묶고 있는 수많은 사슬과
많은 사람을 쇠약하게 하는 속박이 풀릴 때에만 가능합니다. 자
유와 생명을 위한 이 투쟁은 그 어느 때보다 활발합니다. 무엇보
다도 우리는 억압당한 자들의 편에 서서 가난한 자를 위한 복음을
전해야 합니다. 가난한 자들이 빛으로 나아오고 있습니다. 그들의
역사는 힘 있는 권력가에 관한 이야기에 가려 대부분 묻혀 있습니
다. 그러나 인도주의를 향한 새로운 움직임이 부상하고 있습니다.
이러한 자유를 위한 갈망은 시대의 징표이며, 하나님의 나라가 역
사하고 있다는 증거입니다.

우리는 눌린 자와 가난한 자를 도우시는 예수님을 따라 어디
든 가는 법을 다시 배워야 합니다. 왜냐하면, 가난한 자에 대한 예
수님의 구원과 구속이 세속적인 형태를 띠고 있기 때문입니다. 우
리 안에는 진리와 정의의 정신이 살아 있으며, 따라서 반복적으로
표면화되고 있습니다. 그럼에도 불구하고, 세상의 영 즉 "짐승의
영"에 맞서 전진하기는 어렵습니다. 선한 사람들조차 지위와 존경
을 얻는 순간 돌변하여 동료에 대해 완고한 태도를 취합니다. 우
리 앞에 놓인 질문은 "어떤 영이 주인인가?"라는 것입니다. 이 세
상 영입니까? 아니면 그리스도의 영입니까?

이 질문은 언젠가 위기를 초래할 것입니다. 그리스도의 영을 인정하는 모든 사람은 "짐승의 영"을 거부한 바울처럼 먼저 자신 안에서 이 위기를 경험해야 합니다. 그러나 일단 이러한 내면의 싸움이 끝나면, 우리는 보다 밝은 영안을 가져야 합니다. 우리는 결코 그리스도를 다른 사람들에게 강요해서는 안 됩니다. 특히 폭력은 절대 불가합니다. 그리스도의 영과 검을 연계시키는 것은 범죄입니다. 예수님은 관대하고 온유하시며, 그를 섬기는 자들도 온유한 마음으로 섬겨야 합니다.

*

예수님은 세상에 오실 때 심판을 가져오셨습니다. 물론, 구원을 위해 오셨습니다. 그러나 심판도 가져오셨습니다. 그는 죄를 심판하심으로써 죄인을 구원하시고 죄의 파괴로부터 벗어나게 하셨습니다. 예수님은 어두움을 심판하시지만, 즉 어두움을 끝내시지만, 하나님의 진리가 우리 안에 거하게 하십니다. 그렇습니다. 예수님은 십자가를 통하여 저주의 판결까지 취소하시고 저주받은 자들을 구원하십니다. 그것이 그리스도 안에 있는 하나님의 빛과 사랑입니다. 우리는 이러한 토대 위에 서야 합니다.

*

두 가지 부류의 심판이 있습니다. 하나는 우리의 감옥처럼 죄수를 죄와 함께 가두는 것입니다. 이것은 죄인에 대한 분노를 보여주는 진노의 심판입니다. 그러나 예수님의 심판은 죄인을 그의 죄로부터 분리합니다. 이 심판은 구속적입니다. 예수님은 우리를

모든 죄와 정죄에서 해방하십니다. 누가 정죄하겠습니까? 하나님
은 우리를 의롭다고 하시는 분이십니다. 모든 것을 손에 쥐고 계
신 그리스도는 우리를 위해 죽으시고 부활하셔서 우리를 완전히
새로운 존재로 만드셨습니다. 우리는 죽어서도 예수 그리스도를
만나자마자 하나님의 심판이 구속으로 이어졌다는 사실을 확신하
게 될 것입니다.

우리는 어떻게 대적이 죽음과 심판이라는 주제로 신자들에게까
지 그처럼 큰 공포심을 조장할 수 있었는지 알면 고통스러울 것입
니다. 그러나 예수님의 이름을 부르는 곳마다 빛이 비취었다는 사
실을 잊지 맙시다. 그를 믿는 자는 더 이상 심판을 두려워할 필요
가 없습니다. 그들은 사망에서 생명으로 나아가기 위해 싸웠습니
다. 하늘에 계신 아버지께서 우리에게 그의 사랑의 빛을 보게 하
셔서 구원을 위한 치유의 심판을 경험할 수 있기를 바랍니다.

*

예수님은 우리의 말과 행위에 있어서 처음이자 유일한 분이셔
야 합니다. 무수히 많은 주권자가 우리의 충성을 위해 다투고 있
습니다. 안타깝게도, 기독교 안의 여러 단체 안에서도, 예수님을
고백하는 사람들이 완전히 다른 권위의 지배를 받고 있습니다. 그
리스도인 중에 그처럼 많은 분열이 존재하는 것은 이 때문입니다.
이미 사도 시대부터 예수께 속한 자만 있는 것이 아니라 바울파,
아볼로파, 게바파로 분열될 소지가 있었습니다. 오늘날 우리는 자
신이 가톨릭, 개신교, 루터교, 칼빈주의자라고 말합니다. 그러는

중에 구주에 대한 사랑은 사라져 버렸습니다. 다른 권세나 이름이 우리를 사로잡을 때마다 구주에 대한 참된 헌신은 사라지고, 우리에게 빛을 주는 "그는 홀로 우리의 왕이시며 하나님에게서 오시는 분"이라는 위대한 선언이 흐려집니다. 우리는 점차 부패해져서, 마침내는 오직 자신을 전파하기 위한 온갖 세속적인 수단 −열정, 분노, 강압과 압력, 형벌− 을 유지하고 활용하기 위해 머리를 맞대고 지혜를 짜내는 기독교로 전락하고 만 것입니다.

구주께서는 제자들에게 자신이 떠나면 어려움이 닥칠 것이라고 경고하셨습니다. 예수님은 그들에게 "나의 사랑 안에 머물라"고 말씀하신 후, 유일하고 참된 생명의 떡으로 기념해주기를 바라는 의도에서 성만찬을 제정하셨습니다. 그러나 오직 예수만이 경배를 받아야 하는 이곳, 살아계신 그의 임재 앞에 모든 자기중심적 거만함을 내려놓아야 하는 이곳, 오직 예수만 말씀해야 하는 이곳, 이처럼 거룩한 성만찬 현장에서 가장 분열적인 교리와 신조들이 태동한 것입니다! 우리는 "예수여!"라고 부르짖는 법을 다시 배워야 합니다. 그러나 우리는 다른 누구가 아니라 오직 예수님만 찾아야 합니다. 물론, 많은 사람은 예수님을 증거합니다. 그러나 그들은 종교적 예수만 전파합니다. 특정 교회나 전통에 집착하는 다른 사람들은 자신의 신학적 사상과 부합하는 예수만 원합니다. 인간적 소망과 사상이 예수님 자신보다 더 중요할 때가 얼마나 많은지 모릅니다. 그런고로 "예수여"라는 우리의 탄원은 아무런 힘을 발휘하지 못하는 것입니다.

1842년, 부친은 뫼틀링겐에서 깊은 절망에 빠져 있었습니다. 갑자기 그의 모든 기독교 이론이 무너져내렸고 그는 예수 자신에게 부르짖었습니다. 당시에 부친은 자신의 모든 신학을 버렸습니다. 그날부터 아무도 그를 이해하려 하지 않았습니다. 필자 역시 오해를 받았습니다. 오직 침묵을 지키던 소수의 사람만이 실제적 예수의 임재를 감지하고 그를 따르려고 노력했습니다. 예수께서 오시면 기적이 일어납니다. 말할 수 없이 위대하고 거룩한 무엇이 하늘에서 섬광처럼 비췄었습니다. 어떤 소란이나 폭력이나 신학도 없었습니다. 하나님의 사랑이 엄청난 힘으로 현장에 임했던 것입니다.

*

기독교가 대중화되면 그 실체가 사라집니다. 대중화 된 기독교는 다른 종교와 마찬가지로 종교적 성격을 띠게 됩니다. 그러나 예수님은 더 나은 종교를 가져오신 것이 아니라 자신을 제시하셨습니다. 예수님은 어제나 오늘이나 영원토록 동일하십니다.

*

모든 것은 "예수님이 주가 되시는가"라는 한 가지 질문으로 요약할 수 있습니다. 종교나 기독교를 포함한 다른 모든 것은 핵심에서 벗어납니다. 안타깝게도 교회는 모든 지체를 예수 그리스도께 복종시키는 성령만이 그들을 다스리게 하지 않았습니다. 오, 우리는 자신의 교회, 자신의 교단이나 종파, 자신의 신학적 유형, 자신의 사회관을 위해 노력하지만, 살아 계신 주 예수님에 대해서는 깊이 생각하지 않습니다. 그러나 두세 사람만이라도 그의 이름으로 하나가 된다면 대단한 일입니다. 예수가 중심이 될 때, 하나님의 나라가 임할 것입니다.

그러므로 다시 한번 "우리에게 성령을 주사 자기를 부인함으로써 자신을 위하여 아무것도 바라지 아니하고 오직 왕을 위한 군사처럼 예수만 위해 일어서게 하소서"라고 기도합시다.

우리는 오직 이 땅을 다스리시는 주이신 예수, 만왕의 왕이신 예수, 정치의 주이신 예수, 우리 사회의 주이신 예수, 우리 가정의 주이신 예수, 우리의 관습과 전통의 주이신 예수만 목표로 삼아야 합니다. 아무리 거룩해 보이는 법이나 인간 제도라 할지라도, 예수가 없으면 하나님 아버지께 영광을 돌릴 수 없습니다.

4. 우리의 왕이신 구주

백성이 인정하지 않는 왕은 나라를 통치할 수 없습니다. 왕은 백성이 그에게 애정을 가질 때 진정한 왕이 됩니다. 예수님은 왕이시지만, 우리가 그에게 마음을 드릴 때만 우리의 왕이 되십니다. 그는 밤낮 깨어 경성하며 하나님 아버지 앞에서 다음과 같은 기도를 드릴 백성을 찾으십니다. "하나님 당신은 예수를 보내셔서 우리의 주가 되게 하셨습니다. 당신은 그에게 모든 이름 위에 뛰어난 이름을 주셨습니다. 당신은 그에게 찬양과 영광의 관을 씌워 주셨습니다. 당신은 그를 죽음에서 건져내시고 우리의 목자로 삼으셨습니다. 당신은 예수 그리스도가 전능하신 주이심을 우리에게 보여주셨습니다. 그러므로 우리가 왕의 깃발을 높이 드나이다. 당신은 그를 왕으로 보내셨고, 우리는 그가 우리의 왕이 되기를 원합니다."

하나님의 작은 양떼는 이 한 가지 사실, 즉 예수님은 삶의 모든 영역에서 승리의 주시라는 사실에 초점을 맞춰야 합니다. 그는 만물을 다스리시며, 따라서 왕으로서 받아야 할 마땅한 영광을 받으셔야 합니다.

＊

누군가를 경배한다는 것은 그를 주인으로 삼겠다는 것입니다.

＊

예수님은 일반적인 왕이 아니라 "그 왕," 즉 하나님의 은혜의 왕이십니다. 그러나 오늘날 기독교는 그리스도를 그저 꼭두각시 왕으로 모실 뿐입니다. 그리스도는 믿음을 거래하는 흥정의 대상일 뿐, "이곳에 왕이 계신다"라는 고백을 토하게 하는 감동적 방식으로 받아들이지 않습니다. 여러분은 왕과 대면할 때 그가 아군인지 적군인지 선택해야 합니다. 예수님도 마찬가지입니다.

베드로가 유대인에게 한 말을 상기해 보십시오. 그는 예수가 그들이 십자가에 못 박은 메시아라고 했습니다.행 2:23 사람들은 구주를 찾고 있었지만, 하나님의 기름 부음 받은 왕이신 그리스도를 십자가에 못 박았습니다. 이것은 예수님이 가르치신 하나님의 뜻이 그들의 생각과 달랐기 때문입니다. 우리도 그리스도를 십자가에 못 박는 죄를 지었습니다. 그는 수 세기 동안 십자가에 못 박히셨습니다. 우리는 하나님이 바라는 것이 아니라 우리가 바라는 것을 충족시키기 위해 노력하는, 거짓되고 안일한 기독교를 만들었습니다.

우리는 왜 예수님 편에 서지 않습니까? 예수님은 모든 것을 버리고 왕에게 모든 것을 맡기는 제자들을 원하십니다. 그리스도는 주시며, 우리가 무릎 꿇어야 할 대상은 정부나 개신교나 가톨릭이 아니며, 심지어 여러분이나 내가 생각하는 그리스도의 가르침도 아닙니다. 우리가 복종해야 할 대상은 오직 그리스도의 권세뿐입니다. 우리의 왕은 그리스도 자신이십니다. 우리는 오직 그리스도 안에서 하나님의 뜻에 복종하도록 부르심을 받았습니다.

우리는 그리스도를 거짓 경배할 수 있습니다. 사실, 수많은 기독교인은 이교도가 그들의 신을 숭배하는 것과 진배없는 방식으로 구주를 경배합니다. 그들은 자신의 소원을 충족시키기 위해 그리스도를 섬깁니다. 그들은 하나님이 그들을 위해 무엇을 해 주실 수 있느냐는 문제에만 골몰합니다. 이것은 신성모독에 해당합니다. 우리가 가난하든 병들었든 불행하든, 예수님은 "나와 함께 가자. 내가 너희를 내 아버지와 그의 뜻으로 인도할 것이다. 먼저 나와 함께 하나님께로 가면 모든 필요한 것을 갖추게 될 것이다. 나는 너의 아첨이 필요하지 않다. 나는 너 자신을 원한다"라고 말씀하십니다.

예수님을 따른다는 것은 죽음에 이르는 싸움, 즉 자신의 뜻에 대한 죽음과 예수님에 대한 궁극적 헌신을 가로막는 모든 것에 대한 죽음을 요구합니다. 우리는 모든 세속적 환경에서 벗어나 온전히 예수 십자가 아래에서 세상의 빛과 소금이 되는 교회가 필요합니다. 하나님께서 수 세기 동안의 죄를 용서해주시고 우리의 자기애를 십자가에 못 박게 해 주시기를 빕니다.

*

예수 그리스도는 구주의 면류관을 쓰시고 하나님의 보좌에 앉으셨습니다. 하늘에서 면류관을 쓰신 구주는 알파와 오메가이시며 역사의 주인이십니다. 구원은 오직 그에게서 우리와 온 세상에 임할 것입니다.

이 그리스도는 죽으실 때, 부활하실 때, 하늘에 계신 아버지의 우편 보좌에 앉으실 때, 세 차례 면류관을 쓰셨습니다. 그는 죽음이든 부활이든 미래의 보좌든, 그 어떤 것도 손을 놓지 않으실 것입니다. 이것은 그가 우리에게 하신 약속입니다. 그리스도는 우리의 과거와 현재와 미래를 장악하고 계십니다.

그리스도는 언제나 피 흘리신 어린 양이 되셔서, 우리의 죄와 세상 죄를 씻어주실 것입니다. 그리스도의 죽음은 우리의 과거를 구원합니다. 우리의 죄는 정황이 어떻든, 얼마나 오래되었든, 깨끗이 사라질 것입니다. 여러분이 죄 앞에서 어찌할 바를 모를 때, 그리스도의 죽음의 면류관을 생각해 보십시오. 자신을 쓰레기 취급하지 마십시오. 절망하지 마십시오. 예수께서 여러분의 모든 죄를 짊어지고 돌아가신 사실을 기억하십시오. 모든 것은 우리의 과거나 우리의 죄가 아니라 피 흘리신 구주와 십자가 위에서 거둔 승리에 달려 있습니다.

그뿐만 아닙니다. 그리스도는 부활하셨기 때문에, 죽은 자와 산 자 모두에게 생명을 주십니다. 그리스도는 오늘날 죽음의 세력에 둘러싸여 있는 우리에게도 말씀하십니다. 그는 무덤에서 일어나셨습니다. 그렇습니다, 그리스도는 다시 살아나셨으며, 그 후로는 우리의 삶에서 사망의 권세를 없애 버리십니다. 그는 오늘날 부활의 면류관을 쓰고 계십니다. 그리스도의 부활은 우리가 책에서나 읽을 수 있는 과거의 기적적인 사건이 아닙니다. 그것은 지금 여기에서 일어나고 있는 사실이며 오늘날 우리 자신의 삶에 적용될 수 있습니다. 우리에게는 지금 구주가 계십니다. 그는 살아 계십니다. 그는 이곳에 계십니다. 그의 권능을 느껴보십시오. 그의 권능은 여러분을 죄에서뿐만 아니라 죽음 자체에 대한 두려움에서도 벗어나게 할 것입니다.

그리스도는 또 하나의 면류관을 쓰시는데, 그것은 하나님의 미래에 속한 생명의 면류관입니다. 우리는 왜 그의 죽음과 부활에 대한 경험을 거의 하지 못합니까? 그것은 우리가 예수 그리스도의 미래에 대한 묵상에 소홀했기 때문입니다. 예수님이 하늘에 계신 아버지의 우편에 앉아 계신다는 사실은 놀라운 미래적 힘을 가지고 있습니다. 우리의 내면을 변화시키는 것은 바로 이 미래입니다. 예수 그리스도는 어제나 오늘이나 영원토록 동일하십니다. 혹시 여러분은 구주께서 아무 근거 없이 "내가 오기까지 깨어 있으라"마 24:42고 말씀하셨다고 생각합니까? 아니면 구주께서 이 문제에 대한 아무런 언급 없이 지상 사역만으로 그의 목적을 달성하신 것으로 생각합니까? 우리가 그리스도의 종과 제자가 될 수 있는 유일한 방법은 그를 장차 함께하실 주로 모시는 것입니다. 주 예수는 결코 미래의 면류관을 포기하지 않으실 것입니다. 그는 반드시 오십니다. 슬기로운 처녀가 다섯 명만 기다리고 있다 할지라도!

*

"하늘과 땅의 모든 권세를 내게 주셨으니"마 28:18라는 예수님의 말씀은 전능하신 하나님이 자신에게 모든 피조세계를 내어주셨다는 뜻입니다. 그는 자신의 왕국을 견고하게 다스리고 선으로 인도하는 왕처럼 우주 만물을 붙들고 계십니다. 예수님의 이 말씀은 우리가 하나님의 세계로 올라갈 수 있는 든든한 사다리와 같습니다. 그러므로 우리는 모든 피조물에게 "위로를 받으라. 절대적 권세가 존재하며, 그 권세가 오고 있으며, 그 권세가 모든 것을 바로 잡을 것"이라고 말할 수 있습니다. 이것이 예수 그리스도의 복음입니다. "열방이 내 것이니 너희는 내 이름으로 하나님 아버지의 깃발을 모든 민족 위에 들어 올려 하나님께 영광을 돌리라. 열방이 내 것이니 너희는 나의 권위로 그들에게 세례를 주어 참된 백성이 되게 하라. 열방이 내 것이니 그들을 하늘이 열리는 곳, 하늘과 땅의 권세를 가진 통치자가 오시는 그곳으로 인도하라."그러므로 너희는 가서 모든 민족을 제자로 삼아 아버지와 아들과 성령의 이름으로 세례를 베풀고 내가 너희에게 분부한 모든 것을 가르쳐 지키게 하라 볼지어다 내가 세상 끝날까지 너희와 항상 함께 있으리라 하시니라"[마 28:19-20].

*

예수님은 신실하시며, 지금까지도 변함없는 그리스도로 남아 계십니다. 문제는 우리입니다. 우리는 지금까지 신실하지 못했습니다. 우리는 말할 수 없는 하나님의 자비를 깨닫지 못했으며, 따라서 그것을 마음에 품지 못했습니다. 우리는 하늘로부터 풍성한 사랑과 끊임없는 관심을 받았지만, 땅에서는 여전히 냉담합니다.

그러나 하나님은 신실하시며, 그가 보내신 심판조차 그의 선하심의 표징입니다. 하나님은 우리를 놓아주지 않으십니다. 그분은 우리가 멸망하도록 내버려 두지 않으실 것입니다. 땅은 차갑고 죽어 있지만, 하늘은 따뜻하고 살아 있습니다. 그리고 언젠가는 생명의 온기가 이 땅을 삼킬 것입니다.

*

하나님은 무엇을 원하십니까? 하나님은 우리에게 온 마음을 다한 헌신과 그의 나라에 대한 전적인 충성을 원하십니다. 하나님은 우리가 오직 한 가지, 하나님의 위엄과 그의 통치에 사로잡히기를 원하십니다. 무엇보다 중요한 것은 "예수님은 하늘에 계신 아버지께 영광을 돌리는 왕"이시라는 것입니다. 우리는 하나님에 대한 경외심을 잃지 않도록 조심해야 합니다. 우리의 모든 연구와 신학에서 자칫 잃어버리기 쉬운 것이 이러한 경외심입니다. 오늘날 사람들은 자신의 신학적 사상을 정교하게 다듬고 더 많은 집필 활동과 종교적 구상에 박차를 가하는 것으로 성취감을 느낍니다. 그러나 그러는 동안 하나님의 나라는 먹구름에 가렸습니다. 우리의 모든 학문적, 영적 업적은 무익합니다. 하나님에 대한 경외심과 하나님이 이 땅의 주로 삼으신 예수님에 대한 경외심이 우리 마음에 확고하게 뿌리를 내리지 못하면, 누구나 자신이 좋아하는 사람또는 사물에게 마음을 줄 수 있는 인간 민주주의만 남을 것입니다.

오늘날 기독교의 "물"이 진흙탕처럼 혼탁하게 된 것은 우리가 다 자신의 소견에 옳은 대로 행하기 때문입니다. 우리는 각자의 지혜로 하나님의 나라를 추구합니다. 각개전투하는 게릴라 병사는 많지만 모두 지휘관 없이 돌아다닙니다. 그러므로 오늘날 우리가 보고 있는 것은 하나님의 나라나 마귀를 이기신 그리스도의 승리가 아니라 죄와 사망의 승리일 뿐입니다. 하나님이 아니라 죄와 사망이 지배하고 있다는 것입니다. 오직 그리스도만이 우리를 구원하실 수 있습니다!

*

그러나 예수님은 두 마음을 품지 않은 신자들, 즉 함께 손잡고 즐거이 한 주를 섬길 다양한 무리의 사람들을 필요로 합니다. 이 땅 어딘가에는 일편단심 하나님만 섬기는 하나님의 가족이 산재해 있는 것이 분명합니다. 우리가 주의를 기울이지 않고 마음이 흩어져 있는 한, 우리의 의지가 다른 방향으로만 향하고 있는 한, 하나님의 나라는 결코 올 수 없습니다. 우리는 함께 한 사령관에게 귀를 기울이고 그의 명령을 따라야 합니다.

*

불신자들이 기독교를 비난하는 것은 기독교가 우리 구주 그리스도께서 의도했던 모습이 결코 아니기 때문입니다. 그러므로 우리는 깨어나야 합니다. 구주가 왕이 되셔야 합니다! 그는 존엄하신 통치자이십니다. 하나님은 사랑이시며 언제나 사랑이십니다. 그러나 만일 우리가 이 하나님을 고백하고 나서 다른 신들을 좇거나 사소한 일에 매달린다면, 우리가 부모나 아내와 자식, 교회나 교파, 민족이나 국가, 이데올로기나 신학으로부터 자유로워질 수 없다면, "오직 예수"라는 고백에 합당한 삶을 살지 못한다면, 우리는 결코 하나님 나라의 복을 받을 수 없을 것입니다. 그러므로 한 분이신 왕을 위해 충성하며, 그를 위해 마음과 목숨과 힘과 뜻을 다하여 최선을 다해 싸웁시다.

*

우리는 예수 그리스도에 대한 또 다른 "고백"이 필요하지 않습니다. **우리에게 필요한 것은 예수 자신입니다.** 우리가 복음서에서 발견할 수 있는 것은 "예수는 주"라는 고백뿐입니다. 아니, 예수님은 항상 중심에 계시며, 유일한 중심이십니다. 우리는 예수님과 우리 사이에 너무 많은 것이 끼어들도록 허용했습니다. 예수님이 최우선이 되어야 합니다.

구주는 "너희는 아래에서 났고"라고 말씀하십니다. 다시 말해 우리는 역사 속의 사람들, 땅의 백성입니다. 반면에 예수님은 "나는 위에서 났으며"요 8:23라고 했습니다. 예수님은 부모나 성전이나 국가나 전통으로부터 자유롭습니다. 예수님이 이 땅에 오시는 길을 준비한 분은 사람이 아니라 하나님 자신이셨습니다. 그러므로 예수님은 다음과 같이 말씀하셨던 것입니다. 나를 따르라! 누구든지 내가 전통에 매이지 않고 너희와 함께 거하는 영원한 존재며 너희의 경건이나 의보다 먼저 하나님 찾기를 요구하는 자임을 시인하면 "나도 하늘에 계신 내 아버지 앞에서 그를 시인할 것이요"마 10:33, 누구든지 아래에 있는 것들에 사로잡혀 가족이나 국가나 민족이나 교회 중심의 인생관을 가진 자는 나를 부인하는 자이기 때문에 "나도 하늘에 계신 내 아버지 앞에서 그를 부인하리라"마 10:33.

만일 하나님의 자녀가 침묵한다면, "돌들이 부르짖을 것"입니다. 우리는 강력한 충격이 필요합니다. 그래야만 예수 그리스도께서 이 세상에 다시 오실 수 있습니다. 자유롭고 정직한 하나님의 사람이자 인자이신 그는 우리도 위로부터 태어나기를 원하십니다. 만일 우리 그리스도인이 다른 사람들과 똑같이 사는 것으로 충분하다면, 굳이 그리스도인이 되려고 애쓸 필요가 있겠습니까? 우리의 소명은 위에서 흘러내려 세상을 적시는 깨끗하고 순수한 하나님의 "물결"을 이 땅에 끌어오는 것입니다. 그렇게 하지 않으면, 우리는 썩어 없어질 것입니다. 그러나 예수님은 우리에게 영원한 열매를 맺으라고 명령하십니다. 참으로 자유로우신 예수님은 하나님의 독생자이며 자유인이자 세상의 구주십니다

*

이 세상에서 가장 큰 불행 중 하나는 그리스도 없는 그리스도인과 스승 없는 제자들이 있다는 것입니다. 많은 사람이 그리스도를 따르고 싶어 하지만 내려놓지를 않습니다. 그들은 자신이 좋아하는 사상을 포함하여 모든 삶 전체를 그리스도께 맡기지 않으려 합니다. 따라서 그들은 다른 빛을 붙들고 따라갑니다. 그들은 다른 사람들에게 달려가서 "도와주세요, 할 수 있거든 무엇이든 해주세요"라고 부르짖습니다. 그것으로 예수님과 연결된 끈은 끊어집니다.

✻

　예수님처럼 살지 않는 한 아무도 "나는 예수께 속했다"는 말을 할 수 없을 때가 올 것입니다.요일 2:6 그리스도의 이름으로 지배하고 설교하면서 다투고 싸우며 피를 흘리는 일은 더 이상 없을 것입니다. 새 시대가 다가오고 있습니다.

✻

　참된 아내가 남편 안에 "감춰져" 있듯이, 우리도 "그리스도 안"에 있어야 합니다. 헌신적인 아내는 실제적인 문제에서 남편이 어떤 선택을 해 주기를 바라는지 알아차리며, 남편이 내심 원하는 것이 무엇인지 알고 있습니다. 그녀는 남편이 말하지 않아도 무엇을 원하는지 눈치챕니다. 그녀는 남편의 생각을 읽고 있는 것입니다. "예수 안에" 있다는 것은 이와 같은 것입니다. 우리는 그가 무엇을 원하시는지 압니다. 우리는 예수 안에 살고 그는 우리 안에 계십니다.

✻

　구주께서는 "인자의 살을 먹지 아니하고 인자의 피를 마시지 아니하면 너희 속에 생명이 없느니라"요 6:53라고 말씀하셨습니다. 우리의 생명은 우리가 섭취하는 온갖 식물에 달려 있습니다. 우리는 호흡할 때마다 영양분을 섭취합니다. 모든 상쾌한 경험은 영양분이 됩니다. 모든 신체적, 영적 활동은 우리에게 영양분을 공급할 수 있습니다. 수면조차 우리에게 새로운 활력을 불어넣어 줍니다. 하지만 음식에 독이 들어가면 우리는 고통을 겪게 됩니다.

영적으로도 그와 같은 일이 일어날 수 있습니다. 오늘날 사람들은 영적으로 온갖 나쁜 것들을 섭취합니다. 소위 훌륭한 신자는 방대한 종교 교육을 받으며 엄청난 양의 영적 지식을 소비합니다. 그러나 우리는 그들이 "섭취한" 것 때문에 그들과 분별력 있는 대화조차 나눌 수 없습니다. 어떤 사람은 책을 읽고, 어떤 사람은 유명한 인물이나 성인을 연구하며, 어떤 사람은 온갖 새로운 사상에 심취해 있습니다. 그러나 이 모든 것은 인간적 화려함으로 이어지고, 결국에는 막다른 골목에 이르게 됩니다. 이 모든 "영적 학습"의 빵은 그저 살과 피에서 나오는 영양분일 뿐입니다.

오직 예수님만 생명의 떡이십니다. "누구든지 이 떡을 먹는 자... 내 살을 먹고 내 피를 마시는 자는 영생을 얻으리라"요 7:51-56 오직 예수님만 내적 영양분을 공급하실 수 있지만, 어디까지나 우리가 그와 내적으로 연결되어 있을 때만 가능합니다. 예수님은 살아 계시기 때문에 우리는 그를 우리 안에 모셔서 우리를 형성해 나가시게 할 수 있습니다. 우리의 몸과 혼과 영은 그를 통해 새롭게 형성되어야 합니다. 이 훈련이 다른 어떤 형태의 학습보다 우선되어야 합니다.

*

진리는 누군가가 그것을 기꺼이 대변하지 않으면 살 수 없습니다. 그러므로 그리스도를 믿는 우리는 예수가 누구신지를 적극적으로 드러내야 합니다.

5. 하나님의 백성

그리스도께서 나타나셨을 때, 하나님의 백성은 그의 나라를 기다리고 있었습니다. 그것은 세상이 추수할 때가 되었기 때문입니다.

*

우리는 결코 책이나 연설이나 정교한 설명으로 하나님의 나라를 전진시킬 수 없습니다. 우리는 예수 그리스도의 빛과 그의 능력 안에 사는 자가 되어야 합니다. 그래야만 이 어두운 세계가 밝아질 것입니다. 그래서 "일어나라, 빛을 발하라"사 60:1고 말씀하신 것입니다. "책을 쓰라"고 말씀하지 않고 "빛을 발하라. 빛이 되어라"고 말씀하십니다.

*

하나님의 빛은 사람을 통해 세상에 비칩니다. 그러나 우리는 이 빛을 책에서 찾아야 한다고 주장합니다. 우리는 신학적 견해나 교리 또는 인간적 사상에서 그것을 찾으려 합니다. 그러나 흥미롭고 탁월한 관점을 가지고 있으면서도 여전히 죄 속에 사는 사람이 있습니다. 그들은 화려한 언변에도 불구하고 그의 내적 생명은 여전히 거칠고 상스러울 수 있습니다. 그러므로 우리는 하나님의 빛은 개념이 아니라 사람에게서 발견된다는 사실을 다시 한번 배워야 합니다.

그러나 여기에도 위험이 도사리고 있습니다. 사탄도 사람들에게 "빛"을 비추기 때문입니다. 사탄 역시 "광명"의 천사입니다. 참 빛이 사람들에게 비친다는 사실을 잘 알고 있는 그는 자신의 "빛"을 하나님의 백성에게 비취려는 음모를 꾸밉니다. 따라서 우리는 "내가 그다"라는 다양한 목소리를 들으며, 많은 사람이 "바로 저 사람이다"라고 반응합니다.

우리의 관심을 끄는 모든 거짓 빛에서 참 빛을 구별하기는 매우 어렵습니다. 이는 전자가 예수 그리스도의 이름으로 나타나기 때문입니다. 그러나 힘으로 다스리는 자, 명령하는 자, 복종을 강요하는 자는 참 빛과 무관한 자라는 사실을 알아야 합니다. 하나님의 빛은 햇빛처럼 사람을 비추어 밝게 빛나게 합니다. 예수님으로부터 오는 빛은 사람을 비추어 자신에게서 벗어나게 하십니다. 그러나 사람이 부끄러움이나 수치를 느끼거나 두려워할 때나 평안이 없을 때, 그들은 빛이 아니라 어두움 속에 있는 것입니다. 사람이 소생함을 얻을 때, 마음이 평안할 때, 생명과 힘으로 충만하여 슬픔을 이겨낼 때, 부패한 상황에서도 소망을 잃지 않을 때, 환란과 고통 속에서도 독수리처럼 날개 치며 올라갈 때사 40:31, 이러한 것들은 참된 빛 안에 있음을 보여주는 징표입니다. 폭력이 그치고 내면의 자유가 있을 때, 죄인을 품어주는 사랑, 아무도 멸시하지 않고 원수의 복까지 생각하는 하나님의 사랑은 모두 예수 그리스도의 참된 빛입니다.

*

이사야서에서 하나님의 종은 "내가 헛되이 수고하였으며 무익하게 공연히 내 힘을 다하였다"사 49:4라고 절망합니다. 그러나 하나님은 그의 종이 "나라를 일으킬 백성의 언약"이 되실 것이기 때문에 그를 보호해 주실 것이라고 약속하십니다.사 49:8

우리는 자신이 이룬 수고의 열매를 자랑스럽게 돌아보며 우리의 손과 지성과 체계적인 재능을 내세웁니다. 그러나 우리가 성취한 업적에도 불구하고, 인간성의 발전은 거의 또는 전혀 이루어지지 않았습니다. 하지만 하나님의 종은 자신의 힘이 아니라 하나님의 힘을 의지합니다. 그는 자신의 어떤 업적도 내세울 수 없습니다. 그럼에도 불구하고 하나님은 그를 보호하시고 백성을 위한 언약이 되게 하신 것입니다.

그리스도는 하나님의 참된 종이십니다. 그는 온 백성을 위한 하나님의 능력과 사랑이십니다. 그리스도가 없으면 우리는 하나님과 그의 의로부터 단절됩니다. 우리는 오직 그리스도와 그의 권능을 통해서만 구속될 수 있습니다. 그러나 예수님은 정치적으로나 사회적으로나 교회적으로 조직을 만들지 않았습니다. 그는 어떤 제도도 세우지 않았습니다. 예수님은 우리 곁에 사셨습니다. 그는 우리 중에 거하시며 우리 중에서 일하셨습니다. 그는 무엇을 바꾸려고 애쓰지 않았으며, 로마인이나 성전에 맞서지 않았습니다. 아니, 그는 세상을 바로잡고 사람들에게 자유를 주는 소망을 흘려보낸 그분이십니다.

이 예수님은 지상에서는 더 이상 볼 수 없지만, 그의 사도들과 종들을 통해 계속해서 일하고 계십니다. 예수님 이후에도 역사를 통해 많은 종이 쏟아져나온 것이 사실이지만, 그들은 모두 헛수고를 한 것처럼 보입니다. 교회나 큰 기관을 세운 사람들도 있지만, 그들은 정치적으로나 사회적으로 자신을 내세웠습니다. 그들은 "우리가 세운 기관, 교회, 학교, 화려한 조직을 보라"고 말합니다. 그러나 하나님의 종은 이러한 것들이 우리를 회복시킬 수 없다는 것을 알고 있습니다. 무엇보다 중요한 것은 그는 예수님을 드러낼 수 있으며, 인류를 회복하는 사역을 보여줄 수 있다는 것입니다. 그를 굳게 붙드는 하나님의 종은 이러한 승리를 거둘 것입니다. 그의 믿음은 시대 정신을 극복할 것입니다. 새로운 회복이 올 것입니다. 우리의 본향, 낙원이 회복될 것입니다.

*

하나님은 계속해서 시온을 위한 백성을 필요로 하십니다. 시온은 장소가 아니라 하나님의 영이 다스리는 왕의 영역입니다. 그러나 백성이 없는 시온 자체로는 열매를 맺지 못합니다. 하나님은 자신과 동역할 자들을 필요로 하십니다. 시온 백성의 수는 중요한 것이 아니며 백성의 자질이 중요합니다. 하나님의 백성은 온 세상의 짐을 짊어질 수 있을 만큼 용기 있는 마음을 가진 제사장과 같은 백성이 되어야 합니다. 그들은 너무 깊이 생각하거나 묻지 않고 하늘에 계신 아버지를 신뢰하는 사람들이어야 합니다. 그들은 철학자가 아니며 현명하거나 영리하지도 않지만, 큰 소망과 견고한 영혼을 가지고 있습니다. 그들은 세상의 슬픔을 겪으면서 날마다 하나님을 찬양하며 시온을 위해 일합니다.

시온은 그런 사람들을 간절히 기다리고 있습니다. 하나님의 보좌에서 성령이 다스리시는 시온은 통치를 위한 준비를 완벽히 했지만, 이 성령은 아무런 열정이 없는 모방자가 아니라 참된 사람들을 필요로 합니다. 여러분은 자신이 이미 그런 사람이 되었다고 생각할 수도 있지만, 행동으로 더 많이 보여줄 필요가 있다는 사실을 알아야 할 것입니다. 여러분이 시온의 부름을 받았다면, 굳은 확신과 결의를 다지며 흔들리지 않아야 합니다. 그렇지 않으면 "수레에 타지" 못할 것입니다. 하나님은 아무나 수레에 태우지 않습니다. 수레에 매달려 걸림돌만 될 사람이라면, 차라리 타지 않는 것이 낫습니다. 하나님이 누군가를 수레에 태우시는 순간, 새로운 삶이 시작된다는 것을 확실히 알아야 합니다. 우리가 아는 세상은 심판을 받고 사라지기 시작할 것입니다.

하나님의 나라가 오면 여러분의 머리털이 곤두설 것이니 조심하십시오. 여러분은 좋아하는 생각들을 마음에서 찢어버려야 합니다. 흥정할 시간이 없습니다. 하나님은 더 이상 인내하지 않으실 것입니다. 마침내 갑판을 치우고 출정할 준비가 될 것입니다. 여러분은 오물투성이의 진흙탕을 지나고 불과 물을 통과할 수도 있습니다. 하나님께서 오시면, 그가 여러분의 왕이 되실 것입니다. 바위처럼 견고한 시온의 백성들에게 그날이 다가오고 있습니다. 하나님은 자신의 나라가 영원히 훼손되는 것을 용납하지 않으실 것입니다. 언젠가는 큰 빛이 비취고, 구원을 갈망하는 민족들이 기뻐할 것입니다.

*

이사야는 "네가 강을 건널 때에 물이 너를 침몰하지 못할 것이며 네가 불 가운데로 지날 때에 타지도 아니할 것이요"^{사 43:2}라고 기록했습니다. 그러나 이 약속은 모든 사람을 위한 것이 아닙니다. 많은 사람은 육체적으로나 영적으로 비참하게 죽습니다. 하지만 언제나 소수의 특별한 보호를 받는 사람들이 있습니다. 성경은 그들을 "하나님의 종"이라고 부릅니다. 그들은 다른 사람들과 똑같은 위험에 직면하지만 멸망하거나 상처를 입는 대신에 힘을 얻으며, 하나님은 그들에게 "너는 내 것"이라고 말씀하십니다. 만일 우리가 하나님의 부르심을 굳게 잡으면 하나님의 보호를 받게 될 것입니다. 하나님은 하나님을 섬기는 것보다 더 큰 행복이 없다는 사실을 아는 모든 사람을 보호하십니다. 그러나 하나님을 섬기는 것이 우리의 최우선 순위가 아니라면, 하나님의 종들에게 약속된 기적을 경험하지 못할 것입니다. 억지 경건이나 미지근한 태도, 또는 두 마음을 가지고 사는 것보다 더 나쁜 것은 없습니다. 하나님은 그런 삶을 용납하지 않으십니다. 미지근한 자들은 하나님의 나라와 그 나라를 위한 사역에서 내침을 당할 것이라는 주의를 받습니다.

하나님의 부르심은 단순합니다. 그가 우리를 부르실 때, 우리는 그의 소유가 됩니다. "너는 내 것이라." 하나님의 부르심은 주인이나 종, 강단에 선 설교자나 놀이에 열중하고 있는 아이, 누구에게나 임할 수 있습니다. 이 부르심은 자신이 아닌 누군가가 되는 문제가 아닙니다. 왕은 왕으로 남을 수 있으며, 노동자는 자신의 일을 계속할 수 있습니다. 하나님의 부르심에 귀를 기울이기 위해 반드시 설교자나 선교사가 될 필요는 없습니다. 하나님의 궁극적인 뜻은 누구에게나 똑같습니다. 따라서 재물이나 부가 해가 되지는 않습니다. 가난도 마찬가지입니다. 여러분이 어떤 상태에 있든, 여러분은 참된 사람이 되라는 부르심을 받은 것입니다. 하나님의 말씀은 여러분을 참되게 만듭니다. 여러분에 대한 모든 거짓은 하나님의 말씀을 진심으로 받아들이는 즉시 사라질 것입니다. 그저 어린아이처럼 기뻐하십시오. 여러분의 삶은 이제 하나님의 것입니다. 이제부터 여러분은 그의 보호 아래 있게 될 것이며, 여러분은 아브라함이 경험했던 것과 같은 기적을 경험하게 될 것입니다.

*

하나님의 종이 두 마음을 품지 않는 견고한 믿음 속에서 죽으면, 사후에 그의 생명의 씨앗이 싹을 틔울 것입니다.

*

하나님은 예수 그리스도 안에서 우리를 택하셨습니다. 이러한 인식을 통해 강해져야 합니다. 여러분의 마음에 폭풍이 몰아칠 때, 여러분의 감정이 격앙될 때, 죄와 어리석음이 여러분을 사로잡을 때, 사망의 그늘이 드리울 때, 여러분은 죄와 사망에 속하지 않았다는 사실을 기억하십시오. 여러분은 그리스도 안에 있습니다. 여러분은 오직 하나님께 속한 자입니다. 구주께서 여러분을 택하셨으며, 선택을 받은 이상 이제 "경건한" 자가 되느냐의 문제를 넘어선 것입니다. 여러분은 이미 하나님의 나라, 그가 통치하시는 영역으로 들어갔으며, 이 세상의 권세와 자신의 권세에서 벗어나 하나님의 영화롭고 영광스러운 권세로 넘어갔습니다.

하나님이 나만 제외하고 다른 사람들을 택하셨다고 생각하지 마십시오. 하나님 나라는 모든 것이 그렇게 깔끔하거나 "논리적"이지 않습니다. 하나님의 사랑은 예수께 나아오는 모든 사람을 위한 것입니다. 따라서 부르심을 받은 자는 누구든지 택함을 받은 것입니다. 그러므로 자신이 택함을 받았다는 사실을 믿기 바랍니다. 여러분에게 하나님에 대한 갈급함이 있다면, 이러한 갈급함이 어디서 온다고 생각합니까? 설사 지옥을 통과한다고 해도, 여러분의 마음이 두려움에 떨고 있다고 할지라도, 여러분은 택함을 받았습니다. 아무리 깊은 곳으로 가라앉았다고 해도, 다시 일어나 높이 올라갈 것입니다. 하나님은 여러분을 택하셨습니다. 여러분은 다른 누구의 것도 아닌 그의 것입니다.

*

택함을 받은 하나님의 백성은 자신과 자신의 소유를 다른 사람을 위해 사용해야 합니다. 많은 사람은 누군가 택함을 받는다는 생각을 두려워합니다. 그들은 다른 사람을 지배하지 않고 어떤 지위에 오를 수 있다는 사실을 받아들이지 못합니다. 그러나 하나님의 백성은 달라야 합니다. 하나님은 살아 계시지만, 그의 생명은 언제나 다른 사람들을 위한 것입니다. 모든 피조물은 하나님의 소유며, 우리는 이러한 사실을 잘 알고 있습니다. 그들을 먹이시는 분이 하나님이시기 때문입니다. 하나님의 선민은 경건해야 하지만, 이것은 오직 다른 사람을 돕고 소유를 나누며 그들의 짐을 지는 데서 오는 경건입니다.

*

하나님은 단지 소수의 무리를 구원하는 것으로 만족하지 않으십니다. 그는 더 많은 사람, 잃어버린 사람 **전부**를 보고 계십니다. 아브라함은 온 세상을 대가로 부름을 받거나 평화를 부여받은 것이 아닙니다. 오히려 아브라함이 세상을 위해 고난을 겪었습니다. 하나님은 아브라함의 희생을 통해 열방을 보셨던 것입니다. 이스라엘은 하나님이 열방과 광범위한 인류, 즉 하나님의 양 모두에게 자신을 나타내실 수 있도록 선택되었습니다. 하나님은 이스라엘의 희생을 통해 모든 사람에게 다가가시며, 예수님의 희생을 통해서도 온 세상에 다가가십니다. 그렇습니다, 예수님의 교회 역시 희생을 통해 세상에 복을 주게 되는 것입니다.

그러므로 우리는 자신을 바쳐야 합니다. 말하자면, 우리는 하나님이 자신의 양들을 찾도록 돕는 그의 지원군입니다. 안타까운 사실은 하나님이 일하실 수 있게 자신을 희생할 사람들이 많지 않다는 것입니다. 우리는 너무나 이기적이며, 특히 우리의 기독교가 그렇습니다. 우리는 오직 자신의 이익을 위해 하나님을 찾으며, 따라서 실제적인 싸움에 필요한 힘은 부족합니다. 우리는 마음을 정하지 못하기 때문에 하나님은 우리에게 의존하실 수 없습니다. 어떻게 이럴 수 있습니까? 수천 명이 조국을 위해 죽는데, 왜 우리 그리스도인들은 우리의 믿음을 위해, 온 백성의 아버지이신 하나님의 뜻을 위해 죽을 준비가 되어 있지 않습니까? 우리는 왜 이토록 이기적이며 망설이고 있는 것입니까? 우리는 다른 사람들을 위해 기꺼이 호의를 베풀지만, 그들이 우리의 편안한 삶을 방해하지 않는 한에서만 그렇게 합니다. 무엇이 문제입니까? 우리는 왜 비천하고 가난에 시달리는 하나님의 양들을 찾아야 한다는 하나님의 대의를 위해 열심을 내지 않습니까? 우리는 왜 자신을 하나님께 온전히 드리려 하지 않습니까? 우리는 왜 자신에게 일어날지도 모를 일에만 몰두합니까? 하나님의 대의를 위해 자신을 바칠 준비가 되어 있는 사람들이 어딘가에는 있을 것입니다.

*

사람들은 자신의 복을 위해 예수 그리스도의 피를 요구합니다. 그러나 그리스도의 보혈이 실제로 요구하는 것은 자신의 삶을 온전히 바치는 것입니다. 그러면 하나님의 나라가 임할 것입니다.

*

사도들은 우리에게 교리를 "가르친" 것이 아니라 예수님을 따르는 방법에 대한 지침을 주었습니다. 그들은 전장에서 우리를 가르쳤습니다. 그들의 가르침은 대중이 아니라 예수님의 제자인 우리에게 주어졌습니다. 장교와 사병에게 주어진 명령은 대중과 직접적인 관련이 없습니다. 마찬가지로 예수님의 가르침은 인류 전체에 그대로 적용될 수 없습니다. 그것은 너무 많은 것을 요구할 것이기 때문입니다. 그럼에도 불구하고 우리는 실제로 대중을 위한 메시지를 가지고 있습니다. 복음은 매우 단순합니다. 즉, "하나님을 경외하고 그를 공경하라. 현재의 자리에서 하나님을 위해 살라. 그의 은혜가 네게 주어졌다. 빛이 올 것이다. 위로를 받으라"는 것입니다. 복음은 의회처럼 사람을 지배하려 하지 않습니다. 오히려 복음은 "하나님의 대의가 선한 손에 있음을 확신하라. 우리에게는 온 백성을 위한 통치를 완수하실 위대한 왕이 계신다. 너는 하나님께 속한 자"라고 선포합니다. 이 단순한 통찰력이 대중의 마음을 파고들어야 합니다. "너는 하나님께 속한 자다. 아무도 그의 손에서 벗어날 수 없다"는 것입니다.

우리 그리스도인은 자신의 믿음을 담대히 선포할 만큼 용감하지 않습니다. 이것은 우리가 사람들에게 너무 많은 것을 기대하기 때문입니다. 우리는 "당신은 하나님께 속한 자이며 결코 그의 손에서 벗어날 수 없다"라는 단순한 메시지부터 선포해야 합니다. 그러므로 하나님께 속한 자가 있고 속하지 않은 자가 있다는 생각을 버려야 합니다. 이것이 진보입니까? 과연 하나님의 새로운 사역을 보여주는 징표라고 할 수 있습니까? 그렇습니다. 진보는, 비록 죄로 말미암아 하나님에게서 멀리 떠나 있다고 할지라도 온 세상을 붙잡는 것입니다. 하나님은 "그들은 내 것"이라고 말씀하십니다. 하나님이 그의 아들을 보내신 것은 그로 말미암아 온 인류에게 하나님의 치유하시는 은혜를 가져다주시기 위해서입니다.

＊

하나님은 모든 백성 중에 자신의 사역을 위해 적은 한 떼의 무리를 부르십니다. 하나님은 그들을 모든 불의에서 건져주시고 자신의 소유로 삼으십니다. 하나님은 누구를 대적하거나 심판하기 위해서가 아니라 모두의 유익을 위해 자신의 대의를 지상에서 옹호할 수 있는 지혜와 힘을 그들에게 부여하십니다. 이 무리에게는 모든 사람을 위한 중보 사역이 주어집니다. 그들은 "오늘 이후로 모든 것과 모든 사람은 하나님께 속해 있다"라는 복음을 고수할 것입니다.

＊

"성령으로 아니하고는 누구든지 예수를 주시라 할 수 없느니라"고전 12:3 사람으로서 할 수 없다면, 정죄해서도 안 될 것입니다. 그들은 아직 완성되지 않았으며, 여전히 비참한 자 중에 있을 뿐입니다.

＊

예수께서 제자들을 세상에 보내셨다는 사실은 새로운 세상을 열게 합니다. 하나님의 세상은 우리에게 익숙한 낡은 질서에 맞서 싸웁니다. 물론, 이 세상은 수천 년 동안 존재해 왔습니다. 게다가 하나님의 영원한 통치의 빛까지 비취었습니다. 그러나 세상은 여전히 거짓에 묻혀 있습니다. 하나님의 나라인 이스라엘조차 속 임수에 휩싸여 있습니다. 해안을 강타하는 거센 파도의 폭풍처럼, 인간적 주장과 거짓이 이스라엘을 집어삼켰습니다.

*

그러나 예수 안에서, 그리고 그의 추종자들을 통해 하나님의 세계가 새롭게 시작됩니다. 하나님은 이 어두운 세상의 파도에 맞서 주변에 사랑의 요새를 세우십니다. 이 요새는 결코 무너지지 않을 것입니다. 예수께서 그곳에 계시기 때문입니다!

예수님이 이 땅에 계실 때, 하나님 나라의 대기가 그를 둘러싸고 보호해 주었습니다. 국가 간의 폭풍, 인간의 본성과 사회적 성향, 전쟁과 유혈 사태, 인간의 사고를 지배한 사탄의 사상 등, 이 모든 것이 예수님을 제거하고 싶어 했으나 그렇게 할 수 없었습니다. 오늘날에도 이러한 것들은 예수님이나 그의 편에 선 신자들을 이길 수 없습니다.

*

우리는 교사, 과학자, 의사, 자선가들이 이룩해놓은 발전에 감사해야 합니다. 그러나 이 모든 발전은 전적으로 한 방향을 향하고 있습니다. 하나님께 등을 돌리는 문명이 무슨 유익이 있겠습니까?

*

"생명의 면류관"을 쓴 모든 사람은 실제로 보배로운 무엇을 소유한 자들입니다. 그러나 오늘날 사람들은 오직 자신을 위해, 온갖 하찮은 것들로 엮은 면류관을 만듭니다. 그들은 자신의 면류관을 잃게 될 것이 분명합니다. 예를 들면, 오늘날에도 군인들은 "면류관"을 잃고 있는데, 이것은 우리가 전쟁 영웅이 아니라 평화의 영웅을 갈망하기 때문입니다. 과학의 면류관이나 예술의 면류관도 퇴색할 것입니다. 그러나 하나님을 위해, 그리고 언젠가 동참하게 될 하나님 안의 생명을 위해 일어선 자들은 모두 영원한 면류관을 받게 될 것입니다. 하나님의 사람의 삶과 간증은 결코 사라지지 않을 것입니다. 알렉산더 대왕이나 이 세상의 모든 "위인들"은 자신의 면류관을 잃게 될 것입니다. 그러나 모세나 이사야나 베드로는 그렇지 않을 것입니다.

그러므로 인류를 위한 최고의 진보, 내적 본성의 진보를 위해 일합시다. 새로운 가르침을 전파합시다. 이 일에 최선을 다한다면 생명의 면류관을 받게 될 것이며 그만한 가치도 따르게 될 것입니다.

*

하나님의 나라는 재난처럼 갑자기 닥치지 않습니다. 그것은 서서히 올 것입니다. 세상 자체는 악하지 않습니다. 오히려 그것은 가공이 필요한 원자재와 같으며, 하나님이 그의 영을 통해 개발해 나갈 것입니다. 이 일을 위해 하나님은 생명에 관한 결정적인 말을 할 수 있는 사람들을 사용하십니다.

*

예수님은 세상의 빛이십니다. 그는 세상을 가르치는 교육자라고 할 수도 있습니다. 하나님에게서 오신 예수님은 모든 사람, 심지어 불의한 자들에게도 어떻게 말하고 관계를 맺어야 하는지 아십니다. 그러므로 우리는 무엇보다도 먼저 삶에 대한 가르침을 받아야 합니다. 그리스인은 예술과 과학에 대한 교육을 받았으며, 로마인은 통치에 대해 배웠습니다. 그러나 둘 다 진정으로 만족할 수 있는 삶에 대해서는 알지 못했습니다. 하나님의 백성은 개인의 삶뿐만 아니라 형제의 삶이나 공동체의 삶도 이해해야 합니다. 그들은 우리가 세상에 존재하는 이유, 무엇이 옳고 참된지를 알아야 합니다. 이 땅의 삶이나 피조세계 자체는 그리스도 안에서 새로운 성격과 의미를 부여받게 됩니다.

그러나 오늘날에는 인생의 의미에 대해 알지 못하는 그리스도인이 얼마나 많은지 모릅니다. 무수히 많은 사람이 다음 세상을 위한 준비에 열정을 쏟지만, 이 세상에서는 하나님의 빛을 나타내지 못합니다. 그들은 "그의 기이한 빛에 들어가게 하신 이의 아름다운 덕"^{벧전 2:9}을 잃어버렸습니다. 우리에게 필요한 것은 이 아름다운 하나님의 덕을 입은 그리스도인입니다. 세상은 "당신은 무엇을 믿는가?"라고 묻지 않고 "당신은 어떻게 사는가?"라고 묻습니다. 그들은 이 세상에서 다른 길을 찾고 있습니다

우리가 할 일은 생계유지나 상거래를 포함하여 우리가 하는 모든 일에서 하나님의 방법을 찾는 것입니다. 우리는 동전 한 푼에 얽매이거나 직업의 노예가 되어서는 안 됩니다. 우리는 사람들이 자유를 찾을 수 있게 도와줌으로써 아무도 착취당하지 않게 해야

합니다. 아무리 비천하고 짓밟힌 자나 억압당하는 자라 할지라도 하나님의 백성이기 때문입니다. 우리는 각 사람이 이 땅을 위한 하나님의 계획에 부합한 삶을 살 수 있도록 자유를 부여해야 합니다. 모든 사람은 하나님을 반영하는 축소판으로 부르심을 받았습니다. 우리는 참으로 행복을 발견할 수 있는 곳에서, 즉 우리의 일상에 나타난 하나님의 덕에서 행복을 찾을 때가 올 것입니다.

*

진정한 인간이 되는 것은 우리의 힘으로 되는 것이 아닙니다. 그러기 위해서는 예수님의 힘이 필요합니다. 그리스도를 따르는 자들은 이 일에 전적으로 헌신해야 합니다. 교회는 자신을 통해 하나님의 능력이 드러나는 사람들로 구성됩니다. 하나님의 백성은 인간적 능력을 포기한 자들입니다. 그들의 하나님이 그들의 힘이 되십니다. 하나님의 백성은 사방에서 공격을 받고 "심한 압박"을 받을지라도 하나님의 힘으로 말미암아 압도당하지 않습니다. 하나님의 백성은 다른 사람들처럼 두려움이 엄습할 때가 있지만, 낙심하지 않습니다. 그들이 그리스도의 인을 지닌 것은 부활을 드러내기 위해서입니다. 그들이 고통을 겪는 것은 오직 더 크고 무한한 능력이 세상에 들어올 수 있게 하기 위한 것입니다. 부활은 계속되며, 그리스도를 온전히 따르는 모든 자에게서 드러나고 있습니다.

*

우리는 소망이 있는 교회, 하늘의 권능을 세상에 흘러 들어오게 하는 교회가 되어야 합니다. 우리는 하나님의 최종적 나라를 기다리는 문지기입니다. 우리는 위대한 일을 위해 부름을 받은 것이 아니라, 주를 섬기는 작은 일을 하라는 부름을 받았습니다. 우리는 문지기가 되어 문 앞에 서 있는 것만으로도 부르심에 부응한 것입니다. 참된 파수꾼은 실제로 많은 문이 열려 있다는 사실을 알고 있습니다. 그들은 구주께서 다가오고 계심을 보며, 그들의 마음과 영혼에는 명확한 진리가 자리 잡고 있습니다. 그들은 이생의 슬픔과 고통 속에서도, 어떻게든 이해하는 마음을 가집니다.

문지기로서 우리는 주께서 가까이 다가오심을 알기 때문에, 인내로 기꺼이 기다릴 수 있습니다. 기다리다 보면 시간이 빨리 지나갑니다. 우리는 깨어 지키는 동안 기도해야 합니다. 많은 그리스도인은 구주의 재림을 위해 기도하는 것이 어리석은 일이라고 생각합니다. 그가 오실 시간이 이미 하늘에서 정해져 있는데 왜 기도하느냐는 것입니다. 그러나 이 문제에 대해서는 어리석은 자가 되기를 바랍니다. 우리는 문지기로서 "주 예수여, 어서 오시옵소서"라고 기도하지 않을 수 없습니다. 우리는 기도해야 합니다. 아무도 우리가 주님의 재림을 위해 기도하는 것을 막을 수 없습니다. 결코 그렇게 하지 못할 것입니다.

*

복음은 하나님 나라의 도래를 선포합니다. 하나님은 인간사에 개입하고 계십니다. 비록 날마다 일어나는 하나님의 개입은 완성되지 않았지만, 다가오는 그의 나라가 절정에 이를 것이라는 사실은 고무적입니다.

장차 도래할 하나님의 새 시대는 복음을 마음에 품은 자, 하나님의 통치가 실제로 임할 것을 확신하는 모든 사람을 위해 시작됩니다. 복음은 단순히 새로운 시대에 관한 이야기를 들려주는 것이 아니라 그것을 보여줍니다. 그것은 이미 죄 사함이 이루어졌으며, 위로부터 오는 현재적 도움을 경험할 수 있다는 사실을 보여줍니다. 복음은 하나님의 임재에 대한 선포일 뿐만 아니라, 그것을 선포하는 자들이 복음에 합당한 삶을 살 수 있게 하는 능력입니다. 예수 그리스도의 동반자인 신자들은 자신의 행동으로 하나님 나라의 미래를 보여줍니다. 그들은 온 몸을 던져 그의 나라를 뒷받침합니다. 그들은 뒤를 볼아보거나 옆을 쳐다보지 않고 오직 앞만 보고 전진할 것입니다. 그들이 확신하는 한 가지 사실은 "우리는 하나님의 나라가 최종적으로 어떻게 될지는 모를지라도, 예수께서 주가 되신다는 사실은 안다"는 것입니다.

*

많은 사람은 오늘만 생각합니다. 그들은 내일 죽을 것이니 오늘 "평안히 쉬고 먹고 마시고 즐거워하자"고 말합니다. 성경은 그들을 "부자"라고 부릅니다.눅 6:24; 12:16-21 그들은 쉽게 얻을 수 있고 쉽게 사라져 버리는 온갖 쾌락을 탐닉합니다. 따라서 하나님이 그의 양식을 가지고 오실 때, 그들은 이미 자기 양식으로 배부른 상태입니다. 그러나 "가난한 자"는 더 나은 것, 더 고상한 것을 생각하며 그것을 위해 최선의 노력을 기울이다가 마침내 도움은 오직 하나님에게서 온다는 사실을 깨닫게 됩니다. 이처럼 가난한 자, 곧 심령이 가난한 자는 복이 있습니다. 왜냐하면 천국이 이런 자들의 것이기 때문입니다.눅 6:20; 마 5:3

우리는 이런 의미에서 "가난한 자"가 필요합니다. 마치 이 땅에는 하나님이 안 계신 것처럼 부르짖는 그들이 필요하다는 것입니다. 하나님은 이 가난한 자들의 부르짖음을 잊지 않으십니다. 그들은 지상에 있는 그의 백성입니다. 하나님은 이 땅에 가난한 자를 그치지 않게 하실 것입니다. 그들이야말로 하나님의 나라를 건설하기 위해 필요한 자들이기 때문입니다. 하나님은 고귀한 영혼을 가진 사람을 보호하십니다. 하나님은 그들의 인생 행로가 부자의 길로 들어서지 않게 하십니다. 높은 마음을 품은 위선적인 그리스도인과 달리, 그들은 하나님께 부르짖으며 하나님을 인간과 연결하는 '하나님의 가난한 자'에 속합니다.

오늘날 많은 그리스도인이 성경이나 종교적 체험에 심취해 있지만, 그들의 열정은 일시적이며 진실하지도 않습니다. 여러분이 이 부유한 그리스도인 중에 하나가 아니라면 하나님께 감사하십시오. 신음하고 탄식해야 할 상황이라면 믿음으로 그렇게 하십시오. 진정 부자가 될 것입니다. 확실히 탄식과 신음은 여러분을 부유하게 할 것입니다. 비파에 맞추어 헛된 노래를 지절거리는 안일한 기독교는 수많은 사람이 비참하게 살다 가는 세상, 살인, 거짓, 잔인함, 탐욕, 시기로 파멸된 세상, 나라들이 서로를 멸망시키는 세상과 무관합니다. 우리의 부르짖음은 간절하고 열정적이어야 합니다. 우리는 하나님의 임재와 능력에 굶주리고 구주의 오심에 굶주리며 성령께서 우리의 교사와 인도자가 되시기를 갈망하는 가난한 백성이 되어야 합니다.

하나님의 풍성한 은사의 복을 받으신 구주도 가난한 자들과 함께하셨습니다. 그는 가난한 자 중에 가난한 자가 되어 "나의 하나님, 어찌하여 나를 버리셨나이까?"라고 부르짖었습니다.마 27:46 이러한 부르짖음은 우리가 하나님께 나아가는 길이며, 하나님이 우리에게 다가오시는 길입니다. 우리가 일시적인 해법만을 제공하는 다른 수단에 의존하는 한, 이 세상의 모든 왜곡된 것을 바로잡는 데 필요한 능력을 위로부터 부여받지 못할 것입니다. 하나님 나라의 한 조각만으로는 충분하지 않으며, 평범한 개선은 도움이 되지 않습니다. 부분적 기독교, 부분적 가르침이나 설교, 적당한 위선적 실천은 아무런 도움이 되지 못합니다. 하나님의 온전한 통치가 지상으로 내려와야 합니다. 그리스도는 절대적인 존재이십니다. 과학이나 기술이나 "진보"는 매우 고무적이지만, 성령의 역사는 아닙니다. 새로운 세상은 우리가 전적으로 가난해질 때만 올수 있습니다. 하나님의 나라가 발전하기 위해서는 "오직 하나님"이라는 부르짖음만 필요합니다. 많은 사람은 완전히 새로운 사회질서를 원하며, 그것을 위해 온 정성과 마음을 다합니다. 이 개혁가들은 큰 기대를 품고 있습니다. 그러나 성공한 다음에는요? 일련의 새로운 법이 도움이 될까요? 아닙니다. 우리에게 필요한 것은 하나님이 보좌에 앉으시는 것입니다. 하나님이 우리 안에서 더

자유롭게 다스리셔야 합니다. 그렇게 되면 세상 혁명가들의 부르
짖음도 결국 하나님을 섬기게 될 것입니다. 가난한 자는 온 세상
을 위해 부르짖습니다. 그들의 부르짖음은 하나님의 통치가 이 땅
에 임하게 하며, 궁극적으로 온 세상은 하나님의 나라를 위한 일
외에는 한 손가락도 움직이지 않을 것입니다. 가난한 자들의 영향
력이 부자들의 힘보다 훨씬 큰 날이 올 것입니다. 그들은 하나님
의 통치를 불러올 자들입니다.

*

하나님은 깨어진 그릇에 성령을 부으십니다.

*

하나님의 진정한 종은 누구입니까? 세상의 비극으로 인해 부르
짖는 사람입니다. 고대의 예언자들은 가난한 자의 편에 섰습니다.
예수님도 가장 낮고 비천한 심연에서 하나님께 부르짖기 위해, 말
과 능력에 있어서 특별한 방식으로 인간이 되셨습니다. "나의 하
나님 나의 하나님 어찌하여 나를 버리셨나이까?" 하나님의 통치는
자기 부인에서 시작되며, 자기 부인은 가난한 자에게로 마음을 돌
리는 순간, 즉 구주의 낮은 길을 걸을 때 시작됩니다.

*

예수님은 죽을 수밖에 없는 육신을 회복하는 것 이상의 힘을
주십니다. 그는 공의와 평화의 하나님 나라가 도래할 "그날"을 위
해 일하십니다. 그러나 우리는 그날의 주님을 믿기보다 육신의 건
강으로 만족합니다. 그렇다면 하나님의 기적은 어떤 의미가 있습

니까? 하나님의 통치가 임박함을 보여주는 것이 아니겠습니까? 확실히 하나님은 우리에게 도움을 주고 싶어 하시지만, 그것은 이 땅에서의 삶만을 위한 것이 아닙니다. 그러므로 현재를 넘어 하나님의 미래를 바라보아야 합니다.

*

종종 이 땅에서 공의나 의로움을 찾아보기 힘들 때, 우리는 그것에 굶주리고 목말라 합니다. 그러나 굶주림은 고통을 초래합니다. 배고픔과 목마름은 오래 참을 수 없습니다. 굶주린 사람이 먹을 음식에 대한 희망을 발견하지 못하면 잔인해질 수 있습니다. 공의가 사라지면 사람들은 영적으로 무감각해지고 하나님을 저버립니다. 그러므로 불신이 그처럼 많은 이유 중 하나는 사람들이 굶주림에 지쳤기 때문입니다. 확실히 불신자는 비인간적인 존재가 아닙니다. 오히려 그들은 종종 고상할 때가 있습니다. 우리 믿는 자는 그런 불신자들을 불쌍히 여겨야 합니다. 그들은 공의의 결핍으로 멸망해 가고 있습니다. 그들은 종교와 신앙은 보면서도 공의는 보지 못해 하나님에 대한 믿음을 잃어버린 것입니다.

대부분 종교인은 공의에 굶주려 있지 않습니다. 사실, 그들은 공의의 필요성을 전적으로 무시하고 싶어 합니다. 그들은 만족한 것처럼 보이지만 사실상 심한 갈증을 느끼며, 이것은 다른 사람들에게 상처가 됩니다. 그러나 우리는 하나님 나라의 공의에 굶주려야 합니다. 모든 것이 바로 잡혀 있지 않다면, 우리는 갈급할 수밖에 없습니다. 그래야만 불신자가 우리를 업신여기지 않고 우리에게 기대할 것입니다. 우리의 메시지는 "교회로 오세요. 함께 굶주립시다. 함께 부르짖고 하나님의 나라를 위해 함께 기도합시다"가 되어야 할 것입니다.

예수님만이 우리의 "굶주림"을 채워 주실 수 있습니다. 그러나 우리의 배고픔을 채우고 싶다면, 하나님의 심판을 받아들일 준비가 되어 있어야 합니다. 여러분이 공의를 원한다면, 심판을 헌신의 일부로 받아들여야 합니다. 예수 그리스도는 이미 산 자와 죽은 자의 심판자이십니다. 내가 그리스도를 위해 산다면, 그의 심판을 예상해야 합니다. 그러나 그의 심판은 우리에게 유익합니다. 예수님이 나타나실 때 우리는 지금보다 훨씬 더 가난해질 것입니다. 왜냐하면 우리의 죄가 온전히 빛 속에서 드러날 것이기 때문입니다. 그가 나타나실 때 우리는 우리 안에 있는 악의 실상을 보게 될 것입니다. 선하지 않은 것은 무엇이든 그의 빛 안에서 드러날 것입니다. 그동안 우리는 자신의 많은 죄에 대해 "외면"해 왔으나, 더 이상 그렇게 할 수 없을 것입니다. 하나님의 말씀은 심판을 가져오지만, 사랑도 가져옵니다. 자신의 더러움이 드러날 때 하나님을 찬양하시기 바랍니다. "주 예수여, 우리의 악이 더 이상 감춰져 있지 않도록 빛으로 오소서." 자신의 타락한 모습이 드러나야만 도움을 받을 수 있습니다. 그러나 우리는 먼저 "배고픔"을 느껴야 합니다. 굶주린 자만이 배를 채울 수 있기 때문입니다. 의에 주린 자가 복이 있다는 것은 도움을 받을 것이기 때문입니다.마 5:6

그러나 누구든지 배고픔을 해결하려면 입을 벌려 음식을 씹어야 한다는 사실을 기억해야 합니다. 우리의 노력이 없다면 배고픔을 채울 수 없을 것입니다. 물론 모든 것이 은혜지만, 우리가 음식을 씹을 수 있는 입이 있다는 것도 은혜입니다. 우리가 불의에 맞서 싸우기 위해 스스로 음식을 먹을 힘이 없다면, 그저 가만히 누워서 하나님이 떠먹여 주시기만 기다린다면, 우리는 불의한 잠을 자게 될 것입니다. 하나님의 의를 구하는 자는 잠들지 않습니다. 그들은 선을 위해 견고한 믿음으로 불철주야 싸웁니다. 구주는 지칠 줄 모르는 조력자들을 찾아오십니다. 공의에 대한 굶주림을 채우려면 노력이 필요합니다. 그럴 때만 자신이 전능하신 구주 편에서 할 수 있는 일을 보게 될 것입니다.

✳

낮은 자리에 있는 사람들이 우리의 천사가 되기도 합니다. 이 땅에서 멸시당하는 사람들은 사실상 우리를 돕기 위해 이곳에 있습니다. 평소에 말이 없는 사람이 때로는 가장 중요한 말을 할 수 있습니다. 하나님은 나의 여정에 비천하고 버림당한 한 사람을 보내셨는데, 그는 부지중에 나에게 꼭 필요한 말을 들려주었습니다. 평소 같으면 그 말을 듣는 순간, "그가 나에게 무슨 할 말이 있다는 것이지?"였을 것입니다. 그러나 나는 그때 내가 하나님의 음성을 무시하고 있다는 사실을 깨달았습니다. 때때로 하나님은 사고를 막기 위해, 또는 우리의 성품을 다듬기 위해 누군가를 우리의 길에 두십니다. 우리는 항상 들을 준비가 되어 있어야 합니다. 신하의 입을 막아 큰 곤경에 처한 왕이 얼마나 많은지 모릅니다. 그들은 자존심이 너무 강해서 경청하지 않으며, 워낙 교만하고 어리석어서 하찮은 말로 치부합니다. 부디 낮은 자리에 있는 사람들을 환영하고 그들의 말에 귀를 기울이시기 바랍니다.

하나님의 나라는 결국 낮은 자리에 있는 무명의 사람들, 멸시당하고 버림받은 사람들을 통해 세워질 것입니다. 오, 그날에는 이 세상의 큰 자와 강한 자들이 마치 전쟁이 끝난 후의 전리품처럼 하나님의 손에 들어올 것입니다. 그들은 하나님의 나라가 하나님의 사랑과 계시를 체험한 낮고 천한 자를 통해 세워진다는 사실을 깨닫게 될 것입니다.

*

그리스도인으로서 여러분은 아무것도 성취할 수 없습니다. 여러분은 단지 복음을 믿고 그것에 합당한 삶을 살기만 하면 됩니다. 나머지는 모두 구주께서 돌보실 것입니다.

*

예수 그리스도를 믿는 사람은 이 땅에 있는 하나님의 성전입니다. 이 성전은 거룩함이 충만하며, 이 땅에서 하나님의 권위를 받아들이고 그의 진리에 신실한 사람들로 구성됩니다. 이런 성전이 없으면, 하나님 나라가 분명하게 드러나기 어려울 것입니다. 선지자들과 사도들이 정결한 성전을 위해 그토록 열심을 낸 것도 이 때문입니다. 우리가 어찌 깨끗하지 않은 마음으로 이 성전에 들어와 앉을 수 있겠습니까! 우리가 어찌 감히 하나님의 거룩하신 뜻을 꺾을 수 있겠습니까! 하나님의 성전에서 사람들은 어떤 일이 닥쳐도 담대히 하나님의 뜻을 행합니다. 그들은 자신 안에서, 자신에 대해, 그리고 자신에 맞서 단호히 싸웁니다. 그들은 세상을 사랑하지만, 하나님의 거룩한 사랑으로 그리스도의 정결을 위해 이를 악물고 싸움으로써 어떤 권위도 지상에서 하나님의 나라를 대표하는 자들의 영역에 들어오지 못하게 합니다.

*

그리스도를 따르는 자는 거짓 영향력이 자신의 마음에 들어오는 것을 막아야 합니다. 오늘날 우리의 주의를 끄는 것들이 얼마나 많이 몰려드는지 모릅니다. 과학, 예술, 새로운 발명과 아이디어, 다양한 관습과 전통은 모두 나름의 가치와 임무를 가지고 있습니다. 우리는 이러한 것들이나 우리가 고안한 많은 유익한 것들을 굳이 거부하지 않아도 됩니다. 다만 우리는 이러한 것들 속에 들어 있는, 우리의 삶을 장악하고 지배하려는 정신을 대적하고 근절해야 한다는 것입니다.

*

예수님을 주로 영접한 자는 모든 것을 탈피해야 합니다. 그래야 하나님의 진리의 세계에 들어갈 수 있습니다. 인간의 선은 충분하지 않습니다. 인간의 탁월함도 마찬가지입니다. 예수님은 하나님을 위해 온전히 거룩하게 된 자, 그의 뜻에 완전히 몰입된 사람을 필요로 하십니다. 이것은 세상을 떠나야 한다는 말이 아닙니다.

아니, 우리가 세상에 온 것은 목적이 있어서입니다. 그것은 바로 모든 것이 대립하고 있는 그곳으로 들어가기 위해서라는 것입니다. 하나님의 사랑은 세상과 세상의 필요를 받아들입니다. 그러므로 세상은 예수님의 제자들을 통해 심판을 받을 것입니다. 거짓된 것은 무엇이든 드러날 것입니다. 무엇보다도, 그리스도의 제자는 세상을 포기하지 않아야 합니다. 결단코 그래서는 안 될 것입니다! 그들은 하나님의 사랑으로 세상을 사랑해야 합니다. 하나님은 세상이 죽고 끝이 나서 완전히 새로워지기를 원하십니다.

*

성경과 하나님과 그리스도에 대해 같은 관점을 가지고 있다는 이유만으로 하나님의 백성으로 하나가 되는 것은 아닙니다. 우리는 자신이나 자신의 사상이 아니라 하나님께 사로잡혀 있어야만 그의 백성이 될 수 있습니다. 하나님은 우리에게 관심이 있으시지만, 우리가 생각하는 방식에는 관심이 없습니다. 그리스도는 우리의 죄를 용서하시고 우리에게 복을 주시기 위해 오셨지만, 한편으로는 전적으로 하나님의 편에 서서 하나님을 위한 세상을 얻기 위해 온몸을 바쳐 신실하게 싸울 무리를 찾으러 오셨습니다.

*

훌륭한 그리스도인은 많지만그들은 분명 천국에서 한 자리를 차지할 것입니다, 그들은 하나님을 위해 잠시도 시간을 내지 못합니다. 오! 그들은 원하는 것이 너무 많습니다. 그들은 건강해지고 싶어 하거나 부유해지고 싶어 하거나 행복해지고 싶어 하거나 아버지와 어머니와 함께 있고 싶어 합니다. 그들은 죄사함 받기를 원합니다.

그러나 그들은 사실상 하나님의 나라에 대해 알지 못합니다. 그들은 현세의 삶과 영원한 삶이 뒤섞인 혼동 속에서 살고 있습니다. 예수님은 한 순간 그들의 주가 되셨다가 즉시 다른 어떤 것이 되십니다. 그들은 잠시 그를 따라가다가 즉시 자기 길로 돌아갑니다. 우리가 참으로 예수님의 제자가 되기를 원한다면, 생명을 바쳐야 합니다.

*

우리는 악 자체를 두려워할 필요는 없지만, 이 악이 진리와 섞이는 것을 두려워해야 합니다. 모든 것이 위험해지는 순간은 바로 그때입니다. 에덴동산에서 뱀은 마치 자기가 하나님에게서 온 것인 양 말했습니다. 그의 전술은 간교하고 교활했습니다. 가장 위험한 사람은 하나님의 일을 하고 싶어 하는 것이 아니라 자신의 "선한" 일을 하고 싶어 하는 자입니다. 그들은 하나님과 그의 길에서 벗어나 방황합니다. 모든 유혹의 근원은 바로 여기에 있습니다. 육신의 눈에는 좋아 보여도 "우리의 눈을 감겨" 하나님의 진정한 피조세계를 인식하지 못하게 하는 문화가 생겨날 수 있습니다. 이런 문화는 우리의 귀를 막아 하나님의 참된 말씀을 듣지 못하게 합니다. 심지어 고상하고 정직한 사람들조차 "하나님을 이해할 수 없습니다. 도대체 당신이 무슨 말씀을 하고 있는지 모르겠습니다"라는 반응을 일으키게 합니다. 많은 사람이 종교의 필요성을 느끼지만, 주변 문화에 눈이 멀어 있습니다. 하나님께서 우리의 눈과 귀를 열어 주셔서 하나님의 말씀을 다시 받을 수 있게 해

주시기를 위해 기도해야 합니다. 그래야만 진짜와 가짜를 구별할 수 있습니다. 오직 그럴 때만, 갈급한 자들에게 하나님의 참된 말씀을 전할 수 있을 것입니다.

*

예수님이 우리에게 무엇을 기대하시는지 알았을 때, 우리는 속으로 "나는 할 수 없다. 아무도 그 일을 할 수 없다"고 생각하는지 모릅니다. 그것은 맞는 말입니다. 아무도 할 수 없습니다! 그러므로 우리는 완전히 다른 사람이 되어야 합니다.

*

세상적 사고가 교회 안으로 들어옴으로써, 교회는 어두움과 거짓의 마귀와의 싸움에서 거의 힘을 잃었습니다. 교회 안에서 "누가 주인인가? 예수님이신가, 세상인가?"라는 질문에 대한 확고한 결단을 내리지 않는 한, 하나님의 나라를 향한 진정한 승리는 요원할 것입니다.

이 질문에 대한 답은 내면에서 이루어집니다. 우리 각 사람 안에는 갈등이 존재합니다. 마치 우리 안에서 하나님을 갈망하는 영과 이기적인 욕망을 따르는 영이 싸우는 것 같습니다. 마음에 이러한 싸움이 있다면 하나님께 감사하시기 바랍니다. 여러분이 육신과 그것의 욕망에 맞서 싸우는 순간, 모든 것이 잘 될 것입니다. 예수님이 승리하실 것입니다. 그는 여러분 안에 하나님을 대적하는 모든 것을 정복하실 것입니다. 그러나 이 승리는 그것으로 끝나지 않습니다. 예수님은 한 걸음 더 나아가 교회 속에 침투한 모든 것을 파괴할 것이며, 거기서부터 세상을 정복할 것입니다. 그의 빛이 눈에 보이는 세상과 보이지 않는 세상, 산 자와 죽은 자, 모든 곳에 비칠 것입니다.

*

예수님의 가장 가까운 사람들 중에서, 돈궤를 맡은 자는 예수님을 배반한 유다였습니다. 이 상황에서 구주는 어떻게 하셨어야 할까요? 예수님은 왜 유다의 손에서 돈궤를 빼앗지 않았을까요? 그것은 유다 스스로 던져야 했기 때문입니다! 구주께서는 결코 손을 대지 않았습니다. 오히려 그는 모든 상황을 바라만 보고 있었습니다. 우리 같았으면, 그를 비난하거나 무시하거나 모욕을 주었을 것입니다. 모든 왕은 그렇게 할 수 있습니다. 그러나 구주께서는 그렇게 하지 않았습니다. 구주께서 무력으로 장애물을 제거하지 않으신 것에 대해 하나님께 감사하고 찬양합시다. 그는 우리의 영웅이 아니라 우리의 구주십니다. 예수님은 죄인들을 처벌하려고 오신 것이 아니라 구원하기 위해 오셨습니다. 예수님은 유다조차 거부하지 않았습니다. 그는 둘 사이의 "끈"이 끊어지도록 내버려 두지 않았습니다. 예수님은 배반당하신 후에도 유다를 사랑으로 품었습니다. 사람들이 생각하는 것처럼 유다가 영원히 멸망했다면, 예수님은 그를 자신에게서 밀어냈을 것입니다. 하지만 예수님은 그렇게 하지 않았습니다. 예수님은 여전히 유다의 구주시자 왕이셨던 것입니다.

*

예수 그리스도의 제자들은 한 백성이 되어 한 왕 아래 모여 있어야 합니다. 그러나 이런 경우는 극히 찾아보기 힘듭니다. 우리는 하나님을 섬기는 사람을 여기서도 보고 저기서도 보지만 그들이 한곳에 모이는 순간, 그들은 주님을 외면하고 서로 시기하고 질투하기 시작합니다. 그들은 자신과 자신의 은사와 소명에 사로잡히게 됩니다. 그러나 좋은 의도에도 불구하고 원래적 전통으로부터의 분리가 일어나고, 시간이 지남에 따라 점차 더 악화됩니다. 이어서 다른 전통이 발전하게 되며, 결국 기독교 신앙의 일부로 굳어집니다. 이것은 매우 안타까운 일입니다.

그러므로 하나님이 우리를 하나 되게 하시는 왕으로서 구주를 다시 중심에 두실 때마다 큰 복이 아닐 수 없습니다. 정직한 그리스도인이라면 오직 예수님만 섬길 것이기 때문입니다. 우리의 전통은 부산물에 불과합니다. 사실상 이러한 전통들은 우리가 왕을 사랑하는 마음으로 그만 섬기지 않는 한, 아무런 가치가 없을 것입니다. 하나님은 자신의 백성이 서로 평화롭게 지내기를 원하십니다. 그러므로 장벽을 허뭅시다. 그리고 오직 유일하신 하나님만 섬깁시다.

*

우리는 예수님 아래에 연합되어 있습니다. 예수님은 그만큼 높이 계신 분이십니다. 그러므로 어떤 교파나 개인도 "예수님은 우리 것"이라고 주장할 수 없습니다. 다른 사람들이 전부 나와 같은 생각이나 감정이나 신념을 갖기를 기대한다면 결코 하나가 될 수 없습니다. 우리는 오직 모든 사람이 한 분이신 주님께 순종할 때만 연합할 수 있습니다. 이 주님은 모든 사람 -모든 계층, 모든 직업, 모든 인종- 에 속해 있습니다. 그는 모든 개인에게 "가장 가까운 분"이 되십니다. 우리가 그를 우리 모두보다 높으신 유일한 분으로 받아들일 때, 우리는 한 백성이 될 것입니다. 예수님만 다스리셔야 합니다. 그렇지 않은 한, 우리는 무익한 종이 될 것입니다.

6. 십자가의 길

우리는 하나님 앞에서 침묵하며 기다리는 법을 배워야 합니다. 하나님의 이름으로 소리를 높이는 것만으로는 어떤 진전도 가져올 수 없습니다. 호들갑을 떠는 자는 십자가를 무시하는 것일 뿐만 아니라 곧 기진맥진하고 맙니다. 노아 시대 이후 모든 사람은 침묵하는 법을 배워야 했습니다. 수많은 사람이 "나는 주님께 속한 자"라고 선포했지만, 세상은 거들떠보지 않았습니다. 예수님은 제자들에게 "온 천하에 다니며"막 16:15라고 말씀하시면서 마지막에 "너희와 항상 함께 있으리라"마 28:20고 말씀하셨습니다. 이것은 "너희 손에 달린 일이 아니니 내가 할 것"이라는 뜻입니다.

그러므로, 자신의 나팔을 불지 마십시오! 새로운 운동이나 분파를 시작하고 싶다면 계속해서 큰 소리를 내십시오. 유명해지고 싶은 자도 그렇게 하십시오. 그러나 하나님의 나라를 찾고자 한다면, 조용히 십자가 앞에 서십시오. 하나님의 나라는 우리의 분투로 임하는 것이 아닙니다. 그 일은 오직 하나님만이 하실 수 있습니다. 우리가 바라고 기대하는 것은 조금 더 개선된 사회가 아닙니다. 우리는 그것을 위해 일하지 않습니다. 우리에게 거룩한 인을 찍어 주시고 우리 안에 있는 참되고 진실한 것을 고상하게 하실 수 있는 분은 오직 하나님뿐이십니다.

여러분의 개인적인 삶 역시 차분해야 합니다. 과장하지 않도록 조심하십시오. 또한 영적인 문제나 종교적 문제에 대해 너무 떠들지 마십시오. 자신에 대해서도 지나치게 많은 생각을 하지 마십시오. 자신에 대해 몰두하게 되면 자연히 말이 많아지고 결국 우리의 구원을 자신의 손에 맡기게 될 것입니다. 우리는 자신이 하나님께 속한 자라는 사실을 알고 차분히 대처하는 사람들이 필요합니다. 열정적이고 치열한 생각과 사상으로는 결코 하나님이 하시는 일을 엿볼 수 없습니다. 신령한 일은 눈에 드러나지 않게 들어옵니다. 성령을 통해 우리의 마음속에 진리를 불어넣어 주시는 분은 하나님이십니다. 이 진리는 마치 호흡처럼, 우리 안에서 저절로 흘러나올 것입니다.

*

세상의 필요는 예수 그리스도의 교회를 찾아오게 되어 있습니다. 예수님은 십자가에서 우리의 질고를 대신 지셨으며, 이러한 예수님의 모범은 그의 교회에도 그대로 적용됩니다. 예수님을 따르고자 하는 사람들에게도 이 세상의 고통이 찾아옵니다. 그러나 그들은 불신자와 달리 고통에 굴복하지 않고, 묵묵히 인내하며 죄의 격렬한 공격을 극복합니다. 그로 인해 세상은 점점 더 밝아지고 세상 사람은 물론 예수님을 따르는 자들에게도 더욱 편한 세상이 됩니다. 그러므로 우리는 "오 하나님, 이 고통에서 건져주소서!

내가 왜 이 고통을 당해야 하는지 알 수 없습니다. 나는 항상 옳은 일만 추구했습니다. 나는 항상 기도하지 않았습니까? 그런데 지금 악이 마치 세상을 공격하듯이 나를 공격하나이다!"라고 말해서는 안 될 것입니다. 아니, 우리가 세상의 고통을 짊어져야 합니다. 우리는 결국 이 짐을 짊어질 수 있을 것입니다. 왜냐하면 예수님이 우리 안에서 승리자가 되시고, 그의 고통을 통해 인간을 억압하는 악을 정복하실 것이기 때문입니다.

우리는 세상을 구원하라는 부름을 받았습니다. 우리는 결코 세상의 삶과 고통을 외면함으로써 자신을 세상과 분리하는 일을 해서는 안 될 것입니다. 그렇게 하는 자는 나무에서 꺾인 가지와 같습니다. 꺾인 나뭇가지는 잠시 푸르름을 유지하지만 이내 시들고 맙니다. 인간의 생명나무가 아무리 암 덩어리 같은 존재라 할지라도 우리는 그 나무와 연결되어 있어야 합니다. 결국에는 모든 슬픔이 사라지겠지만, 여러분은 그때까지 남아 있지 못할 것입니다. 여러분은 여러분 속에 영원한 것을 지니고 있어야 합니다. 언젠가는 그것이 이 세상의 악을 극복할 것입니다.

그러나 우리의 임무는 세상의 고통을 짊어지는 것 이상이어야 합니다. 우리는 예수님 때문에 멸시받을 각오가 되어 있어야 합니다. 구주는 십자가를 지실 때 억울한 누명을 쓰고 철저히 버림당했습니다. 우리는 모두 자기 십자가를 지고 이러한 구주의 고통을 짊어져야 합니다. 이것은 사실상 그를 따르는 자들이 겪어야 할 유일하고 실제적인 고통입니다. 우리는 그의 십자가를 짊어지고 "예수로 인해 사람들의 조롱과 핍박을 받는 우리는 복되도다"라고 말해야 할 것입니다. 지금이야말로 이 싸움을 시작할 때입니다. 하나님의 나라를 구하는 우리는 기꺼이, 그리고 기쁜 마음으로 "버림받은 자"로 불려야 할 것입니다. 싸움이 없이는 어떤 새로운 것도 올 수 없으며, 우리는 이 싸움에 목숨을 걸어야 합니다. 그러나 안심하십시오. 예수님 때문에 당하는 고난은 반드시 좋은 열매를 맺을 것입니다. 십자가의 고난은 언제나 하나님 나라의 도래를 앞당깁니다. 만일 우리가 사람들이 멸시하고 핍박할 때 함께 맞서 싸운다면 우리에게 화가 있을 것입니다. 그들은 어쩔 수 없습니다. 그들은 그 이상 알지 못합니다. 우리는 세상을 용서하고 그것이 부과하는 짐을 인내하며 견뎌야 합니다.

*

그리스도께서 우리와 함께 계시기 때문에 우리는 누구도 무시해서는 안 됩니다. 우리는 죄인들을 위해 눈물을 흘릴 수 있어야 하지만, 그들에게 화를 내거나 강경한 자세를 취하거나 비난해서는 안 됩니다. 그리스도께서 우리 안에 계신다면, 우리는 군중과 함께 고난을 받으며 "아버지여 저들을 사하여 주옵소서 자기들이 하는 것을 알지 못함이니이다"라고 부르짖을 수밖에 없습니다.

육신을 입은 그리스도는 날카로운 이빨도 없고 뿔도 없습니다. 그는 털 깎는 자 앞에 잠잠한 양처럼 모든 것을 하나님께 맡기고 기다립니다. 이것이 구주께서 "쉽다"고 말씀하신 멍에입니다.마 11:30 우리가 세상과 맞서 저항하고 인간에 대해 절망하며 그들의 죄에 대해 분노한다면, 그리스도를 따르기가 매우 어려울 것입니다. 자신의 운명을 증오하는 것보다 더 비극적인 것은 없습니다. 그러나 세상 죄를 지신 하나님의 어린양을 기꺼이 따른다면 어렵지 않을 것입니다. 우리는 하나님과 하나며 깨끗한 양심을 가지고 있기 때문입니다. 예수 그리스도의 십자가를 지는 것이 우리의 육신으로는 어렵겠지만, 하나님으로서는 쉬운 일입니다.

*

합당한 고난은 구원을 이룹니다. 물론, 자신의 죄 때문에 고난을 받는다면 아무런 유익이 없을 것입니다. 그러나 우리가 무고한 고난을 당한다면, 악을 이길 수 있습니다. 그리스도는 우리의 모범이십니다. 여러분 안에 계신 그리스도께서 여러분의 고통보다 더 강하시다는 사실을 깨닫고 승리를 확신하며 담대히 고난을 받으십시오. 고난은 지나가겠지만, 여러분은 그대로 남을 것입니다. 고난에 맞서 승리하십시오.

*

구주께서 자신의 십자가를 지셨던 것처럼, 우리도 십자가를 져야 합니다. 우리에게 십자가가 있다는 사실은 사실상 그가 우리 곁에 계신다는 증거입니다. 예수님은 세상 죄를 불쌍히 여기셨기 때문에 세상은 그의 십자가가 되었습니다. 예수님이 제자로 부르실 때는, 고난받는 자들과 함께하라고 부르신 것입니다. 그는 "너는 하나님의 자녀다. 네 죄사함을 받았다"라는 말씀으로 먼저 여러분을 죄에서 풀어주십니다. 그러나 이어서 "누구든지 자기 십자가를 지고 나를 따르지 않는 자도 능히 내 제자가 되지 못하리라"눅 14:27는 말씀을 덧붙이십니다. 그리하여 우리는 세상의 필요에 동참하기 시작합니다. 우리의 동참은 더욱 깊어져서 세상과 "충돌"하는 지점까지 이르게 됩니다. 우리의 십자가는 세상이 우리에게 던지는 모든 것을 견디는 것입니다. 우리는 하나님의 사랑으로 세상을 품고 싶지만, 세상은 우리를 밀어냅니다. 이것은 부분적으로 그들의 어리석음과 오해와 실망에 기인합니다.

경건주의는 선하고 아름다운 운동으로 시작되었습니다. 그들은 엄격한 교회 속에 구주로부터 흘러나오는 따뜻하고 진심 어린 생명을 불어넣었습니다. 그들은 세상을 품기 위해 노력했으며, 실제로 품었습니다. 감사하게도 경건주의 덕분에 이전에 시행되지 않았던 여러 가지 사랑의 사역이 시작되었습니다. 그러나 세상은 즉시 반격을 시작하고 갱신과 회복을 추구했던 자들을 비난했으며, 이것은 그들의 십자가가 되었습니다.

이러한 십자가를 져야 할 순간이 오면, 너무 격분하지 않도록 조심해야 합니다. 구주께서는 결코 세상에 대해 과격한 반응을 보이지 않았습니다. 그는 세상이 알지 못해서 그렇다며 그들을 용서하십니다. 예수님의 십자가는 하나님의 사랑 안에 머물기 때문에 좋은 열매를 맺습니다. 하나님의 사랑이 있는 곳에는 그리스도의 구속 사역이 나타납니다. 십자가 자체는 아무런 가치가 없으며, 반드시 하나님의 사랑이 수반되어야 합니다. 이 사랑은 인간적 능력이나 이해를 초월합니다. 십자가를 지려는 사람은 먼저 사랑이 필요하다는 사실을 알아야 합니다. 만일 여러분이 사랑할 수 없다면, 그리스도의 십자가에서 떨어져 있어야 합니다. 여러분이 모욕을 당한 적이 있고 그 사실을 잊을 수 없다면, 그리스도에게서 멀리 떨어져 있으십시오. 우리는 하나님의 **온전한 사랑**을 발산하는 사람이 되어야 합니다. 이 온전한 사랑은 세상에서 가장 강한 힘입니다. 예수님은 하나님의 크신 사랑으로 죄와 악을 이기신 승리자이십니다. 이러한 사랑이 없다면 우리의 믿음과 열심은 하나님 나라에서 많은 것을 이룰 수 없을 것입니다. 온전한 판단과 함께 모든 것을 바로 잡고 구원할 수 있는 것은 오직 사랑뿐입니다. 고난의 사랑은 하늘과 땅을 화목하게 하고 우리를 하나님께로 돌아오게 합니다.

*

그리스도의 고난은 영웅적이지 않습니다. 오히려 그리스도는 세상의 고통을 일소하기 위해 그것을 스스로 짊어지셨습니다. 그리스도는 "친히 나무에 달려 그 몸으로 우리 죄를 담당"하셨습니다.벧전 2:24 그는 우리의 죄를 떨쳐 버리지 않으시고 오히려 사랑으로 굳게 붙드셨습니다. 그렇게 함으로써 그리스도는 죄인들과 하나가 되셨습니다. 그가 스스로 복종하신 것은 모든 사람과 연합하시고, 그들을 하나님의 사랑의 불로 죄인을 죄에서 분리하는 장소로 데려가시기 위함입니다.

지상에 있는 그의 교회도 마땅히 그래야 합니다. 하늘에 계신 주님과 이 땅에 있는 그의 교회는 끊임없이 세상의 불의를 짊어짐으로써 그것을 일소해야 합니다. 그리스도 안에서는 죄도 녹아버립니다. 하나님을 갈망하면서 죄와 씨름하는 것은 결코 헛된 일이 아닙니다. 여러분 안에서 죄는 끝나고 의로 변화되어야 합니다. 사망은 끝나고 생명이 되어야 합니다. 그러나 이 땅에 그리스도를 따르는 자가 없다면 어떻게 죄와 사망을 이길 수 있겠습니까? 이 땅에 자신을 헌신할 사람이 존재하지 않는다면, 하늘의 슬픔은 계속될 것입니다. 여러분 앞에 어떤 고난이 기다리고 있든, 아무리 작은 악이라도 세상을 위해 짊어지고 하나님을 바라보십시오. 그것을 예수께 넘겨주어 일소할 수 있게 하십시오.

*

만일 여러분이 사람들의 면전에서 대놓고 그들의 죄에 대해 말한다면 아무도 반응하지 않을 것입니다. 그들의 귀와 마음은 이미 죄로 막혀 있습니다. 정면 공격으로는 그들의 마음을 움직이기 어렵습니다. 내적 존재의 한쪽 구석에서는 반응할 수 있겠지만, 내면의 가장 깊숙한 곳에 있는 자아는 회피할 것입니다. 사람들에게 복음을 전파하는 방법은 오직 한 가지뿐입니다. 그것은 구주께서 우리에게 몸소 보여 주신 방법입니다. 그는 털 깎는 자 앞에 잠잠한 어린양과 같습니다. 그는 우리의 죄를 짊어지셨습니다. 오늘날 예수님은 자신의 피와 죽음으로 복음을 전하십니다. 예수 그리스도를 따르는 자로서 우리도 죄를 짊어져야 합니다. 우리는 자신을 희생함으로써, 하나님 앞에서 세상 죄를 짊어져야 합니다. 다시 말하면, 우리는 그리스도처럼 잠잠히 고난을 받아야 합니다. 우리는 하나님 앞에서 마음속에 이 세상의 죄를 품고 단호하게 "지금 하는 일은 옳지 않습니다. 그것은 죄입니다"라고 말해야 할 것입니다. 그러면 우리가 어디를 가든, 누구를 만나든, 우리 안에 죄를 대적하는 산 증인이 있을 것입니다. 우리는 많은 말을 할 필요가 없습니다. 사람들은 그것을 느낄 것입니다. 제발 사람들의 면전에서 그들의 죄를 드러내지 마십시오. 그런 방식은 아무런 효과가 없습니다. 훈계조의 설교는 결코 도움이 되지 않을 것입니다. 우리의 설교는 내적인 태도와 방식으로 이루어져야 합니다. 우리는 사람들을 심판하기 위해 부르심을 받은 것이 아닙니다. 우리는 예수께서 십자가에서 보여 주신 것과 같은 잠잠히 고난을 받는 방식을 전해야 할 임무가 있습니다.

사람들은 자신의 죄를 스스로 깨달아야 합니다. 이러한 깨달음은 우리의 심판이 아니라 하나님의 심판을 통해 옵니다. 그래야만 하나님께 나아올 수 있습니다. 우리가 하나님을 위해 백성 가운데서 고난을 받을 때, 우리가 할 수 있는 일은 그것을 하나님께 가져와 "이 백성이 언제나 눈을 뜨게 되겠나이까"라고 탄식하는 것밖에 없습니다. 이런 자세야말로 사람들에게 필요한 설교입니다. 목회자가 이런 내적인 방식으로 설교할 때, 하나님의 진리를 찾고 그 진리에 따라 살 때, 긍휼과 은혜와 심판을 부르짖음으로써 성령을 통해 죄가 드러날 때, 비로소 기다리는 일들이 일어나기 시작할 것입니다. 비록 목회자가 자신의 교회 울타리를 떠난 적이 없다고 할지라도, 온 세상이 영향을 받을 것입니다.

이것이야말로 "땅에 있는 모든 족속이 그로 말미암아 애곡"계 1:7할 최후의 심판을 내다보는 설교입니다. 여러분과 나는 결코 사람들이 애곡하는 일이 없게 해야 할 것입니다. 우리는 그렇게 할 수 없습니다. 그러나 하나님 앞에서 우리의 영으로 전하는 설교가 그들의 무의식 속으로, 즉 선악 간에 모든 것이 드러나는 보이지 않는 영역 속으로 침투하게 될 것입니다. 우리는 바로 이 영역을 향해 전파해야 합니다. 우리는 하나님을 이 영역으로 끌어들여야 합니다. 그리고 우리는 그곳에서 이렇게 선포해야 합니다. "우리는 더 이상 참을 수 없다. 우리는 예수의 이름으로, 사람들을 얽매는 보이지 않는 죄의 물결을 더 이상 용납하지 않을 것이다."

우리는 절대로 죄인을 정죄해서는 안 됩니다! 죄와 죄의 유혹은 정죄하되 사람은 정죄하지 않아야 한다는 것입니다. 우리의 임무는 우리가 사는 저주의 늪에서 벗어나는 것입니다. 그러기 위해서는 우리 자신이 변화된 사람이 되어야 합니다. 우리는 의와 진리를 견지해야 합니다. 만일 우리가 이 세상의 더러운 물결을 우리 삶에 허용한다면 어떻게 하나님을 위해 일할 수 있겠습니까? 어떻게 열방의 죄악을 선포할 수 있겠습니까? 우리는 순수한 사랑과 순수한 복음을 전파할 자들입니다.

*

예수님은 악을 악으로 갚지 않으십니다. 그는 하늘에서 아버지와 함께 계십니다. 하늘나라에는 다툼이나 주먹다짐이 없으며, 비방이나 멸시도 없습니다. 그곳은 사랑으로 충만합니다. 비난조차도 사랑에 굴복하며, 훈계는 파괴적인 것이 아니라 자유와 구원을 위한 것입니다. 예수님의 말씀은 결코 걸림돌이 되거나 해를 끼치지 않습니다. "너희 외식하는 자"라는 말씀이나 "너희는 너희 아비 마귀에게서 났으니"요 8:44라는 말씀조차도 구원으로 인도하기 위한 것입니다. 이런 말씀들은 하나님 편에서 하는 말씀이며, 하나님은 아무도 멸시하지 않습니다.

정원사는 때때로 식물을 동여매어야 할 때가 있습니다. 필요하면 뿌리까지 잘라내기도 합니다. 그러나 그가 하는 행동은 무엇이든 식물을 구하기 위한 노력입니다. 마찬가지로, "하나님이 세상을 이처럼 사랑하사 독생자를" 주신 것은 세상을 구원하시기 위함입니다.요 3:16 예수님이 세리나 죄인들을 가까이하신 것도 그 때문입니다. 그가 이처럼 천대받는 자들과 교제하신 이유는, 그들이 여전히 악을 품고 있음에도 불구하고 예수께 마음을 열 준비가 되어 있었기 때문입니다. 예수님은 그들도 쓰임을 받을 수 있다는 사실을 알았습니다. 예수님은 그들의 믿음에 초점을 맞추었으며, 그들에게서 모든 악이 떠날 때까지 인내하며 기다리셨습니다.

우리가 따르는 예수님은 그런 분이십니다. 모든 사람이 책망해도 우리는 책망하지 않아야 합니다. 모든 사람이 정죄해도, 우리는 거부해야 합니다. 모든 사람이 등을 돌려도, 우리는 혹시 그가 우리의 도움을 가장 필요로 하는 사람이 아닌지 살펴보아야 합니다. 우리는 결코 "악을 악으로 갚는다"는 말을 듣지 않아야 합니다. 아니, 우리는 어디를 가든지 죄를 용서하는 사람들입니다.

*

죄를 용서할 때마다 마음이 얼마나 훈훈해지는지 아십니까? 죄를 용서하는 힘보다 더 위대하고 복되며 우리의 영을 고양시키는 것은 없습니다. 우리 뒤에 그리스도께서 계시지 않는다면, 우리는 감히 죄를 용서할 수 있는 권세를 가지고 어두움에 사로잡힌 사람들을 만나지 못했을 것입니다. 그러나 우리 뒤에 예수님이 계시기 때문에 우리에게 그런 권세가 주어진 것입니다. 판단하고 정죄하는 것은 누구나 할 수 있습니다. 세상은 그런 일로 넘쳐납니다. 그러나 우리에게 주어진 권세는 판단이나 정죄가 아니라 용서의 힘입니다.

이 죄 사함 안에는 새 사람을 창조하시는 하나님의 성령의 능력이 있습니다. "당신은 하나님께 속한 자"라는 말에는 사람의 모든 것이 바뀔 수 있다는 의미가 담겨 있습니다. 여러분에게 죄의 충동이 남아 있고 아직도 죄 속에 빠지는 자신의 모습을 본다고 할지라도, 여러분은 여전히 하나님의 용서하시는 능력으로 나아올 수 있습니다. 그러므로, 여러분은 위로를 받을 수 있습니다. 여러분은 틀림없이 진정한 자아를 회복하게 될 것입니다. 여러분의 자아는 하나님께 속해 있습니다. 이러한 사실을 깨닫는다면, 여러분은 모든 이기심을 기꺼이 버릴 것입니다. 움켜쥔 손을 펴십시오. 그리고 모든 것을 내려놓으십시오. 중요한 것은 여러분의 내적 존재가 성장하여 하나님으로부터 온 진정한 자아로 드러나게 된다는 것입니다. 하나님의 영은 여러분을 완전케 하실 것입니다.

*

우리는 죄를 대신 짊어진다는 것이 어떤 의미인지 다시 한번 새겨야 합니다. 많은 사람은 "나는 책임이 없다. 나는 죄를 짓지 않았다"라고 말합니다. 자신의 죄나 잘못된 행동을 인정하고 싶어 하는 사람은 아무도 없으며, 아무리 어려운 상황에서 절망하고 있을지라도 그렇습니다. 그리스도인은 다니엘처럼 기도하는 법을 배워야 합니다.다니엘 9장 그는 자신을 범죄자 중 하나로 여겼으며, 큰 재앙을 초래했던 조상들의 죄까지 짊어졌습니다. 다니엘은 "우리는 마땅한 보응을 받았습니다. 하나님은 공의로우시며, 따라서 주의 크신 은혜가 아니었다면 우리는 아무런 도움도 받지 못했을 것입니다"라고 참회의 기도를 드렸습니다. 다니엘의 기도는 상달되었으며, 우리도 다니엘처럼 기도한다면 하나님이 들으실 것입니다.

그러나 우리는 다니엘처럼 기도하는 대신 불평하며, 특히 일이 잘 풀리지 않거나 마음대로 되지 않으면 원망합니다. 우리는 "벌을 받아 마땅하다"라고 인정하지 않습니다. 그러므로 우리의 기도는 아무런 가치가 없고 무익할 뿐입니다. 하나님은 우리의 원망과 불평을 기뻐하지 않으십니다. 자신은 아무런 문제가 없다고 생각하는 사람이야말로 가장 겸손하고 회개해야 할 자입니다. 그들은 과거의 탄식과 불행을 볼 수 있어야 합니다. 그들은 대대로 내려온 조상의 죄를 짊어지고 자신을 더욱 낮추어야 할 것입니다. 만일 우리가 무엇인가를 성취하고자 한다면, 다른 방법은 없습니다. 우리는 오직 겸손할 때만 열매를 맺을 수 있으며, 우리에게 약속된 하늘의 복을 발견할 수 있습니다.

*

　모든 진리는 처음에는 환영을 받지 못합니다. 그것은 사람들이 진리를 알고 싶어 하지 않기 때문이 아니라, 알 수 없기 때문입니다. 그들은 진리를 두려워합니다. 이러한 진리에 대한 두려움은 이 땅에 오신 은혜와 진리로 충만하신 그분을 끊임없이 파괴하려고 위협합니다. 언제든지 증오로 변할 수 있는 이 두려움은 예수님을 십자가에 못 박았으며 계속해서 십자가에 못 박고 있는 존재입니다. 따라서 마귀는 이 땅에서 진리를 대표하는 사람들을 끊임없이 핍박하고 증오하며 비방합니다. 마귀는 이 땅에서 어두움이 완전히 제거될 때까지 핍박과 증오와 비방을 멈추지 않을 것입니다.

*

　여러분이 예수의 제자라면 아무도 여러분을 치켜세우지 않을 것이니 걱정하지 마십시오. 여러분이 최선을 다하면, 세상은 당신을 미워할 것입니다. 여러분이 경험하는 하나님의 임재는 예수 그리스도께서 오시는 날까지 결코 세상의 이해를 얻지 못할 것입니다. 구주를 이해하지 못했던 세상은 하나님의 임재를 가진 증인들도 이해할 수 없는 것입니다. 하나님의 능력이 여러분에게서 흘러나오면 나올수록 여러분은 더욱 버림받을 것입니다. 여러분이 설사 그들을 위해 몸과 영혼을 바칠지라도 이해해주지 않을 것입니다. 예수의 제자는 누구나 미움을 받을 각오를 해야 합니다. 우리는 그것을 견디어내야 하며 걱정할 필요가 없습니다. 세상을 두려워하지 마십시오. 세상은 기껏해야 육신의 목숨을 앗아갈 뿐입니다.

*

진정한 예수의 전사들은 사람들이 미워할 때 상처를 받지 않습니다. 진리를 위해 공격을 받을 때 모욕감을 느끼거나 보복하는 자는 그리스도를 위한 진정한 전사가 될 수 없습니다. 하나님의 나라를 위한 모든 싸움은 다른 사람을 위해 여러분의 목숨을 버리는 데 있습니다. 그렇게 할 때, 우리를 미워하는 사람도 생명을 얻을 것입니다. 그리스도의 생명의 빛은 죽기까지 충성할 수 있게 합니다. 세상을 사랑하는 마음을 빼앗기느니 차라리 죽음을 택해야 할 것입니다.

우리는 항상 다른 사람들과 지나친 논쟁에 몰두하는 것과 같은 실수를 합니다. 그러나 우리의 목표는 오직 선한 교제와 관용 안에서만 생명을 증거하는 것이어야 합니다, 하나님은 모든 사람에게 신실하신 분이시기 때문입니다. 십자가에 못 박히신 우리 주님처럼, 아무리 악한 원수의 반대에 직면할지라도 모든 사람은 하나님께 속해 있다는 진리를 굳게 붙들고 잠잠히 인내하시기 바랍니다. 더욱 많은 사람이 이 사실을 깨닫도록 힘써 싸웁시다. 하나님이 모든 죄인을 선한 사람으로 변화시키실 수 있다는 믿음을 굳게 붙듭시다. 사람들은 영원히 비방하거나 미워하지 않을 것입니다. 우리가 신실하면 할수록 우리에 대한 증오는 더욱 급속히 사라지게 될 것입니다. 증오의 수명은 짧습니다. 사랑만이 영원합니다.

*

우리가 생각하는 인간의 "권리"는 하나님의 공의와 반대되는 개념입니다. 우리는 우리가 온갖 권리를 가지고 있다고 생각합니다. 아버지는 자녀에 대한 권리가 있다고 생각하며, 남성은 여성에 대해 권리를 주장할 수 있다고 생각합니다. 우리는 모두 자신이나 자신의 위치와 관련된 일에는 권리를 주장하려는 경향이 있습니다. 이러한 권리는 결국 다른 사람을 억압하거나 통제하기 위해 사용하게 됩니다. 그러므로 예수님은 "나보다 먼저 온 자는 다 절도요 강도니"요 10:8라고 말씀하셨던 것입니다.

그러나 나는 여러분께 묻습니다. 예수님이 권리를 주장하신 것을 본 적이 있습니까? 그는 "근본 하나님의 본체시나 하나님과 동등됨을 취할 것으로 여기지 아니"빌 2:6 하셨다고 했습니다. 예수님은 자신이 모든 사람보다 우월하신 존재임을 권리로 생각하지 않으셨습니다. 오히려 그는 자신을 비우시고 모든 사람의 종이 되셨습니다. 그는 자신의 권리를 포기했습니다. 예수님은 "누구든지 나를 따라오려거든 자기를 부인하고 자기 십자가를 지고 나를 따를 것이니라"마 16:24고 말씀하셨습니다. 다시 말해, 우리가 인간의 권리를 요구하는 한, 진정한 인간이 될 수 없다는 것입니다. 우리는 자신의 권리를 포기할 때만 진정한 인간이 될 수 있습니다. 자신의 권리를 포기하고 하나님과 하나님의 공의에만 의지할 준비가 된 사람들은 어디에 있습니까? 우리는 하나님의 종으로서 이 땅에서 하나님의 공의를 드러낼 때만 사람들을 도울 수 있습니다. 그래야만 하나님이 모든 사람을 위한 공의의 수호자로 영광을 받으십니다.

우리가 하나님과 교제하는 최고의 목표는 개인의 가치를 보여주는 진정한 자아의 성숙과 완성입니다. 하나님과의 관계가 결코 법으로 규정되거나 지배될 수 없는 것은 이 때문입니다. 법은 개인의 차이를 인정하지 않습니다. 이것은 우리가 다른 사람들과의 관계에서 법을 무시해도 된다는 말이 아닙니다. 나와 하나님과의 관계에서 법으로부터의 자유는 나와 다른 사람들과의 관계를 지배하는 인간의 법을 받아들이게 합니다. 하나님에 대한 자유는 말하자면 이 땅에서 종이 될 수 있도록 도와줍니다. 나는 여전히 자유롭지만, 하나님 앞에서의 자유를 통해 선으로 악을 이길 수 있다는 것입니다.

이것이 바로 그리스도인이 혁명적 목적을 위해 그들의 자유를 이용해서는 안 되는 이유입니다. 우리는 강한 팔이나 검으로 세상과 맞서는 방식으로는 선을 가져올 수 없습니다. 그리스도 안에서의 우리의 자유는 정치적인 면에서가 아니라 내적인 면에서 이 세상의 속박을 극복할 수 있게 해 줍니다. 우리는 이러한 자유를 통해 세상의 종이 됨으로써 하나님의 뜻을 드러내라는 부르심을 받았습니다. 우리는 이 자유를 통해 세상의 영이 쫓겨나게 하지만, 그것을 쫓아내는 것은 우리가 아닙니다. 우리는 인성을 죽임으로써 신성이 인성을 대체하게 합니다.

*

모든 사람에게 시간과 공간을 주어야 합니다. 오직 그렇게 할 때, 그들은 하나님을 섬기고 자신의 방식대로 사랑할 수 있을 것입니다.

＊

우리는 새로운 길을 발견하기 전에 옛 방식을 파괴해서는 안 될 것입니다.

＊

하나님의 통치를 위해서는 혁명가가 아니라 자유인이 필요합니다. 우리는 아무것도 전복하지 않아도 자유로울 수 있습니다. 우리는 하나님 아버지와 왕이신 예수께서 필요한 것은 무엇이든 변화시킬 수 있다는 확신 하에, 어떤 상황이나 하나님의 통치 아래서 자유로울 수 있습니다. 세상은 하나님의 통치 아래 있으며, 우리는 세상을 다스리라는 명령을 받은 것이 아닙니다.

하나님 안에서 자유로운 사람은 비록 다른 사람의 권세 아래 있다 할지라도 놀라울 만큼 강합니다. 그들은 자유로우며 돈벌이에 몰두하지 않기 때문에 진정한 진보를 경험합니다. 그들은 모든 것을 하나님의 손에 맡깁니다. 그들은 무언가가 무릎에 떨어져야만 행동에 나섭니다. 우리가 약해지고 자유롭지 못하게 되는 것은 자신의 환경이 바뀌지 않으면 진정한 그리스도인이 될 수 없다고 생각할 때입니다. 그러나 십자가는 우리가 아무것도 바꿀 필요가 없다는 것을 보여 줍니다. 사람들은 자신의 창조 목적에 부합하지 않은 일을 해야 한다고 생각합니다. 이런 생각은 수 세기 동안 기독교계에 스며든 커다란 암 덩어리입니다. 우리는 어린아이로 창조되었습니다. 아이들은 오늘은 이랬다 내일은 저랬다 할 수 있습니다. 아버지께서 앞으로 나가시면 우리도 그와 함께 앞으로 나갑니다. 아버지께서 침묵하시면 우리도 침묵합니다. 아버지께서 목소리를 높이시면 우리도 목소리를 높입니다. 아버지께서 우리를 흩으시면 우리가 헤어지지만, 그가 다시 손짓하시면 다시 모입니다. 우리는 참으로 하나님께 순종할 때만 신실합니다. 그러므로 우리는 "나의 주 나의 하나님이여, 참으로 당신이 모든 것을 행하십니다"라는 생각밖에 할 수 없습니다.

*

예수의 제자로서 우리는 이리 떼 속에 있는 양과 같습니다. 그것은 생존을 위해 치열한 싸움을 하는 역사적 현장과 정반대입니다. "적자생존"은 약자가 도태한다는 원리를 보여 주지만, 예수님은 이러한 원리를 반대하십니다. 절대로 그렇지 않습니다! 강한 자는 망하고 약한 자는 살 것입니다. 이땅에서 거칠고, 난폭하고, 냉소적이고, 칼로 베고, 죽이는 것은 어떤 미래도 없습니다. 그러니 생존을 위한 싸움을 포기하십시오. 예수님은 십자가에서 그것을 포기하셨습니다. 그는 하늘에 계신 아버지께 자신의 운명을 맡기고 돌아가셨습니다. 모든 사람과 화목하고, 하나님의 영을 의지하십시오. 이리 떼 속에 있는 양 같은 존재가 되십시오.

가능하다면 어떤 식으로든 여러분의 송곳니를 뽑아버리십시오. 더 이상 물어뜯지 마십시오. 더 이상 밀치거나 폭력을 행사하지 마십시오. 불필요한 싸움을 걸지 마십시오. 설령 여러분이 옳다고 해도, 늑대나 호랑이처럼 달려들지 마십시오. 화난 이리가 으르렁거리기 시작하면 순한 양이 되어 그 자리를 떠나십시오. 이리와 맞설 필요는 없으며, 혼자 울부짖게 하고 돌아서십시오. 여러분이 떠나야 할 상황이라면, 하나님의 사랑 안에서 기쁘게 가십시오. "예수님이 살아 계신다. 이것이 내게 주어진 인생이다." 그렇게 하면 여러분의 원수는 교훈을 얻을 것입니다. 그러나 여러분이 증언해야 하는 상황이라면, 하나님의 사랑 안에서 존중하는 마음으로 온유하게 하십시오. 우리는 품위와 분별력이 있어야 합니다. 그래야 사람들이 우리의 행동을 통해 하나님이 그들을 얼마나 사랑하시는지를 알 수 있습니다.

*

우리가 하나님의 목적을 위해 세상을 이기고 싶다면, 조용히 그 일에 착수해야 합니다. 우리는 숲속으로 들어가는 사냥꾼과 같아야 합니다. 사냥꾼은 매우 조용히 돌아다닙니다. 그렇지 않으면 모든 표적물은 달아나버릴 것입니다.

*

예수님은 고난받는 하나님의 종입니다. 그의 인성은 선과 진리와 공의로 충만합니다. 상한 갈대를 꺾지 않고사 42:3, 가난한 자와 상처 입은 자를 가차 없이 책망하거나 정죄하지 않으며, 변화를 강요하지 않는 행위는 미덕입니다. 그러나 한 걸음 더 나아가 그들은 하나님이 주신 빛을 통해, 상하고 부패한 자 안에 남아 있는 선이 다시 한번 꽃을 피우도록 도와야 합니다. 예수님은 조용히 전능하신 하나님을 이 땅에 임하게 하심으로써 어두움을 몰아내고 선을 드러냈습니다. 그는 결코 바리새인을 쫓아다니지 않으셨습니다. 아니, 그를 찾아온 것은 바리새인들이었습니다. 예수님은 자유로웠으며, 그리스도와 함께하고자 하는 사람은 누구나 그렇게 해야 합니다. 그는 자기를 부인하고, 다른 사람들과 함께 조용히 예수님 주위에 모여서 그의 빛이 다른 사람들에게 자연스럽게 비춰게 해야 합니다. 그렇게 할 때, 우리의 삶을 얽어매는 온갖 속박과 우리를 질식시키는 사망의 줄이 끊어지고 새로운 사람이 될 것입니다.

*

나는 여러분이 살면서 직면하는 어려운 문제에 대해 너무 불평하지 말 것을 촉구합니다. 삶을 어렵게 만드는 모든 것에 대해 지나치게 많이 이야기하면 상황을 더 악화시킬 뿐입니다. 불평을 "늘어놓을" 친구를 찾는 사람은 지옥으로 향하는 험담으로 끝나게 될 것입니다. 조용히 하늘에 계신 여러분의 아버지를 바라보십시오. 그렇게 할 때 천국을 향한 문이 열릴 것입니다.

*

나는 어떤 일이 쉽게 일어나지 않을 때, 더 이상 그것이 일어나기를 위해 기도하지 않는 습관이 있습니다. 나의 경험에 비추어 볼 때, 내가 어느 정도의 조치를 취하고 하나님이 나와 함께 계신다면 약간의 기도로 충분하다고 생각합니다. 그러나 감당하기 어려울 만큼 일이 커지거나 더 큰 노력을 기울여야 할 필요성을 느낄 때, 나는 조용히 "하나님은 아직 나를 위해 이 일을 하고 싶어하지 않으신다"라는 생각을 하게 됩니다. 이 경우, 나는 "어차피 할 일이니 제발 도와주세요"라는 기도를 하지 않도록 조심합니다. 내 편에서의 열심이나 "어차피 할 것"이라는 강요는 잘못된 것입니다. 우리는 하나님께서 그 일을 하실 때까지 기다려야 합니다.

*

예수님은 우리를 형제라고 부르는 것을 부끄러워하지 않으십니다. 그렇다면 우리는 어떠합니까? 많이 배운 사람은 종종 무식한 자들과 함께 있는 것을 창피하게 생각합니다. "선량한" 사람은 미심쩍은 사람들과 섞이는 것을 좋아하지 않습니다. 그러나 진정으로 거룩한 사람, 성도는 결코 자신을 세속적인 사람들과 분리하지 않습니다. 그는 의롭지 못한 세상을 극복합니다. 구주께서는 우리를 형제자매라고 부르시지만, 우리는 온갖 사람을 정죄하며 그들을 지옥으로 내려보냅니다. 우리는 형제자매로서 함께 설 수 없게 되었습니다. 사람을 변화시키기 위해서는 햇볕이 필요합니다. 그러나 그러기 위해서는 이 빛이 그들에게 닿아야만 합니다. 마찬가지로, 하나님의 능력은 사람들에게 가까이 다가와 그들 안에 있는 신적 특성을 표면으로 드러냅니다. 하나님의 능력은 세상을 변화시킬 것입니다.

*

구주께서 하나님의 사랑을 가지고 세상에 오셨을 때, 그는 여전히 거룩하신 분이었습니다. 구주는 세속적인 것으로 자신을 더

럽히지 않으셨습니다. 그는 세리나 죄인들을 찾아가셨지만, 세리나 죄인이 되지는 않으셨습니다. 예수께서 창기나 간음한 자들과 함께 계실 때에도, 죄와 상관없이 깨끗했습니다. 오히려 정반대의 일이 일어났습니다. 하나님의 사랑은 사람들을 심판하고 자유를 주었던 것입니다. 예수께서 죄인들에게 오시자 그들은 양심의 가책을 받고 변화의 필요성을 느꼈습니다.

*

우리는 사랑을 새롭게 이해해야 합니다. 그러나 그것에 대해 지나치게 많이 생각할 필요는 없습니다. 우리는 그저 어린아이처럼 받아들이기만 하면 됩니다. 하나님이 세상을 사랑하신 그 사랑이 성령을 통하여 여러분의 마음에 임하게 하십시오. 하나님의 영은 사랑을 비추며, 그 안에는 정죄함이 없습니다. 하나님의 영은 사랑이십니다. 그는 어두운 데서 "빛이 비취리라" 하시던 그 영이십니다. 하나님의 사랑이 말씀하실 때 세상은 새로워집니다. 세상은 예수 그리스도 안에서 다시 새로워질 것입니다. 하나님의 사랑이 모든 것을 꿰뚫을 것이며, 우리 안에 거하는 증오는 사라질 것입니다. 예수 그리스도를 믿으십시오. 증오와 미움은 사라질 것입니다. 예수를 믿는다는 것은 사랑한다는 뜻입니다. 하나님의 사랑을 마음속에 받아들이면 죄에서 해방될 것입니다. 여러분은 새로운 피조물이 될 것입니다.

*

하나님의 사랑은 우리를 자유롭게 할 것입니다. 이웃을 사랑하는 자는 자유인이며, 이웃을 미워하는 자는 노예입니다. 다른 사람들과 화목하게 사는 자는 자유인이며, 전쟁 상태에 있는 사람은 노예입니다.

*

하나님의 종이 되려면 영이 고상하고 속박당하지 않아야 합니다. 여러분은 인류와 만물이 속한 하나님 나라에 대한 거대한 비전을 가질 필요가 있습니다. 분열과 불화는 하나님의 대의를 성취하는 데 방해가 됩니다. 만왕의 왕이시며 만주의 주이신 예수님을 섬기고 싶다면 온 세상이 하나님께 속해 있으며 하나님은 세상의 어느 한 부분도 포기하고 싶어 하지 않으신다는 사실을 깨달아야 합니다. 여러분은 그리스도께서 지위가 높든 낮든, 착하든 악하든, 모든 사람에 대한 권리를 주장하신다는 사실을 알아야 합니다. 살아 있는 모든 것은 하나님께 속해 있습니다. 그리고 이 진리는 우리의 머리뿐만 아니라 우리의 혈관과 모든 호흡 속에 자리 잡고 있어야 합니다. 예수 그리스도의 종으로서 누구도, 아무리 악한 죄인일지라도 포기하지 마십시오. 우리는 자신과 다른 사람들을 위해, 모든 사람이 하나님께 속해 있다는 사실을 믿어야 합니다. 나는 어리석고 서투르며 심지어 죄를 지을 수도 있지만, 하나님의 형상대로 창조된 나의 진정한 자아는 하나님께 속해 있습니다. 죄나 죽음은 이 사실을 바꿀 수 없습니다.

*

내게 죄인들을 주소서. 내게 완악한 자들을 주소서. 그들을 내

집에서 쫓아내지 마옵소서. 그들을 내 마음에서 내보내지 마옵소서. 잃어버린 자와 죄인들과 함께 형제애를 나누며 살게 해 주소서. 사람들 속에서 속박당한 자를 찾을 수 있는 자유를 주시옵소서. 나는 사막으로 달아난 의인들에게 가지 않을 것입니다.

*

자신을 포기하지 마십시오. 하나님을 위해 자신을 믿어야 합니다. 그것은 이기주의가 아니라 하나님께서 여러분 안에 창조하신 것을 소중히 여기는 것입니다. 우리는 아무도, 특히 자신을 하찮은 존재로 여겨서는 안 될 것입니다. 내면의 중심부가 악한 사람은 없습니다. 그들은 단지 악에 얽매여 있을 뿐입니다. 내가 무가치하다는 사실을 깨닫는 순간, 하나님이 원래 창조하신 나의 더 고귀한 부분이 내 안에 태어날 것입니다.

정말 악한 사람은 자신의 사악함을 깨닫지 못합니다. 예수께 나아와 "주여 내 집에[지붕 아래로] 들어오심을 나는 감당하지 못하겠사오니"마 8:8라고 했던 가버나움의 백부장을 생각해 보십시오. 그러나 그는 "다만 말씀으로만 하옵소서"라고 덧붙였습니다. 즉, "당신의 말씀을 내 집에 보내소서"라는 것입니다. 마찬가지로, 죄와 죄책감에도 불구하고 자신이 하나님께 속한 자임을 아는 순간, 여러분은 자신이 다른 사람들을 위해 살도록 부르심을 받았다는 사실을 깨닫게 될 것입니다. 자신의 지붕 아래에 사는 종을 대신해서 간구한 백부장처럼, 온 세상은 여러분의 지붕 아래에 있으며 여러분은 그것을 위해 기도할 수 있습니다. 아브라함은 천하

만민을 품었습니다.창 22:18 한나와 마리아는 찬양을 통해 온 세상 민족을 마음에 품었습니다.삼상 2:1-10; 눅 1:46-55 하나님의 자녀는 온 세상을 품으라는 부르심을 받았습니다. 우리는 사람들이 지옥에 사는 것을 용납해서는 안 됩니다. 하나님은 우리 모두를 왕과 제사장으로 삼았습니다.

*

하나님의 택하신 자들은 스스로 그리스도를 왕으로 삼을 수 없습니다. 하나님은 그들의 왕을 위해 그들에게 공의를 베푸셔야 합니다. 그의 아들 예수 그리스도를 영화롭게 하심으로 이 땅에서 그가 참으로 누구인지를 알게 하시는 능력은 오직 하나님께 있습니다. 그러므로 그의 택하신 자들은 기도해야 합니다. 우리는 기도하라는 부르심을 받았습니다. 우리가 예수께서 영광을 받으시는 것을 목도하며 "우리가 그를 도왔습니다. 우리는 오직 하나님만 바라보았고, 하나님이 이 왕에게 면류관을 씌워 주시기를 기도했습니다"라고 말할 수 있다면 얼마나 복되겠습니까?

*

우리가 하나님의 사자라면, 모든 사람 ―높은 사람과 낮은 사람, 부유한 자와 가난한 자, 의로운 자와 악한 자― 에게 구원을 선포하고 평화를 전하며 선에 대해 말할 수 있을 것입니다. 우리는 더 이상 불행이나 사악함이나 불신앙에 대해 이야기하지 않을 것입니다. 온 세상은 이미 그것에 대해 탄식하고 있습니다. 자신의 불완전함과 죄로 인해, 그리고 어떤 선도 행할 수 없는 자신의 모습에 눈물로 통회하는 자들도 마찬가지입니다. 여러분은 십자가에 못 박히신 예수께서 성부의 이름으로, 사람들이 겪고 있는 극심한 고통 속으로 들어가셔서 다음과 같은 복음을 선포하신다는 사실을 기억해야 합니다. "너희의 죄 사함을 받았으니 안심하라. 불신앙과 사악함이 너희를 둘러싸고 너희 안에 뿌리를 내려 너희의 삶을 비참하게 만들었으나 결코 너희를 넘어뜨리지 못할 것이다. 그런 불신앙과 사악함은 일소될 것이며 사함을 받을 것이다. 너희는 하늘에 계신 너희 아버지 하나님께 속한 자들이다. 너희는 선한 자가 될 것이며 의롭게 될 것이다. 너희는 구원을 얻을 것이다. 어떤 죄가 너희를 짓누르고 어떤 질병이나 고통이 너희를 괴롭히든, 모두 사라질 것이다. 구원이 다가오고 있다!"

그러므로 이제 선의 승리를 전파하고 구원을 선포합시다. 우리가 그렇게 할 때, 사람들은 다시 한번 선을 행할 수 있다는 사실을 믿으십시오. 사람들은 우리가 그들을 신뢰한다는 것과, 자신이 하나님의 자녀이며 마음 깊은 곳에서 옳은 것을 느낀다는 사실을 알아야 합니다. 여러분이 사람들을 믿고 복음을 전한다면, 그들의 마음에 다가갈 수 있는 길을 찾을 수 있을 것입니다. 어디를 가든 사람들이 구주의 이름으로 선한 자가 될 수 있음을 믿으십시오.

*

바울 사도는 "너희 모든 일을 사랑으로 행하라"고전 16:14고 했습니다. 그러나 모든 일을 사랑으로 행하기는 어렵습니다. 어리석고 사소한 모든 일상사에서 사랑을 견지한다는 것은 결코 쉬운 일이 아니라는 것입니다. 우리가 사람들을 쉽게 오해하고 사랑하지 못하는 것은 바로 이 사소한 일들 때문입니다. 마치 모든 일상사가 끊임없이 우리를 짜증 나게 하는 힘을 가지고 있는 것 같습니다. 우리는 계속되는 욕설, 신랄한 비방, 조급한 행동, 온갖 불쾌감에 분노합니다.

그러나 바울은 "모든 일을 사랑으로 행하라"고 했습니다. 이 말은 모든 일상에서 사랑하지 않는 것이야말로 우리를 위해 죽으신 예수님의 위대하고 고귀한 사랑을 놓쳐버리는 지극히 어리석은 태도라는 것입니다. 우리는 이처럼 사소하고 평범한 일상에서 오직 사랑으로 반응하라는 부르심을 받았습니다. 우리의 통찰력을 이끄는 원동력은 사랑이 되어야 합니다. 그러나 사랑은 그저 따사로운 감정이 아닙니다. 그것은 아첨과도 무관합니다. 아첨은 햇볕에 눈 녹듯 사라지고 사소한 일 하나에 무너져 버립니다. 진정한 사랑은 예수 그리스도의 영과 하나님의 능력에 있습니다. 사랑에 대한 이러한 통찰력이 없다면 날마다의 삶에서 승리할 수 없을 것입니다.

*

만일 여러분이 하나님 아버지의 사랑에 의지한다면, 여러분은 산 위에 있는 자신을 발견하게 될 것입니다. 여러분이 높이 올라갈수록 사랑의 지평선은 더욱 넓어질 것입니다. 주님의 성산에 오르는 여러분은 참으로 놀라게 될 것입니다. 높이 오를수록 여러분의 사랑은 더욱 멀리 뻗어나갈 것입니다. 하나님이 세상을 사랑하신 것같이, 온 세상 사람을 사랑할 수 있을 때까지 계속 올라가십시오. 하나님 사랑이라는 산 위에서 여러분은 더욱 그를 닮아갈 것입니다. 여러분은 모든 피조물을 덮고 있는 하나님의 사상을 이해하는 법을 배우게 될 것입니다. 그러나 이 산의 정상에 오르기 위해서는 인내와 믿음이 필요합니다. 그렇지만 정상에 오른 사람이 몇 사람만 되더라도 얼마나 많은 것을 이룰 수 있겠습니까? 오, 그 빛은 참으로 빛날 것입니다. 그러므로 아버지의 산에 서서, 하나님이 거룩하신 것처럼 거룩하십시오. 하나님이 사랑하시는 것처럼 사랑하십시오. 그는 여러분에게 놀라운 관점을 허락하실 것입니다. 그것은 예수 그리스도께서 가지신 왕의 관점입니다.

*

십자가에 못 박히신 구주 예수님은 모든 사람을 예외 없이 사랑하신 유일한 분이십니다. 반면에, 우리는 다른 사람들은 구원받지 못하더라도 우리는 구원받을 것이라는 경솔한 생각을 하고 있습니다. 예수님은 그처럼 선을 긋는 태도를 용납하지 않습니다. 예수님은 우리가 그의 사랑을 받기에 "합당한" 자격을 갖추기도 전에 먼저 우리를 사랑하셨습니다. 예수님은 하나님 나라가 온전히 임하기도 전에 우리를 사랑하십니다. 예수님은 우리가 아직 죄인 되었을 때 우리를 사랑하십니다. 이것은 그의 사랑이 영원으로부터 나오기 때문입니다. 그러나 바로 그 이유로 인해, 심판이 이사랑과 연결됩니다. 그의 사랑은 부드럽기만 한 것이 아닙니다. 그것은 우리의 죄를 간과하지 않습니다. 그것은 사랑이 아닙니다.

예수님의 사랑은 십자가에 달려 우리 안에서 역사하심으로써 우리를 정결케 하십니다. 그의 사랑은 우리의 구원입니다. 이것이 복음입니다. "당신은 사랑받고 있다"라는 복음입니다.

그러므로 우리는 모든 사람을 그리스도의 사랑으로 사랑해야 합니다. 그것은 쉬운 일이 아닙니다. 우리는 종종 어둡고 혐오감을 불러일으키는 사람들을 만납니다. 그들은 사랑받기를 원하지 않습니다. 그들은 스스로 자신을 지키려 합니다. 우리는 그럴수록 더욱 그들을 사랑해야 합니다. 우리는 예수의 영을 통해, 세상의 것이 아니라 영으로 그들을 사랑해야 합니다. 더 이상 "그들"을 "우리"에게서 분리하지 마십시오. 이 세상에 희망이 없는 사람은 없습니다. 혐오감을 주거나 어두운 사람들을 사랑하십시오. 원수를 사랑하십시오. 아무리 비참한 곳, 그곳이 지옥일지라도 사랑을 베푸시기 바랍니다. 악은 미워하되 악을 행하는 사람들은 미워하지 마십시오. 구주와 함께, 사람들의 추악한 삶의 겉모습 너머로 그들의 마음을 들여다보십시오. 다른 사람의 마음속에서 사랑받을 가치가 없는 무엇을 발견한 적이 있습니까?

나는 그리스도의 사랑을 굳게 믿습니다. 그 안에는 엄청난 힘이 있습니다. 그리스도의 사랑은 사람들을 회심하게 할 수 있고, 모든 국가 모든 사회를 아무도 모르게 정복할 수도 있습니다.

누가 알겠습니까? 우리가 계속해서 경계선을 긋기 때문에, 그리스도의 제자로서 모든 사람을 하나님 나라의 미래적 시민으로 여겨야 하는 소명을 충분히 이해하지 못했기 때문에 하나님의 나라가 지연되고 있는지 말입니다. 여러분은 사람들이 십자가를 떠나서 회심할 수 있을 것으로 생각합니까? 결단코 아닙니다! 우리는 예수님처럼 그들을 사랑함으로써 하나님의 나라로 인도해야 합니다. 그럴 때만 그들을 묶고 있는 사슬이 풀릴 것입니다. 하나님의 나라는 미처 깨닫기도 전에 모든 사람을 덮을 것이며, 그들의 삶을 서서히 변화시키기 시작할 것입니다. 그들은 다른 마음과 새로운 생각을 가지게 될 것입니다. 그렇게 되면 그들의 가장 깊은 내면의 욕구가 충족될 때가 올 것입니다.

세상의 구주와 하나가 되어 그 나라의 무엇이 이미 시작되었다는 사실을 믿읍시다. 그의 나라는 하나님의 나라이기 때문에 어떤 제한도 없습니다.

*

우리 주님은 산상수훈을 통해 "또 네 이웃을 사랑하고 네 원수를 미워하라 하였다는 것을 너희가 들었으나"마 5:43라고 말씀하셨습니다. 우리는 여기서 예수께서 "하나님이 오래전에 백성에게 말씀하셨다"라고 하지 않았다는 사실에 주목할 필요가 있습니다. 그것은 이미 오래전부터 사람들을 통해 내려온 말이지만, 하나님이 그렇게 말씀하신 적은 없다는 것입니다. 구주께서는 계속해서 "[그러나] 나는 너희에게 이르노니"라고 말씀하십니다. 오직 하나님이, 그리고 항상 하셨던 말씀이라는 것입니다. "너희 원수를 사랑하며 너희를 박해하는 자를 위하여 기도하라 이같이 한즉 하늘에 계신 너희 아버지의 아들이 되리니… 그러므로 하늘에 계신 너희 아버지의 온전하심과 같이 너희도 온전하라"마 5:44-48 하늘에 계신 아버지께서 온전하신 것처럼 온전케 되기를 원한다면, 아무런 자격이 없는 인간의 무능함을 제쳐 둔 채 사람을 사람으로 보아야 한다는 것입니다.

하나님은 죄인과 의인을 차별하지 않았습니다. 그는 모든 사람을 위해 죽으셨습니다. 죄인이 의인보다 더욱 악한 상태에 이른다면, 그것은 그 사람 개인의 잘못입니다. 하나님의 선하심과 보호하심에서 도망치는 사람이 있다면, 그는 하나님의 보호하심을 받지 못하는 삶을 살게 될 것입니다. 그렇다 하더라도, 해는 여전히 그들을 비출 것입니다. 누구도 하나님의 사랑에서 완전히 벗어날 수 없습니다. 그러나 하나님의 사랑이 부드럽다거나 사람을 부드럽게 만든다고 생각해서는 안 됩니다. 사실은 정반대입니다. 하나님의 사랑은 사람을 고상하게 만듭니다. 그 사랑은 거룩하며, 해처럼 인간적 사랑의 영역보다 훨씬 높이 있습니다. 해는 아무도 거부하지 않습니다. 하나님도 마찬가지입니다. 하나님은 죄를 거부하시고 우리가 죄의 결과로 인한 고통을 받게 하시지만, 결코 사람들을 거부하지는 않습니다.

우리도 해처럼, 하나님의 사랑을 사람들에게 비춰야 합니다. 구주 덕분에 죄의 못이 느슨해졌습니다. 판지의 못이 헐거워지면, 뽑아낼 수 있습니다. 그러나 내가 죄인들을 판단하고 정죄한다면, 죄의 못을 도로 박는 것과 같고, 심지어 다시는 못이 풀리지 못하게 구부리는 행위가 될 것입니다. 우리가 할 일은 하나님의 크신 자비를 보여 주고 사랑함으로써 죄의 못을 뽑아내는 것입니다. 하나님은 사랑으로 죄인과 죄를 분리하기를 원하십니다.

*

이스라엘에서 하나님의 얼굴은 때로는 화난 모습으로엘리야의 경우처럼 때로는 심각한 모습으로예레미야의 경우처럼, 수시로 변화하는 모습으로 묘사됩니다. 이스라엘의 전체 역사는 하나님의 특징적 모습을 보여 줍니다. 구약성경을 읽어보면, 하나님의 표정을 선명히 볼 수 있습니다. 말하자면 사람과 같은 모습으로 제시된다는 것입니다. 고대인은 주변에 있는 것들에 주목했습니다. 하나님을 멀리서 찾은 것이 아니라 가까이에서 찾았던 것입니다. 따라서 이스라엘은 시각적으로 뚜렷하고 강력한 모습을 새기게 된 것입니다.

예수 그리스도의 십자가도 하나님의 얼굴을 보여줍니다. 그러나 이 얼굴은 나무나 돌로 묘사될 수 없습니다. 하나님의 형상은 그의 아들을 통해, 육신이 되신 말씀을 통해 드러났으며, 그를 마음의 통치자로 받아들인 사람들의 삶 속에서 계속해서 빛나고 있습니다. 하나님은 사람들을 통해 피조물에게 복을 주시며, 따라서 우리는 하나님께 온전히 헌신한 사람들에게서 그의 모습을 보게 됩니다.

마을 전체가 하나님의 얼굴 모습을 보여 줄 수도 있습니다. 나는 어린 시절에 뫼틀링겐이라는 마을에서 성령께서 많은 사람의 마음속에 역사하실 때, 그곳을 찾아온 사람들이 종종 "우리는 마치 하나님의 집 거실에 들어온 것 같습니다. 우리는 어떤 집에서도 환영을 받을 것 같습니다"라고 말했던 것을 기억합니다. 하나님은 우리가 그의 형상을 반영함으로써, 사람들이 우리의 얼굴에서 하나님의 모습을 발견할 수 있기를 바라십니다. 교회가 할 일은 하나님의 얼굴을 세상에 비취게 하는 것입니다. 즉, 하나님의 사랑과 선하심과 그의 자비로우신 뜻이 모든 진리와 공의, 그리고 엄격한 모습과 친밀한 모습을 통해 빛나게 해야 한다는 것입니다. 교회는 하나님이 누구신지에 대한 진정한 묘사를 통해, 다른 모든 형상을 잊고 지워버릴 수 있게 해야 합니다,

*

첫 번째 사도들은 생전에 그리스도가 오실 것으로 생각했습니다. 그러나 그들은 기다리는 법을 배워야 했습니다. 그들은 여전히 정복되지 않은 "원리들"벧후 3:10, 12[물질], 또는 사도 바울의 표현을 빌리자면, "통치자들과 권세들… 어둠의 세상 주관자들과 하늘에 있는 악의 영들"엡 6:12이 남아 있다는 사실을 알게 되었습니다. 이러한 세력들은 세상을 형성하는 토대가 되었습니다. 그들은 아직 정복되지 않았습니다. 사람들은 이기심과 증오심, 특히 경솔함과 무관심에 사로잡혀 있으며, 이 와중에 세상의 쾌락은 계속 하나님을 대적하고 있습니다. 따라서 복음을 위해 자유로운 사람은 거의 없습니다.

바울이 말하는 "새로운 피조물" 개념의 복음을 믿는 사람이 소수에 불과한 것은 그 때문입니다. 그들은 주님의 재림을 기다리는 수밖에 없습니다. 그러나 그들은 기다리는 동안 불타는 심정으

로 싸워야 합니다. 복음 안에서 약속된 새 생명은 불과 같습니다. 그것은 우리 안에 있는 거짓을 불태우고, 거룩한 불꽃으로 이 불의한 세상의 체질[원리들]을 태워 버릴 것입니다. 그러나 먼저 우리 자신이 태워져야 합니다. "하늘이 큰 소리로 떠나가고 물질이 뜨거운 불에 풀어지고"(벧후 3:10)라는 말씀이 우리 안에서 일어나야 한다는 것입니다. 그러면 어두움의 권세가 더 이상 우리를 다스릴 수 없을 것입니다. 우리는 하나님께 "우리를 살려두지 마옵소서. 당신의 불이 활활 타올라 예수께서 다스리시는 곳에 어떤 거짓도 존재할 수 없음을 보여 주소서"라고 구해야 할 것입니다.

우리는 인간을 불쌍히 여기는 마음으로 이 불을 간구해야 합니다, 왜냐하면 우리의 설교는 우리를 조금도 더 데려가지 못할 것이기 때문입니다. 사람들이 말만 듣고 앉아 있다면, 변하는 것은 아무것도 없을 것입니다. 우리는 이 불로 충만해야 하며 하늘의 권세와 밀접하게 연결되어야 합니다. 그렇게 함으로써 어두움의 권세가 우리에게서 확실하게 물러나고, 어두움 속에 있는 모든 것들이 드러나 정결해질 때까지 타오르게 될 것입니다.

예수 그리스도는 불타는 교회가 필요합니다. 우리가 예수님과 다가오는 그의 날을 위해 태워지지 않는다면, 그는 세상을 불태울 도구를 갖지 못할 것입니다. 문제는 이것입니다. 즉, 아무도 불타고 있지 않다는 것입니다! 물론, 사람들은 다양한 기독교 활동을 하고 각종 기독교 브랜드를 양산하며 교리와 방법론에 대한 열띤 논쟁을 벌이고 있지만, 이 모든 것은 교회 안에 불화의 씨를 뿌리고 싶어 하는 사탄만 흡족하게 할 뿐입니다. 그러므로 모든 종교적 갈등과 기회주의를 버립시다. 우리는 새 하늘과 새 땅을 바라보고 있습니다. 그리스도는 십자가에서 모든 정사와 권세를 물리치셨습니다. 그러므로 인간적 방법과 수단을 버리고 하나님을 위한 불꽃이 되어 세상을 활활 태울 수 있는 횃불로 타오르십시오.

우리는 모두 이러한 횃불이 될 수 있습니다. 그러나 그러기 위해서는 모든 인간적인 것을 버리고 사람에게 가능한 어떤 것보다 더 높은 곳에 머물러야 합니다. 우리는 세상에 계셨으나 세상에 속하지 않았던 예수님처럼 더 높은 곳으로 올라가야 합니다. 우리를 세상과 세상의 덧없는 욕망으로 끌어당기는 작은 줄을 잘라내야 합니다. 우리는 이 세상의 것들이 우리 아래에서 불타오를 수 있도록 더 높이 올라가야 합니다.

우리 자신의 은사와 능력은 아무것도 성취할 수 없습니다. 우리가 그것들을 의지할 때마다, 우리 안의 빛은 꺼집니다. 우리는 이 세상의 원리들 위에 서서, 예수님과 같은 인내로 우리 시대의 고난을 견딜 수 있습니다. 그의 인내는 부활로 이끄는 능력이며, 우리 안에 부활의 능력으로 남아 있습니다. 그러나 완전한 자유를 얻기 전에, 우리에게는 싸움이 필요합니다. 이 불은 조금씩, 그리고 한 사람씩, 불이 붙은 후에 퍼져나갈 것입니다. 그리스도의 불은 준비가 된 모든 사람을 태울 것입니다. 이 불은 그들로부터 시작해서 예수 그리스도의 날까지 곧장 이어질 것입니다.

7. 소망과 기대

우리는 종종 잃어버린 낙원에 관해 이야기합니다. 그러나, 우리의 낙원은 미래에 있습니다.

*

우리가 맞서 싸워야 할 죽음은 일시적인 죽음이나 내세로 들어가는 과정이 아닙니다. 이 죽음은 경우에 따라 기쁨이 될 수도 있습니다. 이런 죽음 자체는 우리의 삶에 고통을 초래하지 않습니다. 사실 우리 안에 있는 고상한 것은 이러한 죽음의 고통을 통해 태어납니다. 의지가 강하지 못하거나 나약한 사람은 아무것도 될 수 없습니다. 그런 사람은 삶의 위기가 제거되기를 바랄 수 없습니다.

진정한 죽음은 우리가 영적으로 낙담한 상태에서 더 이상 아무것도 책임지고 할 수 없을 때 찾아옵니다. 우리가 흐르는 세월이나 세상의 수레바퀴에 갇혀 있는 한, 우리 눈에 과거만 보이거나 돈이나 집이나 토지 이상의 것을 보지 못할 때, 우리는 죽음에 짓눌리게 됩니다. 죽음은 그런 것입니다. 민족주의적 개념에 갇혀 있는 나라는 죽음에 사로잡혀 있는 것입니다.

우리는 이런 죽음을 조심해야 합니다. 특히 예수 그리스도의 교회는 새처럼 자유로워야 합니다. 교회는 어떻게 살아야 하는지를 모범으로 보여 주어야 하며, 마치 교회가 하나님보다 더 중요한 것처럼 자신을 위해 둥지를 만들거나 이기적인 싸움을 해서는 안 됩니다. 예수 그리스도의 교회는 내적으로 자유로울 때만 이 죽음의 세상에 생명을 불어넣을 수 있습니다.

*

구주는 왜 질병과 죽음에 맞서 그처럼 치열하게 싸우셨습니까? 죽는 것이 행복할 경우도 있지 않을까요? 어쨌든 이 세상의 모든 것은 결국 끝이 나지 않습니까? 모든 식물이나 동물과 마찬가지로, 우리도 마침내 생명이 끝나는 순간에 이르게 될 것입니다. 이 모든 것은 사실입니다. 그러나 예수께서 죽음과 싸우신 것은 단지 생명이 끝나는 것을 막기 위해서가 아닙니다. 만일 그랬다면, 추수를 반대했을 것입니다. 사과가 익으면 나무에서 떨어집니다. 밀이 익어 결실하면 다른 역할이 기다리고 있습니다. 마찬가지로 한 개인의 삶이 무르익으면, 다른 곳에서 섬겨야 할 일이 있습니다. 그에게 가장 중요한 것은 영이기 때문에, 결실은 일찍 찾아올 수도 있습니다. 어떤 사람들은 아직 어린 데도 죽음을 맞이할 준비가 되어 있습니다. 이런 의미에서 그들은 성숙했으며, 임무를 완수했기 때문에 죽은 후 다른 곳에서 섬길 것입니다. 사람의 나이는 크게 중요하지 않습니다. 그러므로 인생에서 가장 중요한 질문은 "이 땅에서의 사명을 완수하였는가?"라는 것입니다. 만약 사명을 완수했다면, 여러분은 기쁘게 죽을 수 있을 것입니다. 예수님은 "다 이루었다"It is finished고 말씀하셨습니다. 끝난 것은 일it이며, 끝나지 않은 것이 있다면 그것은 죽음입니다.

예수님은 말씀하십니다. "나를 믿는 자는 죽어도 살겠고, 내가 그를 온전케 하리라. 나는 그의 부족함을 보지 않을 것이다. 나는 부활이요 생명이다. 나는 저는 자와 불구자와 눈먼 자와 귀먹은 자를 위하여, 이 땅에서 시작한 일을 완성할 것이다. 나를 믿고 내 안에 사는 자에게는 영원한 생명이 있다. 너희 때가 왔다. 더 이상 죽음은 없다."

우리가 온전하라는 사명을 완수하지 못하는 것은 슬픈 일입니다. 우리가 죽음에 직면하여 안타까움의 눈물을 흘리는 것은 아직 끝나지 않은 일이 많기 때문입니다. 그러나 하나님은 우리의 눈에서 이 눈물을 씻겨 주시기를 원하십니다. 그는 우리의 잘못을 용서하시고 깨어진 것을 바로잡으시며 새로운 발판 위에 세우실 것입니다. 우리가 간절히 바랐으나 미처 마치지 못한 일은 하나님이 우리를 위해 마저 하실 것입니다. 이것이 부활의 약속입니다. 아담과 하와가 낙원에서 이루지 못한 일도 이루실 것이며, 우리가 실패한 일도 이루어질 것입니다. 희망은 항상 있습니다.

오늘날 사람들은 이런저런 성취에 몰두하고 있습니다. 그러나 죽음을 정복하지 않는 한, 그들은 아무것도 성취하지 못할 것입니다. 죽음은 침체입니다. 가정이든 세대든 국가든, 부활이 없으면 성장도 없으며 오직 침체와 쇠퇴만 있을 것입니다. 부활이 없으면 모든 것이 정체되고 사람들은 절망에 빠질 것이며 우리의 삶은 미쳐 돌아갈 것입니다.

그러므로 결실을 맺게 해줄 성장을 위해 기도합시다. 세상을 창조하시고 수정과 암석을 형성하시고 식물을 자라게 하시고 동물을 만드시고 무엇보다도 사람 안에서 역사하시는 성령 안에서 무르익을 수 있게 기도합시다. 이 성령은 우리의 육신을 치유하고 우리의 온전함을 향해 성장하도록 돕는 강력한 능력이 있습니다. 부활이요 생명이신 주 안에서 믿음으로 삽시다. 그는 우리가 정체된 상태에 있는 것을 허락하지 않으실 것입니다.

*

하나님을 의지하는 사람들은 조용히 일합니다. 그들은 "참음으로 기다립니다."롬 8:25 그러나 이러한 인내심은 그들이 성취하려는 목표를 향한 에너지를 창출합니다. 그것은 인간 본성 자체의 치유, 즉 "우리 몸의 구속"을 고대합니다.

자연 과학은 생명체가 자신의 목적에 따라 발전한다고 주장합니다. 곤충은 나뭇잎이나 나뭇가지의 색으로 변장하여 새의 먹이가 되는 것을 피함으로써 새를 속입니다. 북쪽 국가에서는 산토끼의 털이 하얗게 변하는데, 흙덩어리와 구별하기 어려울 정도입니다. 이처럼 동물은 삶의 목적에 따라 적응합니다. 그러나 우리 인간은 인생의 목적에 합당한 삶을 살지 못합니다. 우리는 토끼에게 머리 숙여 자괴감을 느껴야 하며, "창조 목적에 합당한 삶을 살지 못하는 나는 토끼보다 못하다"라는 사실을 인정해야 할 것입니다. 이상과 현실 사이의 이러한 불일치는 우리를 슬프게 합니다. 우리가 지향해야 할 이상은 우리의 현재 모습과 차이가 있습니다. 우리는 종종 아무런 생각 없이 감정을 따릅니다. 사실, 우리는 우리의 생각이나 행동을 통제하지 못합니다. 우리가 종종 신체적 능력이 허락하는 것 이상의 것을 추구하는 것도 놀라운 일이 아닙니다. 또는 신체적 능력은 있지만, 그것을 사용할 수 있는 비전이 없는 경우도 있습니다. 우리는 불완전하며, 자신의 목적과 일치하는 삶을 살지 못합니다. 우리의 본성은 우리를 교착 상태에 빠뜨립니다. 말하자면, 우리는 죽은 것입니다.

그러나 우리는 예수 그리스도의 부활을 통해 소망을 가질 수 있습니다. 그리스도의 부활은 우리를 놀라게 하지만, 이것은 대체로 우리가 부활의 마지막 단계에서 보았기 때문입니다. 우리가 이 사건을 처음부터 살펴본다면 훨씬 더 잘 이해할 수 있을 것입니다. 예수님은 탄생하실 때부터 모든 것이 그의 부활에 초점을 맞추고 있었습니다. 그를 위한 하나님의 목적은 진정한 인간이 되는 것이었는데, 그러기 위해서는 예수께서 사람으로 오셔야 했던 것입니다. 그의 영광스러운 인성은 사람들을 위로하고 잘못된 것을 바로잡았으며 상처 입은 것을 치유하셨습니다.

예수님은 인자, 곧 사람의 아들이시기 때문에 그의 신성을 지나치게 강조해서는 안 됩니다. 대신에, 우리는 우리의 삶 전체가 변화될 수 있음을 확실히 보여 주는 예수님의 인성에 대한 지식 안에서 성장해야 합니다. 예수님은 참 사람이십니다. 우리는 예수님과의 교제를 통해 참된 인간으로 성숙할 수 있으며, 우리의 육체적 생명까지 하나님의 목적에 따라 성장할 수 있습니다. 그렇게 되면 존재 가치가 분명한 인간 사회, 즉 예수 그리스도의 몸 된 교회를 형성할 수 있을 것입니다. 부활을 발견하고 우리의 육신까지 하나님의 목적에 합당한 삶을 살 수 있다는 것은 참으로 귀한 일입니다. 예수님의 제자가 되고 싶다면 참 마음으로 그를 따르고 소망 중에 즐거워하며 인내로써 경주하시기 바랍니다. 종교적 논쟁이나 기독교적 논쟁에 힘을 낭비하지 말고, 온 마음으로 진정한 인간이 되기 위해 최선을 다하십시오. 하나님이 다시 한번 우리를 일깨워 "몸의 구속"을 대망하게 해주시기를 빕니다.

*

하나님은 우리의 낮은 몸, 우리의 자아를 변화시키시고, 어떤 육신의 유혹에도 넘어가지 않는 방식으로 천국에 들어갈 수 있게 하시겠다고 약속하십니다. 그러나 우리는 기다리기만 해야 하는 것은 아닙니다. 부분적이지만, 이 일은 지금도 일어날 수 있습니다. 예수 그리스도는 이미 우리를 변화시키기 시작했습니다. 하나님이 우리 안에서 이루시는 모든 것은 하나의 작은 본성적 씨앗에서 시작됩니다. 오늘날에도 우리의 존재 전체가 하나님의 손에 붙들릴 수 있습니다. 하나님의 뜻을 우리 영의 작은 다락방뿐만 아니라 우리의 육신 깊숙한 곳까지 받아들입시다. 우리가 하는 모든 일에서 그의 이름을 거룩하게 하겠다고 결심합시다. 지금 즉시 시행할 수 있습니다. 그의 손에 붙들리는 순간, 우리는 어두움에 대한 모든 복종으로부터 완전히 자유로워질 수 있습니다.

＊

우리는 부활에 대해 언급할 때, 매우 단순한 원리를 생각하면 됩니다. 죽은 줄 알았던 나무가 갑자기 푸르름을 되찾고 꽃을 피우며 생명력으로 가득 찹니다. 우리의 부활도 이와 유사할 것입니다. 우리의 모든 길은 죽음을 향해 내려가게 하지만, 언젠가는 우리의 방향이 위로 향할 것입니다. 이러한 변화는 은밀하게 역사하시는 하나님의 인도하심 아래 이루어질 것입니다. 인간의 실제적인 갱신은 매우 조용히 시작될 것입니다. "침묵 속에 부활의 날이 밝아올 것입니다."

＊

사람들은 흔히 죽으면 모든 것이 갑자기 잘될 것으로 생각합니다. 그러나 우리가 여기서 영생을 소유하지 못한다면, 무슨 근거로 저편에서는 더 나아질 것으로 생각합니까? 무슨 권리로, 우리가 죽으면 그동안 믿었던 모든 거짓과 우리 안에 있는 잘못된 것들이 모두 제거될 것으로 생각합니까?

어떤 사람은 죽어도 전과 달라질 것은 없다고 생각합니다. 그들은 오직 자신만 생각하며 그 외에는 아무것도 보지도 않고 듣지도 않습니다. 그러나 이미 하나님의 생명, 곧 영생을 소유한 자에게는 육신을 내려놓는 것이 큰 의미가 없습니다. 행복으로 가득한 새롭고 생동적인 삶이 시작될 것이기 때문입니다.

＊

예수 그리스도는 우리에게 생명의 왕이 되십니다. 그러나 이것은 우리가 저절로 영생의 삶을 산다거나 충만한 삶을 산다는 뜻이 아닙니다. 오직 지금 영원 속에 사는 사람만이 이러한 가치를 온전히 누릴 수 있습니다. 영원을 떠난 삶은 고통만 따를 뿐입니다. 그러나 우리는 예수와 및 그의 영원한 생명과 함께 영원으로 들어갈 수 있습니다. 그 안에서는 우리를 괴롭히는 모든 것이 드러날 것입니다. 영원 안에서는 모든 불의한 것들이 깨끗함을 얻고, 죽어가는 모든 악한 것들이 쫓겨날 것입니다. 영원한 것은 오직 하나님께만 속해 있습니다. 그러나 영원은 생명으로 가득한 현실입니다. 사탄이나 어떤 사악함이나 거짓도 영원으로 들어갈 수 없습니다.

우리가 사는 세상이 영원과 만나면, 참된 삶이 전개됩니다. 죽음은 생명의 중단입니다. 나는 끝나지 않아도, 죽음 안에서는 한 걸음도 더 나아갈 수 없습니다. 그러나 우리가 지금 영원 속에 산다면, 우리의 삶은 지속될 것입니다. 우리는 하나님을 향해 계속해서 성장하고 더욱 높이 올라갈 것입니다.

예수님은 생명의 왕이십니다. 그러나 왕에게는 백성이 있으며, 이 백성은 왕이 그들 안에 사는 것처럼 왕 안에서 사는 법을 배워야 합니다. 예수님은 자신을 떡에 비유하시며, 이 떡을 백성에게 먹으라고 내어주십니다. 그는 생명의 떡이십니다. 그는 우리 안에서 영원한 생명이 되심으로 우리도 예수 안에서 영생하기를 원하십니다. 영원한 생명을 소유한 자는 결코 삶이 중단되지 않습니다. 그의 삶은 모든 시대와 세대를 넘어 계속될 것입니다. 그러므로 모든 사람은 이 생명의 왕을 만날 소망을 품을 수 있습니다.

*

고대 유대인은 인간의 가장 절실한 필요가 충족될 때가 다가오고 있으나 아직은 이르지 않았다고 생각했습니다. 이 때문에 유대 역사에는 발전을 향해 나아가고자 하는 강력한 열망이 나타납니다. 유대인들은 그들에게 약속된 것을 내다보며 살았습니다. 하나님의 위대한 계시를 받았음에도 불구하고, 그들은 그 후에도 계속해서 자신이 가난하다고 느꼈습니다. 그들은 뒤를 돌아보며 그들의 영웅들을 신으로 만들지 않았습니다. 위대한 일들은 그들의 뒤에 있는 것이 아니라 앞에 있었던 것입니다.

그러나 그들은 열광하지 않았으며, 이 위대한 약속은 언제나 현실적이고 인간적인 차원에서 남아 있었습니다. 하나님의 약속에 의하면 모든 피조물은 언젠가 조화를 이루며 더불어 살게 될 것입니다. 그러나 그전에 먼저 인간이 변해야 합니다. 선지자들 중에 인간은 그대로 두고 훌륭한 법과 제도에 기초한 이상적인 사회나 국가를 세워야 한다고 주장한 사람은 없습니다. 아니, 그들은 훨씬 더 좋은 것, 마음이 새롭게 된 백성에게 임할 하늘나라를 알고 있었습니다. 이스라엘 백성에게 내재된, 앞을 향해 나아가고자 하는 이 강력한 열망은 결국 예수 그리스도의 나타나심이라는 결실을 끌어냈습니다.

하나님은 새 하늘과 새 땅을 원하십니다. 사실 인간도 원래 새로운 것을 원합니다. 그러므로 하나님과 이 땅의 백성은 사실상 일치하고 있습니다. 인류는 더욱 발전하고 진보하기를 원합니다. 그러나 엄밀히 말해 인간은 실제적인 진보를 이루지 못했습니다. 고대 앗수르의 상품매매 계약서는 당시 사람들이 오늘날 우리와 전혀 다를 바 없는 감정과 욕심을 가지고 있었음을 보여 줍니다. 인간은 여전히 고통에서 벗어나지 못하고 있습니다. 그럼에도 불구하고, 우리는 개선을 원합니다. 우리는 어떤 식으로든 온전해지기를 원합니다. 이런 면에서 우리는 하나님과 일치합니다.

그러므로 우리는 진보를 위해 노력하는 어떤 인물이나 운동도 멸시해서는 안 됩니다. 사실, 진보라는 개념 자체는 기독교적입니다. 이교도는 옛 방식에 머물러 있습니다. 예를 들면 인도에서는 카스트 제도가 수천 년 동안 이어져 오고 있습니다. 그러나 기독교가 조금이라도 개입된 현장은 모든 것이 소용돌이에 빠졌습니다. 그리스도를 따르는 사람들은 만물을 새롭게 하시려는 하나님과 조화를 이루며 살려고 노력합니다.

안타깝게도 오늘날 그리스도인들 사이에서 일어나는 혼란은 대부분 증오심에서 비롯된 것입니다. 기독교 혁명가들은 자신이 하나님을 섬기고 있다고 생각하지만, 사실은 그렇지 않습니다. 하나님의 진보의 길은 사랑을 통해 자극과 힘을 얻습니다. 예수께서 일으키고자 하시는 변화는 불쌍한 자, 눌린 자, 병든 자, 멸시받는 자를 돕는 것입니다. 하나님의 사랑을 상징하시는 예수님은 이 사랑을 모든 사람에게 부어주고 싶어 하십니다. 그러므로 오직 사

랑으로, 아무도 업신여기거나 정죄하지 말고 낮고 천한 자를 진토
에서 끌어올리며 모든 사람을 동등하게 대하십시오. 그러면 하늘
과 땅과 모든 것이 새로워질 것입니다. 하나님은 세상을 사랑하시
며, 만물을 새롭게 하기를 원하십니다. 그러므로 진보를 원한다면
세상을 사랑하십시오.

*

끝까지 견디는 자는 구원을 얻을 것입니다.마 24:13 우리는 끝까
지 멈추지 않아야 합니다. 그러면 새로운 시작이 전혀 새로운 것
을 가져올 수 있습니다. 그때까지 어려움은 계속될 것입니다. 우
리는 여전히 보이는 세력과 보이지 않는 세력을 정복해야 하며,
그러한 것들을 제거하는 일은 수술을 집도하는 것과 같습니다. 우
리가 아는 대로, 역사의 끝이 다가오면 지진과 급격한 기상이변과
역병과 혼란, 그리고 나라들 사이에 전쟁이 있을 것입니다. 물론
이런 재난이 끝은 아닙니다. 하지만 마지막 때에는 확실히 이러한
것들이 한꺼번에 휘몰아칠 것입니다. 종말은 재앙과 사망으로 가
득한 온갖 고통이 끝난 후 찾아올 것입니다. 그리고 구원이 시작
될 것입니다. 누구든지 주의 이름을 부르는 자는 구원을 받을 것
입니다. 그것이 끝입니다. 그러나 그와 동시에 그것은 새로운 시
작이 될 것입니다. 하나님께는 새로운 시작이 없는 끝이 없기 때
문입니다. 따라서 죄는 끝날 것입니다. 불의와 거짓과 비정상적이
고 선하지 않은 모든 것은 조만간 끝날 것입니다. 그런 후 하나님
의 통치가 시작될 것입니다.

그리스도인 된 여러분이여, 결단코 악을 끝내십시오. 그러기 위해서는 선한 것에 대해 불평하지 않아야 합니다. 결국 악한 것은 죽고 선한 것만 살아남을 것입니다. 그리고 이것은 각 사람에게 적용될 것입니다. 선한 것은 멸망하지 않고 선하지 않은 것은 소멸할 것입니다. 악한 길을 버리지 않는 자, 죄를 붙들고 결사적으로 매달리는 자, 끝까지 하나님을 대적하는 완악한 자는 큰 재앙에 빠지게 될 것입니다. 그러나 모든 것을 내려놓은 사람은 그렇지 않을 것입니다. 그는 필요한 모든 것을 가지고 있습니다. 세상에 매이지 않은 사람은 모든 것을 받습니다. 하나님의 나라가 그 모든 영광과 함께 그들에게 다가오고 있습니다.

그러나 끝까지 인내한다는 것은 세상의 악에 맞서 완강하게 버티는 것을 의미하지 않습니다. 우리는 고집 때문에 죽을 수도 있습니다. 그러나 그것은 인간의 결말이지 신의 결말이 아닙니다. 집을 빼앗으려는 자가 있다면, 그렇게 하게 하십시오. 나의 권리를 빼앗으려는 자가 있다면, 그렇게 하라고 하십시오. 악은 끝이 있고, 박해자도 마찬가지입니다. 그러나 여러분의 영혼은 그렇지 않습니다. 그러므로 핍박을 받고 학대를 당하며 저주를 받으십시오. 언젠가는 멈출 것입니다. 여러분을 핍박하는 자를 위해 기도하십시오. 여러분이 끝까지 선을 고수한다면, 자신을 두려워할 이유가 없습니다.

여러분은 자신을 하나님께 온전히 바침으로써, 마지막 때를 위해 기도하고 있는 것입니다. 여러분은 악과 세속적인 것들을 모두 내려놓음으로써, 종말을 재촉하는 데 기여한 것입니다. 우리에게 지혜가 조금만 더 있다면, 우리가 일시적인 것들에 매이지 않고 내려놓을 수만 있다면 얼마나 좋겠습니까? 끝까지 인내하면, 구원을 받을 것입니다.

*

구주께서 가장 바라시는 것은 하늘에서처럼 땅에서도 그의 나라를 세우시려는 하나님의 뜻을 이루는 것입니다. 오늘날 세상의 형언할 수 없는 고통을 깊이 인식하고 있는 사람은 그의 여린 마음으로 도저히 감당하기 어려운 무거운 짐을 지고 있는 것입니다. 그러므로 예수님은 이 재앙의 때를 속히 끝내기 위해 온 마음과 혼을 다해 일하시며, 우리에게 계명을 주어 그 일을 돕게 하십니다. 예수께서 제자들을 부르신 것은 이 악한 시대를 가능한 한 빨리 끝내기 위해서입니다. 구주의 마음은 절박하십니다. 인간적인 말로 표현하자면, 예수님은 자신과 제자들이 이 세상을 둘로 찢어놓을 것으로 생각했습니다. 그러나 그의 간절한 기대를 알아주는 사람은 거의 없었습니다. 이제 우리는 기쁨과 소망으로 가득했던 예수님의 절박함을 안타까운 심정으로 되돌아봅니다. 그러나 우리는 감상에 빠져 있기만 할 때가 아닙니다. 우리는 예수님의 계명을 받아들이고 오늘날 일어나고 있는 모든 말할 수 없는 고통에 대해 애통하는 마음을 가짐으로써, 이 엄청나고 긴급한 기대에 부응해야 할 것입니다. 부디 우리가 끝이 오기를 더 간절히 바라는 자들이 되기를 원합니다.

*

"만물의 마지막이 가까이 왔으니"^{벧전 4:7}라는 말씀은 하나님의 사역이 끝날 때가 되었다는 말이 아닙니다. 이 말씀은 우리가 하나님에게서 벗어나 행한 모든 것이 끝나가고 있다는 뜻입니다. 언젠가 악이 끝날 날이 올 것입니다. 죄와 사망과 지옥은 영원할 수 없습니다. 오직 선만이 영원할 것입니다. 악이 지속된다는 것은 불가능한 일입니다. 하나님이 살아계시기 때문에, 하나님을 떠나 존재하는 모든 것은 그칠 것입니다.

신은 죽었다는 니체의 말은 일리가 있습니다. 물론 신은 죽지 않았지만, 적어도 사람들의 삶 속에는 그가 죽은 것입니다. 그들은 온갖 것을 쫓아다니며 하나님이 아닌 것들에 귀를 기울이지만, 하나님에 관해서는 어떤 말도 듣지 않으려 합니다. 우리의 문명은 더 이상 하나님을 필요로 하지 않는 것처럼 보입니다. 참으로 수많은 신들이 존재하지만, 대부분 사람에게 하나님은 죽었습니다. 우리가 기차를 타고 목적지에 가고자 할 때, 승무원이 힘들어하지 않는지, 화부가 고통스러워하지 않는지, 차장이 무서워하지 않는지 묻지 않습니다. 우리는 그저 목적지에 도착하고 싶을 뿐입니다. 따라서 우리는 목적지에 당도할 것으로 기대하며 그곳에 앉아 있을 뿐입니다. 마찬가지로 과학이나 기술도 하나님을 필요로 하지 않습니다. 그것들은 하나님이 없어도 잘해나가고 있습니다. 하나님은 죽은 것입니다.

그러나 하나님은 죽지 않았습니다. 하나님은 살아 계십니다.

그는 살아계신 알파와 오메가, 곧 시작과 끝이십니다. 그리고 그 사이에 있는 모든 것은 혼돈입니다. 그것은 단지 인생의 길을 알지 못하는 영적 소외가 아니라 진정한 혼돈입니다. 분명 시작은 있었지만 우리는 아직 끝에 이르지 못했습니다. 모든 사람은 이 땅에서 끝을 위해, 즉 하나님의 나라를 위한 사역에 동참해야 하지만, 그렇게 하지 않습니다. 인간은 앞서 낙원에서 주어진 몫을 다해야 했으나 그렇게 하지 못했습니다. 인간의 협력이 없는 한, 뱀을 물리칠 수 없었습니다. 그러나 그들은 자신의 의무를 다하지 못했습니다. 그들은 그들과 하나님 사이에 균열이 생기게 했습니다. 그러자 끝을 향한 행진이 돌연 중단되었습니다.

남은 혼돈 속에서, 위대한 선지자적 인물들이 나타났으며, 그들은 "이 일은 반드시 성취되어야 하며, 우리는 순종해야 한다!"라고 외쳤습니다. 그리고 마침내 예수 그리스도께서 오셨습니다. 그는 알파와 오메가 사이 중간에 서 계십니다. 기독교 교회는 시작할 때부터 지속적으로 끝을 위해 살아야 했습니다. 그들은 "이 일은 반드시 성취될 것입니다! 변화될 것입니다! 우리 하나님은 살아계십니다! 우리 하나님이 오고 계십니다!"라고 외쳐야 했습니다. 그러나 교회는 이 일에 소홀히 했습니다. 하나님의 최종적 나라를 위해 일하고자 하는 사람은 누구나 환난과 두려움과 죽음에 직면해야 합니다. 이 세상의 혼돈은 싸움 없이는 극복할 수 없습니다. 하나님의 자녀들에게는 이 땅에서 편안히 지내는 복된 상태가 아니라 싸움이 기다리고 있습니다. 우리는 하나님께 굴복하지 않는 모든 것에 맞서, 결코 흔들림 없이 하나님의 권세를 위한 깃발을 들어야 합니다.

우리의 소망이 이루어지지 않는다면, 이 땅과 인류는 어떻게 되겠습니까? 문명의 이리 떼가 이 땅을 집어삼키면 어떤 일이 일어나겠습니까? 오늘날 많은 나라에서 수많은 사람이 살육을 당하고 있으며, 우리는 선하신 하나님이 왜 그런 일이 일어나도록 내버려 두시는지 의아해합니다. 하나님에게 그의 나라를 위한 일에 동참하는 사람들이 없다면, 한 조각의 기독교로는 수백만의 사람들이 나가떨어질 환란의 때에 우리를 구원하지 못할 것입니다. 진정한 진보는 하나님이 하늘의 보좌가 아니라 이 땅의 보좌에 앉으실 마지막 때가 되어야 이루어질 것입니다. 그때까지는 어떤 실제적인 인류의 발전도 이루어지지 않을 것입니다.

*

그러므로 우리는 자신에 대해 진지해야 하며, 기독교적 경건이라는 안락한 침상에서 내려와야 합니다. 우리는 목숨을 걸고라도 즉시 전장 한가운데로 들어가야 합니다. 어려움이나 수치를 회피하기 위해 움츠리지 마십시오. 자신의 불행에서 벗어나기 위해 하나님께 부르짖는 것을 멈추십시오. 아니, 하나님의 조력자가 되십시오. 무슨 일이든 소망을 가지고 하십시오. 십자가를 지고 가장 치열한 전투에 뛰어드십시오. 예수님은 살아 계십니다. 그는 승리자이십니다. 그는 우리가 감당해야 할 몫을 주셨습니다.

*

끝이 이르기 전에 세상을 구할 수 있는 것은 아무것도 없습니다. 그러므로 세상에 대해 불평하지 마십시오. 세상 자체는 무력합니다. 우리는 당분간 이 땅에서 한 방울의 이슬이 되어 반짝일 수밖에 없습니다. 그러나 우리는 "예수님은 당신의 구주"라는 복음을 세상에 전할 수 있습니다.

*

우리가 예수 그리스도의 날이 이르기 전에 온 세상을 회심시킬 것이라는 생각을 하지 마십시오. 우리가 세상에 복음을 전하는 것은 도처에 굶주린 영혼들이 있기 때문이지만, 우리의 설교로 세상이 정복될 것이라고 믿지는 않습니다. 우리가 할 일은 세상을 돕고, 그것을 우리 마음에 짊어지며, 하나님의 사랑에 맡기는 것입니다. 이 사랑 안에서 인내하며 끝까지 견고하십시오.

*

"내가 진실로 속히 오리라"는 예수님의 말씀은 교회 역사를 두 시대, 즉 하나님의 나라를 준비하는 시대와 하나님의 나라가 실제로 임한 시대로 나눕니다.

하나님의 나라는 구주께서 육신을 입고 오셨을 때 시작되었습니다. 이 시기에 우리에게는 복음이 있습니다. 이 복음은 "모든 믿는 자에게 구원을 주시는 하나님의 능력"이 됩니다. 이 시기에는 하나님의 나라가 복음을 통해 선포되고, 복음의 전령들을 통해 이 땅에 세워집니다. 그러나 그리스도 안에 있는 하나님의 통치는 아직 확산되지 않았습니다. 그것은 단지 신자들 안에서 조용히 시작되었을 뿐입니다. 세상에 있는 나머지 사람들, 곧 대중은 복음을 듣고도 여전히 죄와 사망의 권세 아래 머물러 있습니다. 이 복음을 통해, 하나님의 사랑을 세상에 알리고 어두움이 이기지 못하게 막는 소망의 빛이 비췄었지만, 그들의 삶은 아직도 하나님을 향해 자유롭지 못합니다. 그들은 여전히 죄와 싸워 이길 힘이 부족합니다. 하나님의 새로운 창조는 오직 은밀하게, 믿는 자들 사이에서만 존재합니다. 이 신자들은 하나님 나라의 전령들입니다. 그들은 죽기까지 참되게 살며 인자가 아버지의 영광으로 오시기까지 이 땅이 하나님의 소유임을 알리기 위해 싸우라는 부르심을 받았습니다.

그때까지는 예수 그리스도 안에 있는 하나님의 충만한 능력이 열방과 대중에게 이르지 않을 것입니다. 그때가 되면, 기독교와 복음이 이전에 이룰 수 없었던 일, 즉 심판이 시행될 것입니다. 복음 시대에도 심판이 없이는 아무도 의롭다함을 얻는 복을 받지 못할 것입니다. 그러나 이 마지막 심판 때에는 훨씬 많은 것이 드러나게 될 것입니다. 하나님은 우리가 옳다고 생각한 많은 것들, 즉 하나님이 수 세기 동안 참아오셨던 것들을 제거하실 것입니다. 이 심판이 이를 때까지, 인류 전체의 갱신은 기다려야 할 것입니다.

그러므로 세상이 현재의 상태대로 남아 있고 우리의 믿음이 오직 은밀한 투쟁을 통해서만 유지된다고 할지라도 낙심할 필요가 없습니다. 이 세상은 그런 이유로 영원히 버림받지 아니할 것이기 때문입니다. 세상은 장차 그리스도께서 만왕의 왕으로 나타나실,

하나님의 최종적 계시를 손꼽아 기다리고 있습니다. 그때까지는 전령의 신실함에 모든 것이 달려 있습니다. "진실로 내가 속히 오리라"는 약속의 응답은 특히 그들에게, "택하심을 입은 자"와 "주님을 앙망하는 종들"에게 주어질 것입니다.

*

요한계시록은 "영원한 복음"을 약속합니다.계 14:6 이 약속은 바벨론 함락 후에 이루어질 것입니다. "바벨론"은 하나님을 떠나 스스로 자신을 구원하려는 인간의 모든 노력을 상징합니다. 이곳은 사람들이 사악하고 불행한 운명의 힘으로부터 자신을 구하기 위해 무엇이든 해야 한다는 충동을 따르는 곳입니다. 이처럼 끔찍하고 혼란스러운 상황 속에 영원한 복음이 들어온다는 것입니다.

먼저 알아야 할 것은, 우리가 지금까지 보존해왔던 복음은 훼손되었다는 것입니다. 이 복음의 특징은 사람들을 분리한다는 것입니다. 사람들은 서로 갈라지고, 교회는 세워지는 즉시 이교도나 믿지 않는 나라들과 분리됩니다. 이처럼 분리된 상황에서, 우리는 하늘과 땅의 주이신 예수 그리스도의 이름을 선포합니다.

그러나 이 기존의 복음에 한 가지 잘못된 사상이 스며들었습니다. 가장 근본적인 오류는 스스로 구별된 사람들이, 그들이 분리한 사람들보다 자신이 더 낫다고 생각한다는 것입니다. 그러나 그들이 분리되어야 한다면, 이유는 한 가지뿐입니다. 그것은 자신이 받은 하나님의 사랑을 세상에 되돌려 주기 위해서라는 것입니다. 그들은 다른 사람들을 위한 제사장이 되어야 합니다. 그들은 성령을 통해 세상을 정복해야 합니다. 하나님 없이 살려는 세상을 보고만 있을 수 없는 그들은 성령을 통해 세상의 위기에 관여해야 합니다. 그들은 그리스도의 빛을 세상에 전해야 하며, 영원한 복음이 주어질 예수 그리스도의 날을 위해 수고해야 합니다.

이 영원한 복음은 더 이상 분리를 용납하지 않을 것입니다. 그것은 사람들을 구별하지 않을 것입니다. 이 복음은 모든 사람, 모든 이교도의 것입니다. 그것은 하늘과 땅과 땅 아래 모든 것, 그리고 바다와 모든 심연을 포괄합니다. 여러분은 오늘날 이 영원한 복음을 가진 천사의 음성을 이미 듣고 있지 않습니까?계 14:6 인간의 분열은 사라질 것입니다. 물론 이 영원한 복음을 이해하는 사람도 있고 놀랄 사람도 있을 것입니다. 그러나 우리가 이해하든 이해하지 못하든, 영원한 복음은 오고 있습니다. 오늘날에도 "당신은 그리스도인입니까?"라고 묻는 대신 "당신은 하나님을 경외합니까?"라고 묻는 사람들이 있습니다. 영원한 복음을 가진 천사는 차별 없는 메시지를 선포할 것이기 때문입니다. 곧 "너희 모든 민족과 종족과 방언들아 하나님을 두려워하며 하늘과 땅과 바다와 물들의 근원을 만드신 이를 경배하라 너희는 자유하다. 무너졌도다 바벨론이여 너희는 모두 하나님께 속해 있다"라는 것입니다.계 14:7-8 참조

하나님이 우리가 생각하는 경건한 자와 악한 자, 의로운 자와 불의한 자, 기독교인과 이교도를 구별하지 않으실 때가 오고 있습니다. 이 예수님, 이 복음으로 인해 상처를 받지 않는 사람은 복된

자입니다.

＊

아직은 인자의 날을 볼 때가 아닙니다. 인내하십시오. 그날이 오기 전에 해야 할 일이 많습니다. 우리는 시기를 잘못 설정하기 쉽습니다. 그러나 예수 그리스도의 날은 우리가 정하는 것이 아니라 하나님으로부터 옵니다. 예수 그리스도의 날을 기대하며 기다리는 것은 하나님의 나라를 위한 삶의 일부입니다.

＊

우리는 진리의 씨를 보존하기 위하여 열방에 복음을 전파해야 했습니다. 그러나 이제 씨앗이 싹을 내었습니다. 지금이 바로 예수께서 오실 때입니다. 그날이 다가오고 있습니다. 그러나 우리는 그 날이 이르기 전에 모든 것을 변화시킬 준비가 되어 있어야 합니다. 구주께서 지금과 같은 상태의 세상을 다스리고 싶어 하시겠습니까?

＊

구주께 중요한 것은 하나님 나라의 목적입니다. 그러나 공의와 진리와 생명을 위한 모든 그리스도인의 노력은 이 목표에 도달할 수 없습니다. 우리는 개인적으로나 교회적으로 얼마든지 씨름하고 싸울 수 있지만, 우리가 할 수 있는 최선은 하나님의 크신 보호하심 아래 숨어 세상의 영과 지옥의 문에 삼킴을 당하지 않는 것입니다. 그러나 이것으로는 하나님의 승리라고 할 수 없습니다. 이미 이천년이나 지났지만, 전능하신 하나님의 승리를 어디서 볼 수 있습니까?

이 승리는 땅이 빛으로 환할 때, 참으로 죄가 죽어 더 이상 힘을 발휘하지 못할 때, 예수께서 왕이 되시고 이 땅의 백성들이 그 안에서 참으로 자유할 때, 찾아올 것입니다. 이 땅에 하늘나라가 완전히 이루어지기 전에는 온전한 승리가 오지 않을 것입니다. 우리 공동체는 많은 일을 하고 있지만, 자신의 방에서 혼자 조용히 기도하는 것 역시 그에 못지않게 가치 있는 일입니다. 그러나 우리는 여전히 하늘나라를 소망합니다. 즉, 지금까지 알고 있던 모든 것을 넘어 새롭게 전개될 하나님의 영광, 새로운 계시를 기다리고 있다는 것입니다.

이 나라는 마침내 왕이 친히 모습을 드러내실 때 임할 것입니다. 우리는 오랫동안 이 나라에 대해 어렴풋이 짐작해 왔습니다. 우리의 신앙은 그것을 위해 준비해 왔습니다. 그러나 결국 천국은 신랑이 오기를 기다리는 열 처녀와 같을 것입니다. 우리의 유일한 소망은 왕이 오시기를 기다리는 것이어야 합니다. 사람들은 이미 이 왕이 필요하다는 사실을 알고 있습니다. 그들은 자신이 목자 없는 양과 같다는 것을 압니다. 그들은 좀처럼 인정하지 않으려 하지만, 그들에게는 왕에 대한 갈증과 열망이 있습니다. 우리는 사랑을 통해 주 예수 아래 있기 위해 모든 힘을 쏟음으로써, 이러한 열망에 부응해야 할 것입니다. 우리는 더 이상 자신의 이익을 추구하지 않고 예수님이 누구신지 제대로 알아야 합니다.

오직 슬기로운 처녀들만 왕이 주관하는 마지막 모임에 참여할

수 있을 것이며, 그때는 참으로 많은 것들에 대한 교제가 이루어
질 것입니다. 그러나 자신의 이익만 추구하던 사람들은 예수님과
의 이 내밀한 대화에 참여할 수 없을 것입니다.

*

초기 그리스도인은 예수님의 재림을 고대했습니다. 이것은 그
들이 아직 끝나지 않은 것이 있다는 사실을 알고 있었음을 보여줍
니다. 그들은 예수께서 시작하신 새로운 일이 완성을 기다리고 있
다는 사실을 이해했던 것입니다. 예수님이 어떻게 오실 것인지는
여전히 감춰져 있지만, 우리가 상상하는 것과는 전혀 다를 수 있
습니다. 초기 그리스도인이 끔찍한 핍박 속에 고통하던 악한 시대
에, 신자들 사이에는 그리스도의 재림에 대한 온갖 신비주의적이
고 광신적이며 천년왕국적인 개념이 난무했습니다. 그때부터 그
리스도의 재림에 대한 묘사는 한 마디로 동색의 그림이었습니다.
그러나 오늘날 우리는 이 모든 일이 어떻게 이루어질 것인지에 대
한 환상을 버려야 합니다. 우리는 그저 모든 일이 하나님의 뜻대
로 이루어지기만 바라야 할 것입니다. 우리가 구체적으로 알 수
없는 하나님의 나라는 아주 단순하고 자연스러운 방식으로 전개
될 수 있기 때문입니다.

*

성경에 따르면, 그리스도의 재림은 엄청난 비극을 몰고 올 것처
럼 보입니다. 그러나 우리는 여기서 매우 신중해야 합니다. 사도 시
대에는 만물이 실제로 바뀔 수 있다는 개념이 부재했기 때문에, 장

차 예수 그리스도께서 거대한 붕괴가 아닌 다른 방식으로 오신다는 것을 상상할 수 없었습니다. 그들은 구주께서 오실 때 하늘과 땅과 땅 아래의 것들이 흔들리고 무너져내릴 것으로 생각했습니다. 따라서 그들에게 재림은 모든 역경에 맞서 타오르는 등불처럼 가시적인 소망을 일깨워 주어야 했습니다. 또한 아무도 하나님의 나라가 점진적으로 발전할 수 있을 것이라는 생각을 하지 않았기 때문에 재림이 마치 총알처럼 이루어질 것으로 묘사했습니다. 즉, "예수께서 곧 오시면 온 세상이 풍비박산 날 것"이라는 것입니다.

그러나 우리는 그들의 이러한 서술 위에, 그 후로 지금까지 쌓인 경험을 덧붙여야 했습니다. 예를 들면, 그 후 삼백 년이 지나는 동안 로마 제국의 붕괴 이상의 진전을 보지 못하였으며, 같은 기간 동안 하나님의 말씀은 여전했다는 것입니다. 이어서 많은 나라가 재조명을 받았는데, 이것은 하나님은 온 세상에서 자신을 신실하게 섬길 백성을 찾고 계셨기 때문입니다. 결국 전혀 다른 나라들이 기회를 얻었지만, 우리는 이런 역사를 통해 하나님이 얼마나 온화하신 분인지를 알 수 있습니다. 하나님은 앞으로 나아갈 수 있는 무엇을 발견할 때까지 끊임없이 찾으십니다. 한편으로, 기독교와 세계적 사건들 사이의 관계가 얼마나 천천히 발전해 왔는지 생각해 보십시오. 이제야 예수 그리스도의 영이 열방 속에서 역사하기 시작할 만큼 기독교 역사는 점진적으로 발전했습니다. 하나님의 시간은 충분합니다. 그는 언제까지든지 기다리실 수 있습니다. 하나님께 너무 늦은 시간이란 존재하지 않습니다.

나의 부친 역시 "소망의 고백"을 했습니다. 그는 성령의 새로운 부으심을 간절히 원했습니다. 당시 사람들은 초기 그리스도인들과 마찬가지로, 그런 부으심이나 변화는 오직 대격변을 통해서만 이루어질 것으로 생각했습니다. 그렇기 때문에 부친은 갑자기 임하시는 성령을 생각했습니다. 겉으로 나타난 상황은 다른 방향으로 진행되었으나, 부친의 생각은 옳았습니다. 오늘날 그의 소망은 성취되고 있습니다. 우리는 성령께서 사람들이 눈치채지 못하게 다가오고 계심을 알기 때문입니다. 새로운 것은 세상에 떨어진 한 알의 밀처럼 조용히 자랍니다. 오직 "슬기로운 처녀들"만 그리스도께서 다가오고 계심을 압니다. 예수 그리스도의 통치는 여러분이 알아차리기 전에 임할 수 있습니다. 오늘날 사람들은 무엇인가 새로운 것이 임했다는 사실을 깨닫지만, 그것이 어디서 왔는지는 모릅니다.

*

세계 역사, 인류 역사, 민족의 역사가 예수님의 손에 붙들려야 합니다. 사람들이 더 이상 마음대로 할 수 없도록, 역사는 그의 통치 아래 있어야 합니다.

*

복음서는 구주의 재림을 "인자"가 영광 중에 오시는 것으로 서술합니다. "인자"라는 표현은 얼마나 큰 은혜입니까! 하나님은 말하자면 우리가 감당할 수 없는 영광으로 우리를 압도하지 않으신다는 것입니다. 그는 사람의 영광으로, 즉 모든 사람을 위해 그들이 이해할 수 있는 온전함과 충만한 생명으로 오실 것입니다. 이러한 인간적인 방식으로 오시기 때문에 그는 "모든 민족에게" 나타나실 것입니다. 참 사람은 모든 인류에게 큰 의미가 있습니다. 지위나 인종적 차별은 사라질 것입니다. 예수께서 "육신으로" 오신 이유는 그 때문입니다. 그는 장차 다시 한번 육신을 입고 오실 것이며, 그때는 온 인류의 인자가 되실 것입니다. 예수님은 이 땅을 통치하실 것이며 다시는 무시당하는 일이 없을 것입니다.

*

인자는 영원한 불을 가지고 오실 것입니다. 하나님께 감사하시기 바랍니다. 사탄과 함께 했던 자들은 더 이상 주변 사람들을 타락시키지 못할 것입니다. 사탄은 지금까지 사람들을 족쇄로 결박하여 악을 "선"이라 부르고 선을 "악"이라 부르게 했으나, 영원한 불 및 그것에 수반된 공의는 이러한 사탄의 족쇄를 깨트릴 것입니다.

모든 사람은 이웃을 향한 마음이 있느냐의 여부로 심판을 받게 될 것입니다. 그들은 "너는 무엇을 믿었으며, 무엇을 믿지 않았느냐"라는 질문을 받지 않을 것입니다. 불쌍히 여기는 마음을 가진 사람은 하나님의 나라에서 섬길 수 있습니다. 그러나 아무런 동정심도 느끼지 못하는 사람은 쓰임 받을 수 없습니다. 온화한 마음의 소유자가 아직 예수님을 모를 수 있습니다. 그러나 그렇다고 해서 그가 예수를 멸시한다거나 하나님께 쓰임 받을 수 없다는 것은 아닙니다. 많은 불신자는 다른 사람들의 어려움을 공감한다는 이유만으로 하늘나라에 들어갈 수 있는 길이 열려 있는 것입니다.

사람의 인성은 구주께서 "내 형제 중에 지극히 작은 자"라고 부르신 낮고 천한 자에 대한 동정심과 그들을 감옥에서 풀어주려는 마음을 통해 드러납니다. 최악의 감옥은 종종 인간 사회가 만듭니다. 사회로부터 소외당하고 버림받은 자가 예수님이 말씀하시는 가장 불쌍한 자에 해당합니다. 어쩌면 그는 불쾌감을 주고 비사교적이며 짓밟힌 사람일지 모릅니다. 어쩌면 그는 절망감에 빠져 있거나 정신을 놓기 직전에 있는지도 모릅니다. 어쩌면 그는 심각한 신체적 장애로 멸시를 당하는 불쌍한 사람인지도 모릅니다. 따라서 그는 다른 사람들처럼 일할 수 없어서 가만히 앉아 있었던 것입니다. 그러나 그가 죽은 후, 사람들은 "그의 속에 얼마나 소중한 것이 들어 있었는가"라며 놀랍니다. 그들은 그제야 그가 주의 형제 중 지극히 작은 자 중에 하나였음을 깨닫게 됩니다. 이처럼 지극히 작은 자 중 하나에 대해 어떻게 대하는지에 따라 여러분의 인성이 드러날 것입니다. 백성의 왕이신 예수께 중요한 것은 바로 이것입니다.

비인간적인 자들은 쫓겨날 것입니다. 쫓겨날 사람이 적은 경우도 많습니다. 그러나 사탄의 사상을 가진 소수의 사람이 수많은 사람을 부패시킬 수 있습니다. 일부 냉혹한 자들만 없다면 얼마나 선하고 순종적인 사람들이 될 수 있겠습니까? 두세 사람만 없어도 모든 권리를 되찾을 수 있는 마을이 얼마나 많습니까?

그러나 이처럼 냉혹한 자들에 대한 심판은 오늘부터 아주 조용히 시작될 수 있습니다. 이 심판은 하나님 나라의 끝이 아니라 시작일 뿐입니다. 그러나 언젠가 모든 나라가 수렁에서 나오고 그들 속에서 더러운 것을 분리할 날이 올 것입니다. 그날이 이르기까지 참된 문명은 시작되지 않을 것입니다. 온 땅은 주님의 것이 될 것입니다. 땅과 백성의 모든 것은 바로잡힐 것입니다. 이것이 인자이신 예수 그리스도의 미래입니다.

*

심판은 각 사람이 자신의 눈으로 자신이 한 일을 보는 순간, 자신의 실체를 있는 대로 보는 순간, 잘못된 길을 걷다가 멈추는 순간, 시작됩니다. 그런 심판은 복입니다. 그런 심판이 없이는 복을 받을 수 없습니다. 우리는 심판을 통해 자신과 모든 사람의 실체가 드러나기를 원해야 합니다.

*

심판이 없으면 용서도 없습니다. 모든 일에는 합당한 보응이 따릅니다. 우리는 잘못이 궁극적으로 드러나기 전에, 무언가 잘못되었음을 느껴야 합니다. 그렇지 않으면 바로잡을 수 없습니다. 용서란 단지 바로잡는 것을 의미합니다. 우리가 잘못을 범했다면, 먼저 속죄보상가 이루어진 후 용서를 받아야 합니다. 상처에 오물이 남아 있는 경우, 붕대를 감아서는 안 됩니다.

*

예수님은 우리 죄를 없애려고 오셨습니다.요일 3:5 죄가 어떤 식으로 없어지는지는 신학적으로 설명할 수 없습니다. 우리는 그저 믿고 실천할 따름입니다.

죄를 제거할 수 있다는 것은 사람이 죄보다 더 큰 존재라는 것을 의미합니다. 나무에 애벌레가 잔뜩 달라붙어 있으면 애벌레가 들끓는 나무라고 말하지, 애벌레라고 하지는 않습니다. 애벌레는 제거할 수 있습니다. 우리가 죄를 범하면, 우리는 그저 죄가 많은 사람이지, 죄는 아닙니다. 우리는 하나님의 손에 의해 죄로부터 깨끗해질 수 있는 피조물임을 믿습니다. 시간이 지나면, 예수님은 모든 사람의 죄를 거품처럼 걷어내 주실 것입니다.

예수 그리스도께서 세상 죄를 없애러 오셨다고 믿으면서도 "나의 죄는 용서하지 못할 것"이라고 말하는 것 자체가 죄입니다. 그리스도를 믿는 사람으로서 우리는 세상에 진리를 드러내어야 합니다. 물론 우리는 먼저 자신의 죄에 대한 수치심을 가져야 합니다. 우리와 세상 죄 사이에는 분명한 단절이 있어야 합니다. 우리는 세상에 만연한 더러움을 우리 자신에게서 벗어 버려야 합니다. 그러나 죄를 벗은 후에는 곧장 이웃을 향해 돌아서서 그들을 위해 함께 강한 전사가 되어 예수께서 죄를 없애기 위해 세상에 오셨음을 알려야 합니다. "어쩌면 내가 버림을 받거나 저 사람이 버림을 받는지도 모른다"와 같은 의심은 원수가 다시 들어올 수 있는 여지를 만듭니다. 염려와 걱정은 죄에 힘을 실어줄 뿐입니다.

우리의 소명은 죄를 없애시는 예수 그리스도의 날을 위해 믿음으로 싸우는 것입니다. 얼마나 많은 그리스도인이 분노에 사로잡혀 "오, 이 불의한 세상에 하늘에서 불이 내려왔으면"이라고 외치는지 모릅니다. 어떤 사람들은 믿음도 없이 더 나은 세상을 만들

기 위해 애쓰다가 낙심하고 지쳐서 결국 투쟁을 포기합니다. 그런
가 하면, 자신이 하늘로 올라가는 동안 수백만 명의 사람들이 멸
망을 당해 지옥으로 떨어져야 한다는 생각을 아무런 동요 없이 받
아들이는 사람들도 있습니다. 그러나 이들 중 누구도 진정한 전사
가 아닙니다. 그리스도의 날은 결코 이런 식으로 오지 않을 것입
니다. 만일 우리가 문을 빼꼼 열고 "하나님이 모든 사람의 죄를 없
애신다는 것은 불가능할 것"이라고 주장한다면, 단연코 뱀이 승리
한 것이며, 수백만 명의 사람은 어두움 속으로 빠져들 것입니다.
분리된 예수는 예수가 아닙니다! 구주를 믿는 우리의 신앙이 약하
다면, 우리는 결코 승리를 보지 못할 것입니다.

그러므로 우리는 더 이상 죄와 관련이 없다는 사실을 확신합시
다. 다른 사람들은 어떻게 될까요? 수백만 명의 사람들이 실제로
불 속에 던져질 수 있지만, 그들이 수치심을 느끼고 죄를 벗어버
리는 시점까지만 그럴 것입니다. 하나님의 심판은 준엄하지만, 언
제나 구원의 관점에서 시행됩니다. 하나님이 행하시는 모든 일은
구속을 위한 것입니다.

*

인간 법정에서는 판사가 판결을 내립니다. 그러나 하나님의 법
정에서는 죄인이 판결을 내립니다. 하나님은 침묵하십니다. 하
나님의 법정에서 일어나는 일은 유죄 판결을 받은 자가 기뻐하며
"하나님 감사합니다, 이제야 깨달았습니다"라고 말한다는 것입니
다. 그는 하나님의 전능하신 손길에 기쁘게 복종합니다. 이 심판

은 우리에게 교훈을 줍니다. 그것은 일종의 교육입니다.

　최후의 심판에서도 마찬가지입니다. 하나님은 이 심판을 통해 인간 세상을 구원하고 싶어 하십니다. 인간의 상황은 우리가 여전히 완전한 어두움 속에 있는 상태입니다. 개인적으로는 도처에서 구원받는 사람이 있겠지만, 사회 전체적으로는 준비가 되지 않았습니다. 인간 사회는 여전히 살인, 간음, 음행, 도둑질, 거짓 증언, 중상으로 가득합니다. 밤낮 깨어 있지 않으면 이러한 사회적 영향에서 벗어날 수 없습니다. 우리에게는 여전히 위로부터 오는 심판의 빛이 필요합니다. 이 빛은 이미 비취기 시작했습니다. 과거와 달리, 오늘날 사람들은 더욱 다양하고 희망적인 질문을 합니다. 우리는 더 이상 "어떻게 전쟁을 시작할 것인가?"라고 묻지 않고 "어떻게 평화를 이룰 것인가?"라고 묻습니다. 또한 "우리는 어떻게 나라를 정복할 것인가?"라고 묻지 않고 "어떻게 하면 모든 사람이 진보의 기회를 누릴 수 있을 것인가?"라고 묻습니다. 이러한 질문들이 확산되고 있다는 것은 최후의 심판이 가까워지고 있다는 신호입니다. 하나님의 최후 심판은 열방에 구원을 가져다줍니다.

*

　하나님께서 마침내 이 세상 임금을 심판하실 때, 우리는 아무런 상처 없이 피할 수 없을 것입니다. 심판의 불꽃은 우리에게도 튈 것입니다. 이 세상 임금 아래에서 자신을 위해 산 사람은 누구나 큰 고난을 겪게 될 것입니다. 그러나 고통의 와중에서도 그는 "나는 행운아"라는 사실을 깨닫게 될 것입니다.

인간의 거짓 주권이 붕괴될 때마다, 사람들은 갈기갈기 찢겨 나갈 것입니다. 그들은 항변할 것이며, 깊은 절망감에 눈물을 터뜨릴 것입니다. 그러나 그들은 마침내 눈물을 흘렸습니다! 참으로 감사한 일입니다.

심판이 진행되는 중에서도, 우리는 여전히 하나님께 속한 자입니다. 그러므로 하나님이 우리의 아버지시라는 믿음을 유지하는 한, 우리는 도움을 줄 수 있습니다. "하나님이여, 주는 우리의 아버지이십니다. 그러므로, 우리를 심판하시고 모든 외부의 영향으로부터 우리를 구원해주소서. 오 하나님이여, 우리는 주께 속한 자니이다."

*

결국 이 세상에는 오직 하나님 외에는 아무도, 아무것도 없습니다. 그러므로 영원하신 하나님이 더 이상 아무 말씀도 하실 수 없는 지옥의 존재를 선포하는 것은 복음을 부인하는 것이나 다름 없습니다.

*

믿기를 거부하는 자들은 저주를 받을 것입니다. 그러나 사실상 이 저주는 그들이 이미 있는 지옥에 계속해서 머물러 있게 될 것을 의미합니다. 저주는 죄의 최종적 결과입니다. 그것은 저절로 따라옵니다. 우리가 믿지 않으면, 저주를 받습니다. 세상은 정해진 길로 갑니다. 따라서 세상의 운명은 곧 우리의 운명입니다. 그렇다면 우리는 어떻게 해야 할까요? 믿어야 합니다! 저주의 현실을 바꾸는 데 모든 힘을 집중합시다. 그러므로 반드시 믿어서 세상의 저주를 제거해야 합니다.

＊

우리는 하늘과 땅과 음부가 예수님께 붙들릴 수 있도록 마지막 피 한 방울까지 바쳐 목숨 다해 싸워야 합니다. 만일 우리가 한 사람이나 한 장소라도 희망을 포기해야 한다면, 죽음의 짐과 깊은 비통함과 어두운 밤의 억압이 여전히 남아 있을 것이며, 예수께서 세상의 빛으로 오실 수 없을 것입니다.

＊

성경은 "보라 내가 만물을 새롭게 하노라"계 21:5고 말씀합니다. 온 세상 사람들은 이것을 간절히 원합니다. 기독교 신앙은 보다 나은 발전과 진보에 대한 열망을 강화시켜 왔습니다. 따라서 그들은 자신의 삶이 바뀌어야 한다고 생각합니다. 그러나 구주는 이 땅에 불을 지피시며, 이 불에는 모든 것이 새로워지기를 바라는 열망도 들어 있습니다. 모든 것이 새로워졌습니다! 만일 우리 영혼에 한 방울의 독이라도 들어온다면, 모든 것은 즉시 파괴될 것입니다. 악의 흔적이라도 발견된다면, 의미 없는 노력만 가중될 것입니다. 그러므로 모든 것이 새로워져야 합니다. 어떤 예외도 없습니다.

우리는 소망하면서 온전히 나아가야 하며, 완전히 알지 못하는 성경 구절 때문에 혼돈에 빠져서는 안 됩니다. 하나님의 말씀이 성경을 통해 우리의 마음을 감화하는 곳마다, 하늘과 땅과 만물이 약속 안에 들어 있습니다. 우리는 너무 쉽게 겁을 내며, 계속된 협박을 통해 끊임없이 저주의 느낌을 받습니다. 그러나 우리는 그럴수록 더 하나님의 온전한 뜻을 받아들여야 합니다. 하늘과 땅이 새롭게 되고 하나님이 우리 중에 거하실 것입니다. 그는 우리의 눈에서 모든 눈물을 닦아 주실 것입니다.

물론, 성경은 절망에 빠진 자, 믿지 않는 자, 살인자, 부도덕한 자가 모두 저주를 받는다고 말합니다. 우리는 이처럼 모순된 것처럼 보이는 구절을 무시해서는 안 됩니다. 성경에는 확실히 그런 말씀이 있습니다. 그러나 화목과 부활에 대한 설교 후에 사람들을 저주하는 것은 효과적이지 않습니다. 어쨌든 모든 사람의 영혼이 신음하고 있지 않습니까? 인류 전체를 본다면 어떻게 정죄할 수 있겠습니까? 그곳에는 하나님이 계십니다. 모든 것을 바로잡으시는 분은 바로 하나님이십니다.

나는 개인적으로 "천국과 지옥, 빛과 어두움, 하나님과 사탄"이라는 표현에 동의하지 않습니다. 그것은 분열된 세계입니다. 이러한 분열은 싸움이 진행 중일 때만 유효합니다. 궁극적으로는 오직 하나님께만 모든 초점이 집중될 것입니다. 그러므로 우리가 최후의 형벌을 받는다고 해도, 하나님의 손으로 받는 형벌은 복이 될 것입니다. 하나님에 관한 한, 모든 이원론은 끝이 나야 합니다. 아무리 오랜 세월이 흐른다고 해도, 결국은 완전해질 것입니다. 만물은 화목하게 될 것입니다.골 1:19-20 "보라, 내가 만물을 새롭게 하노라."

이것을 위해 힘쓴다는 것은 확실히 쉬운 일이 아닙니다. 우선 우리 안에 있는 모든 것이 새로워져야 합니다. 다시 말하면, 우리는 자신의 삶을 넘겨주어야 한다는 것입니다. 말하자면 우리가 들어가야 하는 수리점은 우리 안에 있는 모든 것을 낡은 기계처럼 분해하는 곳입니다. 이것은 자연히 공포와 전율을 불러일으킵니다. 그러나 그리스도께서 우리를 포함한 만물을 새롭게 하신다는 사실을 깨닫는다면, 우리의 삶을 하나님께 바치고 우리 자신을 제단 위에 올려놓을 힘을 얻게 됩니다. 이것은 기쁨으로 바치는 제물입니다.

예수님은 "만물을 새롭게" 하시겠다고 말씀하십니다. 그러므로 우리도 선한 것, 즉 우리가 옳다고 생각했던 것이나 습관적으로 몸에 밴 모든 것을 희생해야 합니다. 훌륭한 전통, 즐기는 모임, 국가, 가족, 교회 등 모든 것은 수리점에 들어가야 합니다. 우리는 모든 상황에서 모든 것을 언제나 기쁘게, 온전히 하나님께 맡겨야 합니다. 우리가 "이것은 내어주기 아깝다"고 말하며 삶의 영역 한쪽 구석에 빼돌린다면, 새로워질 수 없을 것입니다. 그러므로 모든 것을 하나님께 맡겨야 합니다. 그리고 마침내 하나님의 선하고 완전하고 은혜로운 모든 뜻이 우리 안에 깃들고 하나님의 이 모든 뜻이 하늘에서처럼 이 땅에서도 이루어질 때, 가장 위대하고 놀라운 일들이 일어날 것입니다.

인자가 올 때 이 땅에서 믿음을 찾아볼 수 있을까요? 그는 자신을 도와줄 사람, 그를 위해 온전히 준비된 사람들을 찾을 수 있을까요? 아니면 다른 일에 몰입해 있는 사람들만 보게 될까요? 그의 뜻에 자신을 온전히 바친 사람은 소수에 불과할 것입니다. 그러나 비록 소수일지라도, "보라, 내가 만물을 새롭게 하노라"는 말씀은 성취될 것입니다. 언젠가는 예수 그리스도의 신부가 준비되고, 교회 안의 모든 것은 마땅히 도달해야 할 수준에 이르게 될 것이며, 마침내 하나님 나라가 순식간에 임할 것입니다. 그러나 그때까지 오랜 시간이 걸릴 것입니다.

*

"밤이 깊고 낮이 가까웠으니."롬 13:12 이 말씀은 현재를 낮이라고 생각하지 않는다는 것입니다. 우리의 발은 여전히 죄 속에서 행하며, 우리의 손은 선하거나 진실하거나 옳은 일을 하지 않습니다. 우리 주변에는 부패와 타락의 수렁에 빠진 수많은 사람이 있습니다. 그들은 하나같이 죽어갑니다. 이 땅에는 낮이 존재하지 않는 것 같습니다. 그러나 우리의 믿음과 하나님에 대한 우리의 사랑과 소망은 "그럼에도 불구하고 밤은 지나고 낮이 왔다"라고 선포할 것을 요구합니다. 예수님이 이 땅에 오시는 순간, 낮이 되었습니다. 그러므로 우리는 예수 그리스도의 이름으로 "이제 이 땅에서도 이루어졌습니다! 예수님은 주님이십니다. 그러므로 낮이 와야 합니다"라고 외쳐야 할 것입니다.

낮이 무엇입니까? 이 낮은 하나님의 사랑을 가리킵니다. 여러분이 하나님의 사랑을 믿고 그의 사랑 안에 거하는 순간, 여러분의 마음은 낮이 된 것입니다. 하나님의 사랑은 악하고 더러운 모든 것, 우리를 절망으로 이끄는 모든 것을 녹여버립니다. 이 사랑은 밤을 몰아내고 죽음을 정복합니다. 그러나 이 사랑은 우리가 생각하는 것과 같은 인간적 사랑이 아닙니다. 그것은 원수까지 사랑하는 신적 사랑입니다. 누구도, 아무것도 거부하지 않는 사랑, 모욕이나 멸시나 거부를 당하지 않고 오직 영웅처럼 흔들림 없이 모든 것을 헤쳐나가는 담대한 사랑, 소망의 투구를 쓰고 세상을 보무당당하게 행진하는 그런 사랑입니다.

우리는 예수님이 이 땅에 오셨기 때문에 모든 피조물이 사랑을 받는다고 선포할 만큼 담대하지 못합니다. 우리가 용기를 내지 못하는 것은, 자신이 죄인임을 자랑하듯이 이기적인 욕망만 채우려는 사람들을 너무 많이 보기 때문입니다. 그러나 그것은 잘못된 생각입니다. 자신이 죄인 된 것을 즐기는 사람은 아무도 없습니다. 모든 사람은 죄에 짓눌려 신음합니다. 그들은 모두 탄식하며 죽어갑니다. 하나님의 사랑은 신음하며 죽어가는 모든 죄인 가운데 담대히 활보합니다. 예수 그리스도를 통해 온전한 인간이 되신 하나님의 사랑이 우리 마음에 부어졌습니다. 예수님은 자신이 바로 하나님의 무한하신 사랑이라는 사실을 모든 사람이 알기를 원하십니다. 그는 우리를 정결케 하여 사랑으로 이끄는 불꽃이십니다. 하나님의 크신 자비와 사랑만이 우리를 심판으로 이끄시고, 우리를 노예로 삼아 불행하게 만드는 모든 것으로부터 자유하게 할 것입니다.

하나님은 사랑이시기 때문에 만물이 사랑의 대상이 되어야 합니다. 그것이 우리가 할 일입니다. 우리는 모든 사람을 사랑하시는 아버지의 자녀입니다. 그러므로 여러분은 이해가 되지 않더라도, 하늘에 계신 아버지를 사랑해야 합니다. 여러분의 내면 깊숙한 곳 어딘가에는 "아버지"라는 단어가 자리 잡고 있을 것입니다. 이러한 사실을 안다면, 모든 사람의 마음은 찢어지고 사랑하는 마음을 갖지 않을 수 없을 것입니다.

예수께서 탄생하심으로 낮이 온 것에 대해 하늘에 계신 아버지께 감사합시다. 우리는 이미 가까이 다가와 있는 이 낮을 우리의 삶에 나타나게 할 수 있습니다. 우리는 부활과 생명을 위해 싸울 수 있습니다. 여러 가지 문제, 두려움, 절망, 고통 속에 있다고 할지라도 감사해야 합니다. 감사를 통해, 여러분의 마음은 가벼워지고, 어두움을 뚫고 낮을 가져오는 하나님의 사랑의 동역자가 될 것입니다.

그러므로 우리는 자신뿐만 아니라 형제자매를 위해 기도해야 합니다. 우리의 소망은 모든 사람에 대한 사랑으로 가득 차 있습니다. 세상 어디에서나, 우리는 하나님의 통치를 받는 하나의 교회가 될 수 있습니다. 우리는 비록 흩어져있을지라도 한 성령 안에서 하나가 되어 믿고 감사하며 기도할 수 있습니다.

*

하늘에 계신 아버지여, 주를 찬양하나이다. 주는 위대하고 강하십니다. 주는 하늘과 땅과 땅 아래 있는 모든 것을 바로 잡으셨습니다. 주는 우리를 부르시고 주의 사랑으로 가장 어두운 곳을 찾아가 원수까지 사랑으로 품게 하셨나이다. 주는 세상이 당신의 진리와 정의의 빛으로 빛나기까지, 만물이 화목하고 사망에서 생명으로 부름을 받을 때까지, 사랑으로 세상을 헤쳐나갈 믿음을 갖도록 우리를 부르셨습니다. 주는 탄식하는 소리를 들으시며, 우리도 그 소리를 듣고 있습니다. 주는 탄식하는 자들을 위해 당신의 아들을 주셨습니다. 그러므로 우리는 주의 사랑으로 간구합니다, "탄식하고 있는 모든 피조물에게 속히 자비를 베푸소서. 주께서 만드신 모든 피조물을 불쌍히 여기소서. 참으로 주는 긍휼하시며, 밤이 깊고 낮이 가까왔나이다."

그러므로 오 주여, 우리는 주께서 예수 그리스도에게 면류관을 씌우실 당신의 나라를 기쁜 마음으로 고대합니다. 그는 하늘과 땅에서 승리를 거두실 것입니다. 세상은 의로워지고 우리는 서로를 따뜻하게 대할 것입니다. 우리는 평화를 찾을 것이며, 모든 일은 주의 뜻대로 일어날 것입니다. 당신의 뜻이 하늘에서 이룬 것처럼 이 땅 어디에서나 이루어질 날이 반드시 올 것입니다. 우리가 기뻐하며 "모든 고난에서 나오라! 모든 죄와 사망에서 나오라! 하늘에 계신 너희 아버지께로 나아오라"고 외칠 때까지, 우리가 당신의 자녀로 견고히 설 수 있도록 주의 성령으로 우리와 함께하소서. 우리가 오늘날 주를 찬양하나이다. 주의 나라에 모든 영광을 돌립니다. 주께서 우리와 세상을 위해 보내신 우리 구주 그리스도께 모든 영광을 돌립니다. 아멘

1992년 독일판 서문

오이겐 예크Eugen Jäckh

예수 그리스도의 복음이 온 세상에 퍼지고 있다. 복음의 확산으로 이 말씀이 널리 퍼짐에 따라, "오직 여호와를 앙망하는 자는 새 힘을 얻으리니 독수리가 날개치며 올라감 같을 것이요"사 40:31 라는 약속의 말씀이 성취되었다.

어느 면에서, 예수 그리스도의 복음은 유행이 지난 것처럼 보인다. 그것은 흐르는 세월과 함께 사라지고 있는 것 같다. 그러나 이 복음은 그 안에 담긴 하나님의 영원한 권능으로 말미암아 끊임없이 되살아나고 있다. 이 복음은 그것을 받아들인 사람들에게 생명을 주고 그들을 세상에 보내어 살아 계신 하나님의 메시지를 전하게 한다.

중세 시대에는 오직 예수 그리스도의 제자가 되기 위해 자신이 알고 있는 최선을 다했던 자들이 일어났다. 종교개혁 시대의 복음은 다시 한번 그것을 믿는 모든 자를 구원하시는 하나님의 능력으로 나타났다. 핍박에도 불구하고, 그리고 복음에 대한 정확한 인식의 부족에도 불구하고, 복음은 계속 살아 있었다. 이것은 부활하신 주, 그리스도께서 배후에 계셨기 때문이다. 그의 능력으로, 복음은 거듭남에서 거듭남으로, 부활에서 부활로 퍼져나갔다. 그것은 구원의 위대한 메시지로 세상에 들어왔다. "때가 찼고 하나님의 나라가 가까이 왔으니"막 1:15.

복음은 하나님의 나라가 하늘과 땅에서 충만할 때까지 중단될 수 없다. 따라서 오늘날 이 복음은 새로운 미래를 위해 세상을 품고 변화시키는 능력으로 되살아나고 있다.

80년 전1842년 블랙 포레스트Black Forest 가장자리에 있는 작은 마을 뷔르템베르크에서 이 복음에 대한 새로운 증인이 나타났다. 그는 자신의 힘과 지혜에 의해서가 아니라 하나님의 전능하신 손길을 통해 부르심을 받았다. 요한 크리스토프 블룸하르트Johann Christoph Blumhardt는 뫼틀링겐Möttlingen의 작은 교구에서 하나님의 강한 손에 이끌려 어둠의 세력과 맞섰다. 전혀 의도하지 않았던 이 사건은 그의 회중 중에 한 여자의 질병에서 시작되었다. 블룸하르트는 이 싸움을 하는 동안 오직 살아 계신 구주께만 의지했으며, 예수 그리스도의 심오한 승리를 경험했다. "예수는 승리자"라는 사실이 다시 한번 선포되었으며, 복음이 되살아났다. 블룸하르트의 믿음이나 그의 개인적 능력이 승리한 것이 아니라 오직 예수 그리스도 자신이 승리한 것이다. 예수님은 사람들을 억압하는 모든 세력을 정복한 승리자가 되셨다. 사람들이 광야에 있는 세례 요한에게로 몰려간 것에 비견할 만한 위대한 운동이 시작되었다.

주변 동네는 물론 먼 나라에서까지 괴로움과 고통을 당하는 사람들이 몰려와 몸과 마음의 치유를 받았다. 죄 사함은 다시 한번 능력이 되었으며, 그와 함께 질병이 치유됨으로써 사람들은 다시 한번 구약 시대로 돌아간 것 같았다.

그러나 사람들이 경험하고 있는 것은 예수 그리스도의 복음이었기 때문에, 블룸하르트는 이러한 성과에 안주할 수 없었다. 왜냐하면, 복음은 오실 주님을 만날 준비를 촉구하기 때문이다. 블룸하르트의 경험은 더욱 영광스러운 미래에 대한 약속이었다. 성경의 옛 예언이 살아났고, 사람들은 구속이 가까웠으므로 머리를 들었다. 그들은 간절한 마음으로, 모든 육체에 새롭게 부어질 성령에 모든 시선을 집중했다. 그들은 주께서 약속대로 권능과 영광으로 오시기를 간절히 바랐다.

블룸하르트는 뫼틀링겐Möttlingen에서 바트볼Bad Boll로 사역지를 옮길 때도 이러한 희망을 잃지 않았다. 수천 명의 사람이 복음의 생수로 영혼의 갈증을 해소하기 위해 바트볼을 방문했다. 복음은 그들에게도 하나님이 구원과 치유의 능력이 되심을 보여주었다.

이 하나님의 사람은 죽음조차 새롭게 깨어난 소망을 억누를 수 없었다. 블룸하르트가 죽은 후, 그가 선포한 복음이 그의 아들 크리스토프를 통해 새로운 목소리로 살아난 것이다.

크리스토프 블룸하르트는 어두움의 세력과의 싸움이 절정에 달했던 1842년 6월 1일 뫼틀링겐에서 태어났다. 그의 어린 시절은 예수 그리스도의 위대한 승리와 시기적으로 일치하며, 당시의 정황은 크리스토프의 영혼에 깊이 각인되었다. 청년 크리스토프는 바트볼에서 모든 나라와 계층에서 도움을 구하러 온 사람들 중에 하나였다. 그는 자연스럽게 하나님 나라를 위한 아버지의 전투적 사역에 동참하게 되었으며, 결국 성직자의 길을 걷게 되었다. 그는 바덴과 뷔르템베르크 교회에서 교구 목사로 섬겼으며, 아버지를 돕기 시작했다. 임종을 앞둔 아버지 블룸하르트는 아들에게 손을 얹고 "승리를 위해 축복한다"라고 했다.

크리스토프 블룸하르트Christoph Blumhardt는 겸손한 마음으로 아버지의 사역을 물려받았다. 하나님의 손이 그를 붙들었으며, 크리스토프는 어떤 숨은 동기도 없이 오직 대의를 위해, 사람들이 계속되기를 희망하는 사역에 수종들었다. 크리스토프 특유의 현실주의는 아버지를 승계한 방식에서 분명히 드러났다. 그의 삶은 언제나 실제적 관점에 기초했다. 그는 일찍이 1880년대에 다음과 같은 글을 남겼다.

*

하나님의 나라는 우리가 정직한 마음을 가질 때, 천사가 다가와 우리를 붙들고 여기저기 내려놓을 때, 기도에 대한 응답의 네트워크가 우리 주변을 감쌀 때, 그리고 우리가 숨을 쉴 수 없을 만큼 완전히 그 속에 함몰되어 있을 때, 앞으로 전진합니다. 심판과 형벌이 우리에게 임하여 더 이상 벗어날 수 없어 자신을 포기하고 복종하며, 더 이상 우리의 힘으로 올라갈 수 없어 거룩한 힘에 의존하지 않을 수 없을 때, 하나님의 나라는 전진합니다.

선지자 예레미야에 대한 주석에서 블룸하르트는 "거룩한 성품일수록 겉으로 보기에는 마치 모든 사람에게 사죄해야 할 일이 있는 것처럼 지극히 낮은 모습을 드러낸다"고 말한다. 위대한 종교적 인격 중에서 인간적 요소는 그다지 중요하지 않다. 중요한 것은 거룩한 성품이다. "우리는 장차 누가 어떤 사람인지, 예전에 어떤 사람이었는지 알 필요가 없다. 또한 중요한 것은 우리가 구주와 관계를 맺는 것이 아니라 구주께서 우리와 관계를 맺으신다는 사실이다." 하나님의 영은 "본성에 내재된 힘이 아니라, 우리에게 올 수도 있고 떠날 수도 있는 살아 있는 인격적 임재"이다.

크리스토프 블룸하르트가 아버지에게 그처럼 강력히 역사했던 영을 받을 수 있었던 것은 이러한 실제적 관점 때문이다. 그는 여러 해 동안 많은 사람의 영혼과 육체를 치유한 신성한 기적의 흐름을 경험했는데, 이것은 그러한 능력이 특별한 인격에서 나오는 인간적인 힘이 아니라 하나님과 예수 그리스도의 직접적인 역사임을 보여주는 광범위한 증거였다. 아버지에게 그랬던 것처럼, 그에게도 복음이 살아 있었던 것이다.

그러나 이 동일한 복음마저 아들을 아버지와는 다른 길로 인도했다. 이 땅에서는 살아 있는 것이 딱딱해지거나 얼어붙을 위험이 크다. 거룩한 것에 대한 피상적 접근도 마찬가지다. 그것은 마비되어가는 과정이다. 바트볼에서는 예수 그리스도의 시대에 일어났던 것과 같은 현상이 벌어졌다. 즉, 사람들이 경험한 "기적" 자체가 모든 것의 "중심"이 되어버렸다는 것이다. 그러나 하나님 나라의 기적은 내적 실재의 존재에 대한 외적 표현처럼, 더 위대한 것에 대한 "증거"로서만 의미와 정당성을 갖는다. 만일 그들이 더 이상 이런 생각을 할 수 없다면, 차라리 중단하는 것이 나을 것이다.

하나님은 그들을 진정시켰으며, 블룸하르트는 명백히, 이것을 하나님의 뜻으로 인식했다. 따라서 그는 모든 사역의 중심을 목회 활동에 두고 더욱 강력히 추진했으며, 많은 불쌍한 자와 무거운 짐을 진 자를 돌보았다. 하나님의 기적은 계속되었으나, 거룩한 침묵 속에 수행되었다. 블룸하르트는 성직자답게 개인에 대한 도움을 호소하였을 뿐 아니라 이러한 호소를 통해 기독교 전체, 그렇다, 전 세계의 고통 및 빈곤과 직면하게 되었다.

복음의 메시지는 다시 한번 살아났다. 하나님은 독생자를 주실 때, 온 세상을 사랑하셨다. 크리스토프 블룸하르트는 가장 신실한 그리스도인들이 세상의 필요에 무관심한 경우가 너무 많다는 안타까운 사실을 알았다. 그들은 자신의 구원을 보장하는 신앙에 만족하면서, 저주를 향해 가고 있는 세상에 대해서는 체념해버렸다. 그러나 블룸하르트의 생각은 달랐다. 그의 온 마음은 사악한 세상의 비극과 죄에 대해 열려 있었으며, 모든 사람을 탕자처럼 사랑하시며 그들이 자신의 품으로 돌아와 화목할 때까지 쉬지 않으시는 하나님 아버지께 온 마음을 집중했다.

이 하나님의 역사가 교회 안에서만 이루어져야 할까? 세상에서 일어나는 사건들은 그의 인도하심을 따라야 하지 않는가? 자연과학의 발견은 하나님의 계시로 보아야 하지 않는가? 사람들의 삶과 국제 교역에 도움이 되는 발명도 그의 선물로 보아야 하지 않는까? 이런 식으로, 크리스토프 블룸하르트는 아버지보다 더 나아갔다. 그는 아버지의 '희망' 개념을 이 시대의 '변화와 진보' 개념과 결합했다. 그렇게 함으로써 그는 매일의 삶 속에서 다가오고 계신 구주의 징조와 살아 계신 하나님의 발자취를 발견할 수 있었다.

블룸하르트에게 있어서 이처럼 중요한 변화는 주로 19세기 말년에 일어났다. 따라서 이 책에 수록된 내용은 대부분 1896년부터 1899년까지의 글에서 발췌한 것이다. 그가 새로운 언어로 세상을 사랑하시는 하나님에 대한 복음을 선포한 것은 바로 이 시기였다.

당시에 도처의 사람들이 바트볼로 몰려든 것은 놀라운 일이 아니다. 그곳의 핵심 인물이었던 블룸하르트는 성령의 권능과 함께 풍부한 사상과 열정적인 연설, 그리고 탁월한 인격을 겸비한 하나님의 산 증인이었다. 그러나 그는 목회자이자 영적 조언자로서 모든 사람에게 개인적으로 다가갔다. 그는 가장 높은 지위에 있는 자로부터 가장 천하고 가난한 자에 이르기까지 고통 속에 있는 많은 사람을 도와주었다. 그는 살아갈 용기를 잃은 수많은 사람에게 도움을 주었으며, 약한 자를 강하게 하고, 슬픈 자를 위로하고, 묶인 자를 풀어주고, 넘어진 자를 다시 걷게 하고, 혼란에 빠진 자를 바로잡고, 수고하고 무거운 짐 진 자를 일으켜 세웠으며, 가난한 자를 개인적으로 찾아가 직접 복음을 전했다. 이것은 블룸하르트 안에 예수 그리스도의 복음이 살아 있었기 때문이다.

성도는 사람들이 하나님의 임재를 더욱 가까이 느끼게 하는 사람이라는 말이 있다. 이 말은 크리스토프 블룸하르트에게 해당된다. 그와 함께 있으면 하나님의 임재를 강하게 느꼈다. 그에게서 위로부터 내려온 무언가가 나왔으며, 그것은 그의 온 집안과 그가 만난 사람들에게 영향을 미쳤다.

또한 복음은 그가 세상을 향해 나아가도록 강권했다. 교회는 세상에 대한 희망이 거의 사라졌으나, 당대의 사회 운동은 새로운 희망을 기치로 내걸었다. 선지자들의 믿음처럼 앗수르, 바벨론, 페르시아와 같은 이교도 민족과 느부갓네살, 고레스와 같은 이방 왕들도 하나님을 섬겼다면, 사람을 돕겠다는 취지의 사회 운동도 하나님이 사용하시는 도구가 될 수 있지 않은가? 이런 사회 운동의 관심사가 지나치게 물질적이고 세속적이며, 상류층에서 하류층으로 스며든 관념이기는 하나, 그 안에는 구주의 본성과 이상을 찾아볼 수 있다. 블룸하르트에게 있어서 예수 그리스도의 종은 주의 영과 결을 같이 하는 요소를 발견할 수 있는 운동이라면 얼마든지 합력할 수 있었다.

그러나 블룸하르트는 진정한 의미에서 정치가는 아니었다. 그는 당원이 되고 싶은 마음이 없었으나, 어쩔 수 없는 외부적인 상황으로 사회민주당에 공식적으로 가입할 수밖에 없었다. 사람들은 두 팔 벌려 맞이하며 진심으로 환영했다. 그러나 장기적인 관점에서 볼 때, 그는 정치적 모임이나 의회 어디에서도 복음을 온전히 증거할 수 있는 토대를 발견하지 못했다. 6년의 정치 활동 후, 그는 오랜 지병을 평화로운 바트볼로 돌아가라는 하나님의 뜻으로 받아들였다.

그는 이곳에서도 바깥 세상과의 관계를 유지하며 지속적인 관심을 가졌다. 예전처럼 온갖 부류의 사람들이 그의 집을 찾아왔으며, 그는 그들의 근심과 소망, 그들의 일과 고민과 즐거움을 함께했다. 그러나 그의 임무는 장차 올 하나님의 나라의 복음을 전하고 끊임없이 깨어 기도하는 것이었다. 그의 "영혼의 수고"사 53:11 는 밤낮 이어졌다. 그의 눈이 예수 그리스도의 빛으로 빛나면 빛날수록, 여전히 어두움 속에 있는 세상을 향한 죄 사함을 선포해야 할 책임을 더욱 깊이 깨달았다. 예수 그리스도를 통해 발견되는 이 용서 안에서는 아무것도 배제하지 않으며 모든 것이 화목을 이룬다. 그는 그리스도 안에서 죄를 정복하고 새로운 세상을 창조하는 능력을 보았다. 이 용서는 부활하신 주님의 새로운 계시가 공의와 평화가 깃든 하나님 나라의 임재를 초래할 수 있는 분위기를 조성한다. "하나님의 나라는 하나님의 목적입니다. 그것은 역사를 형성하며 날이 밝아오기까지 하나님을 경험하는 삶으로 이끕니다."

복음은 장차 임할 예수 그리스도의 날에 대한 기쁜 소식이다. "구주가 오신다"라는 약속은 블룸하르트의 사상 전체를 관통하는 선명한 주제다.

구주께서 실제로 그에게 오셨는가? 그의 눈은 주의 구원을 목도한 시므온처럼 구주를 보았는가?

결국 블룸하르트는 뇌졸중으로 인한 신체적 쇠퇴를 조용히 받아들여야 했다. 그는 1919년 8월 2일, 평화로움 속에서 조용히 세상을 떠났다. 그가 병으로 쓰러지기 전에, 세계 대전과 세계적 혁명이 시작되었다. "너희 하나님은 지금 어디 계시냐"라고 묻는 사람들도 있을 것이다. 우리는 "그들에게 정의를 바라셨더니 도리어 포학이요 그들에게 공의를 바라셨더니 도리어 부르짖음이었도다"사 5:7라고 대답할 수 있다. 이 시대는 블룸하르트 부자와 같은 사람들이 소망했던 것과 정반대의 길로 향하는 것 같다.

그러나 사실상 그들의 경험은 하나님의 약속을 성취하는 출발점이었다. 앞서 언급했듯이, 바다제비가 폭풍우가 몰아칠 것을 알려주듯이, 큰 사건들에 앞서 선지자들이 나타났다. 이 하나님의 사람들은 다가올 사건을 알려주는 전령들이었다. 이스라엘의 멸망에 앞서 사랑의 선지자 호세아가 있었으며, 유다의 멸망에 앞서 메시아와 새 언약의 전령인 이사야와 예레미야가 있었던 것처럼, 우리 시대의 재앙에 앞서 구원의 선지자들이 있다는 사실에 감사해야 한다.

구름이 계속 쌓여 땅을 어둡게 한다. 빛과 어두움 사이의 마지막 전쟁이 시작되었다. 우리는 바트볼에서 "옛 세상이 무너지고 있으며, 폐허 위에 세워질 나라는 오직 예수 그리스도의 나라뿐"이라는 노래를 얼마나 많이 불렀는가? 확실히 옛 세계는 붕괴 중이다. 새로운 세계가 세워지기 위해서는 옛 세계가 무너져야 한다. 우리가 증거하는 큰 전쟁은 승리자이신 예수께서 정복하실 최후의 일전일 뿐이다. 아버지 블룸하르트가 "주께서 모든 민족에게 자비와 사랑의 손길을 내미실 것"이라는 고별사를 남길 수 있었던 것도 이 때문이다. 아들 블룸하르트 역시 임종을 앞에 두고 고통 속에서도 어린아이 같은 확신 속에 "구주께서 오고 계신다"라는 고백을 할 수 있었다.

복음의 두 증인이 세상을 떠났다. 그러나 그들은 예수 그리스도의 복음의 증인이었기 때문에 지금도 살아 있다. 복음은 항상 살아 있으며, 복음을 증거하는 자들 역시 복음과 함께 살아 있다. 블룸하르트 부자에 대한 관심은 끊어지지 않을 것이다. 그러나 그보다 더 중요한 것은 복음의 부활이다. 오늘날 복음은 다시 살아나고 있다. 많은 눈이 예수 그리스도를 향하고 있으며, 점차 많은 사람이 "그곳에 계신" 그리스도에서 "오고 계신" 그리스도로 초점을 바꾸고 있다.

어떤 종파, 어떤 교회, 어떤 운동도 블룸하르트라는 이름과 연계되지 않는다. 그러나 분명한 연결이 없음에도 불구하고, 두 선지자의 사상은 오늘날 세계 도처에서 꿈틀거리고 있다. 주님은 영이시며 그가 원하시는 어디서건 싹을 틔우고 열매를 맺게 하시기 때문이다. 그에게는 분명한 목적이 있다. 그는 자신의 때가 차기까지, 부활에서 부활로 이어지는 복음을 살아 있게 하신다.

1922년 주현절

미주

---

1) Dieter Ising, *Johann Christoph Blumhardt, Life and Work: A New Biography* (Eugene, OR: Cascade, 2009) 140‒227; Friedrich Zündel, *Pastor Johann Christoph Blumhardt: An Account of His Life, Blumhardt Series* (Eugene, OR: Cascade, 2010) 117‒297. *Johann Christoph Blumhardt, Blumhardt's Battle: A Conflict with Satan* (New York: Lowe, 1970)도 참조하라.

2) 이에 대한 논의는 Christian T. Collins Winn, "Jesus is Victor!" *The Significance of the Blumhardts for the Theology of Karl Barth, Princeton Theological Monograph Series* 93 (Eugene, OR: Pickwick, 2009) 151‒54를 참조하라.

3) 마틴 스토버(Martin Stober)는 현재까지 이 시기의 블룸하르트에 대해 가장 완벽한 분석을 제시한다. 그의 *Christoph Friedrich Blumhardt d.J. zwischen Pietismus und Sozialismus* (Giessen: Brunnen, 1998) 52‒207, 259‒71을 참조하라.

4) 예크의 말은 다음과 같은 보충적 언급을 필요로 한다. 즉 블룸하르트의 가장 중요한 "재정립" 가운데 일부는 사실상 1890년에서 1895년 사이에 일어났으며 이러한 사실은 이 기간이 끝날 무렵 쓰인 그의 *Gedanken aus dem Reich Gottes*에 잘 나타난다는 것이다. Christoph Friedrich Blumhardt, Damit Gott kommt: "*Gedanken aus dem Reich Gottes*," edited by W. J. Bittner (Giessen: Brunnen, 1992)

5) 블룸하르트의 정치적 연설은 대부분 기독교 단체에 대한 강연과 함께 Christoph Friedrich Blumhardt, *Ansprachen, Predigten, Reden, Briefe: 1865‒1917*, edited by J. Harder(Neukirchen-Vluyn: Neukirchener, 1978) 2권에 수록되어 있다.

6) "자본주의는 마지막 원수에 해당하는 맘모니즘이다. 그것은… 맘모니즘과 함께 모든 것을 파괴한다. 이처럼 신을 대적하는 맘모니즘은 오직 하나님에 의해서만 정복될 수 있다"(Blumhardt, *Ansprachen*, 264).

7) "사회 민주주의의 제 요소들과 그것에서 필연적으로 파생되는 개념들을 들여다보는 자는 누구나 그리스도를 따르는 사람이 다른 어떤 정당보다 사회

민주주의에 더 공감할 수 있다는 사실을 인정하지 않을 수 없다... 수고하고 무거운 짐을 진 자들을 위해, 소외당하고 짓밟힌 자들을 위해, 병약한 자들을 위해 새로운 사회 질서를 추구해야 한다."(Christoph Blumhardt, *Eine Auswahl aus seinen Predigten, Andachten und Schriften*, edited by R. Lejune [Zürich: Rotapfel, 1936] 3:449).

8) 베른슈타인의 수정주의를 둘러싼 사민당 내부의 격렬한 논쟁에 대해서는 Carl Schorske, *German Social Democracy 1905 - 1917: The Development of the Great Schism* (Cambridge: Harvard University Press, 1955)을 보라. 블룸하르트는 베른슈타인의 수정주의에 동조했다는 이유로 비난을 받았다. 그는 처음에 베른슈타인의 강령을 거부했으나 1904년 11월 인신공격을 당한 후에는 베른슈타인의 주장과 자신의 입장이 원래 생각했던 것보다 더 많은 공통점을 가지고 있다는 사실을 알게 된다. Klaus-Jürgen Meier, *Christoph Blumhardt: Christ, Sozialist, Theologe, Basler und Berner Studien zur historischen und systematischen Theologie 40* (Bern: Lang, 1979) 107-10을 참조하라.

9) 이 영향에 대한 논의는 Collins Winn, "*Jesus is Victor!*"를 보라. 또한 Markus Mattmüller, "Der Einfluss Christoph Blumhardts auf schweizerische Theologen des 20 Jahrhunderts," *Zeitschrift für Evangelische Ethik* 12 (1968), 233 - 46을 참조하라.

10) Colin Brown, "Proclamation, Preach, Kerygma," in Colin Brown, ed., *The New International Dictionary of New Testament Theology* (Grand Rapids: Zondervan, 1986) 3:44 - 68을 참조하라.

11) 이 책에 대해서는 Collins Winn, "*Jesus is Victor!*", 129 - 36; Simeon Zahl, *Pneumatology and Theology of the Cross in the Preaching of Christoph Blumhardt: The Holy Spirit between Wittenberg and Azusa Street* (Edinburgh: T. & T. Clark, 2010) 61 - 84를 참조하라.

12) 사망의 정복에 대한 블룸하르트의 강조는 특히 *Gedanken aus dem Reich Gottes*에 잘 나타난다. Damit Gott kommt, 200 - 212를 참조하라.

13) Collins Winn, "*Jesus is Victor!*," 117 - 28; 또한 Gerhard Sauter, *Die Theologie des Reiches Gottes beim älteren und jüngeren Blumhardt, Studien zur Dogmengeschichte und systematischen Theologie 14* (Zürich: Zwingli, 1962) 24 - 45를 참조하라.

14) "우리가 기도하고 낙심하지 않는다면 장차 임할 모든 위대한 일들을 오늘날 영광 가운데 확실하게 경험하게 될 것입니다. 그러나 이 모든 일들은 기도

없이는 오지 않을 것입니다."(Christoph Blumhardt, "Our Human Right," in R. Lejeune, ed., *Christoph Blumhardt and His Message* [Rifton, NY: Plough, 1963] 218).

15) 예를 들어, Johann Christoph Blumhardt, *Das Vaterunser* (*Basel*: *Basler Missionsbuchhandlung*, 1946)를 참조하라.

16) Christoph Blumhardt, *Action in Waiting* (Farmington, PA: Plough, 1998) 99쪽을 참조하라.『행동하며 기다리는 하나님나라』(대장간 역간) 블룸하르트의 이러한 면에 대한 보다 상세한 논의는 Christian T. Collins Winn, "Groaning for the Kingdom of God: Spirituality, Social Justice and the Witness of the Blumhardts," *Journal of Spiritual Formation and Soul Care* 6/1 (2013) 56 - 75를 보라.

17) 예를 들면, Christoph Blumhardt, *Eine Auswahl*, 4:9 - 16을 참조하라.

18) 같은 책, 4:14. 블룸하르트가 "기다림"의 본질에 대해 때로는 정적인 면을 강조하고 때로는 급진적인 행동을 강조하며 왔다 갔다 한 것은 사실이다. Zahl, *Pneumatology and Theology of the Cross*, 74-76, 133-36을 참조하라.

19) Schlüchtern: *Neuwerk* 1922.

20) Markus Baum, *Against the Wind: Eberhard Arnold and the Bruderhof* (Farmington PA: Plough, 1998) 127 - 28, 147 - 48을 참조하라.

21) 오이겐 예크가 에버하르트 아놀드에게 보낸 미공개 서한, 1921년 8월 18일(*Bruderhof Historical Archive*, Walden, NY, USA).

22) Berlin: *Furche*, 1923.

23) 여기서 주목해야 할 점은 예크가 레온하르트 라가츠(Leonhard Ragaz)의 『블룸하르트(Blumhardt)』 책, *Der Kampf um das Reich Gottes in Blumhardt Vater und Sohn—und weiter*(Erlenbach-Zürich: Rotapfel, 1922)를 알고 있었으며 비판적 시각을 갖고 있었다는 사실이다. 그가 이 책을 알게 된 것은 라가츠가 편집한 스위스 종교 사회주의자들의 문학 기관지인 노이에 베게(Neue Wege)의 1921년 1월호를 통해 블룸하르트와 광범위한 교제가 있었기 때문일 것이다. 예크가 라가츠의 책에 대해 알고 있었다는 사실은 1921년 12월 23일 오이겐 예크가 에버하르트 아놀드에게 보낸 편지(미공개 서한; *Bruderhof Historical Archive, Walden*)를 보라. 1921년 1월호 Neue Wege에 나타난 라가츠와 블룸하르트의 교제에 대해서는 Mattmüller,

"Der Einfluβ Christoph Blumhardts auf schweizerische Theologen des 20. Jahrhunderts," 240 - 41을 보라.

24) Jürgen Moltmann, *Sun of Righteousness, Arise! God's Future for Humanity and the Earth* (Minneapolis: Fortress, 2010) 233n1을 보라. Von der Nachfolge Jesu Christi는 Staatsbibliothek zu Berlin에 보관된 Bonhoeffer Nachlass의 책들 가운데 하나다(Nr. 299, Signatur: 5 C 10). 이런 정보를 제공해준 Ralf Breslau에게 감사드린다.

25) 출판 중지 명령은 1940년 4월 26일에 내려졌다(*Landeskirchliche-Archiv Stuttgart*, Germany [LKA Stuttgart, D51]).

26) 에버하르트 아놀드는 1935년 11월 22일에 세상을 떠났다. Baum, *Against the Wind*, 252쪽을 참조하라.

27) 1941년 3월 22일, 푸르체 출판사가 예크에게 보낸 편지(미공개 서한; Landeskirchliche-Archiv Stuttgart, Germany[LKA Stuttgart, D34, Bd. 88.2, Nr. 224]). 이 사본에 대한 사용을 허락해주신 Dieter Ising에게 감사드린다.

28) 예크가 이 프로젝트를 위해 두 권으로 구성된 책을 제안한 후에도 아놀드는 블룸하르트의 자료 전체를 살펴보지 않는 한 그의 사상을 온전히 드러내기 어려울 것이라는 의구심에 선뜻 나서지 않았다. 에버하르트 아놀드가 1921년 12월 30일 오이겐 예크에게 보낸 편지(미공개 서한; *Bruderhof Historical Archive*, Walden, NY, USA).